蒙台梭利

幼儿教育经典名著导读

单中惠/著

山东教育出版社

图书在版编目（CIP）数据

蒙台梭利幼儿教育经典名著导读 / 单中惠著．—济
南：山东教育出版社，2018
ISBN 978-7-5701-0312-6

Ⅰ．①蒙⋯ Ⅱ．①单⋯ Ⅲ．①幼儿教育 Ⅳ．①G61

中国版本图书馆CIP数据核字（2018）第158853号

MENGTAISUOLI YOUER JIAOYU JINGDIAN MINGZHU DAODU

蒙台梭利幼儿教育经典名著导读

单中惠　著

主管单位：山东出版传媒股份有限公司
出版发行：山东教育出版社
　　　　　地址：济南市纬一路321号　邮编：250001
　　　　　电话：（0531）82092660　网址：www.sjs.com.cn
印　　刷：山东泰安新华印务有限责任公司
版　　次：2018年10月第1版
印　　次：2018年10月第1次印刷
开　　本：710毫米×1000毫米　1/16
印　　张：15.75
印　　数：1-5000
字　　数：178千
定　　价：45.00元

（如印装质量有问题，请与印刷厂联系调换）印厂电话：0538-6119313

前　言

蒙台梭利的幼儿教育心路历程

现代西方幼儿教育大师、意大利教育家玛丽亚·蒙台梭利（Maria Montessori,1870—1952）最初从事心智缺陷儿童的教育,后来在罗马创办"儿童之家",开始了正常儿童教育实验。她制作各种幼儿教育教具,提出科学的幼儿教育方法,构建有特色的幼儿教育体系,撰写幼儿教育著作,开办培训课程班,培养蒙台梭利式教师,对世界各国幼儿教育产生了广泛而深刻的影响,促进了现代幼儿教育的改革和发展。当代澳大利亚教育史学家鲍恩（J. Bowen）在《西方教育史》三卷本（1981）中强调指出:"蒙台梭利是20世纪赢得欧洲和世界承认的最伟大的科学的和进步的教育家之一。"

一、社会变革和教育革新时代的幼儿教育实验

蒙台梭利1870年8月31日诞生于意大利安科纳省的希亚拉瓦莱市。她的大学学习及其后的那段时期正处于一个社会变革和教育革新时代。蒙台梭利的"儿童之家"教育实验无疑是这个社会变革和教育革新时代的产物,不仅充分地反映了新时代的特点,而且清晰地体现了新教育的精神。因此,可以说,没有这个社会变革和教育革新的时代,也就没有蒙台梭利幼儿教育体系的构建。

（一）社会变革和教育革新时代的出现

随着19世纪后半期资本主义经济更为迅速的发展，欧美国家的社会生活发生了很大的变化，并对其学校教育提出了新的需求。为了适应新时代提出的新需求，欧美国家的学校教育面临着一场新的挑战。与此同时，自然科学的发展，特别是生物学和心理学的发展，为教育革新提供了科学依据和方法论基础。正是在这样的社会背景下，欧洲兴起了新教育运动，美国也兴起了进步教育运动，它们被统称为20世纪前半期欧美教育革新运动。

就欧洲新教育运动来说，19世纪80年代末在英国兴起。19世纪末20世纪初又扩展到德国，随后是法国、瑞士、比利时和意大利等国。英国教育家雷迪（C. Reddie）1889年10月在德比郡的罗彻斯特创办的一所乡村寄宿学校，通称"阿博茨霍尔姆学校"，标志着欧洲新教育运动的兴起。该校的主要目标是促进个人的自由发展，实现良好的身体和心理的健全发展，因此，它成为欧洲其他国家新学校的典范。

随着雷迪的阿博茨霍尔姆学校的建立，新教育运动遍及了欧洲国家，许多新教育家也相继仿效开办了类似的"新学校"，进行教育革新实验活动。在1914年之前，欧洲各国所开办的新学校已达一百多所。其中主要有英国教育家巴德利（J. H. Badley）的"贝达尔斯学校"、德国教育家利茨（H. Lietz）的"乡村教育之家"、法国教育家德摩林（E. Demolins）的"罗歇斯学校"、比利时教育家德可乐利（O. Decroly）的"隐修学校"等。尽管新教育运动存在着一定的局限和不足，但它在西方教育史上具有重要的历史意义，并对西方乃至整个世界的现代教育改革和发展产生了深远的影响。正如瑞士教育家、国际新学校局的发起人费列尔（A. Ferriere）在他的《活动学校》一书中所指出的："一种新的精神在世界上传播开来……旧的传统学校将不能抵制它。在旧的传统学校的地方，将在通过经验而提炼的科学知识的基础上，建立起一座更宏伟的大厦。总有一天，我们将可能看到，人们不再憎恨他们童年时代的学校，因为他们将在那里使自己身体健康、精神和谐和心智丰富。"

（二）举世闻名的"儿童之家"教育实验

作为意大利的第一位女医学博士，在1896年从罗马大学医学院毕业后，蒙台梭利被罗马大学附属精神病诊所聘为助理医生，同时还在妇女儿童医院工作。由此，她开始了对心智缺陷儿童治疗和教育工作，并成为意大利全国心智缺陷儿童教育协会一个活跃的成员。蒙台梭利还主持过一所心智缺陷儿童教育学校，即后来的"国立特殊儿童学校"，积累了特殊儿童教育的经验。

1901年，蒙台梭利离开了国立特殊儿童学校，开始转向正常儿童的教育，寻求把心智缺陷儿童教育的方法运用于正常儿童的可能性。为此，在罗马的马吉斯特罗女子学院讲授人类学和卫生学的同时，她又回到罗马大学注册听课，进一步学习哲学、教育学和实验心理学，以及把人类学应用于正常儿童教育的组织方法。

1906年底，这个机会终于来了。受到意大利主要银行赞助的罗马优良建筑协会主席塔拉莫（E. Talamo）设想在罗马圣洛伦佐贫民区的公寓开办学校，招收居住在公寓中的贫困家庭的三岁至六岁儿童。于是，他找到了蒙台梭利，而蒙台梭利此时也正有兴趣进行正常儿童教育实验，就马上接受了邀请。根据她朋友的建议，这所学校起名为"儿童之家"（Children's House），其名称带有家庭的含义，意为"公寓中的学校"。1907年1月6日，第一所"儿童之家"在圣洛伦佐区玛希大街58号公寓里创办。

在"儿童之家"里，摆着与儿童身体相适应的小型家具、小桌子、小扶手椅以及儿童可以方便地开门的小柜，柜内放着儿童可以随意使用的各

3

种教具。所有一切都有助于儿童的发展和教育。蒙台梭利在那里系统地进行教育实验，制定了一套教具和方法，构建了一个有特色的幼儿教育体系。"儿童之家"的教育实验无疑是成功的，因为儿童的心智发生了令人惊讶的变化。世界各国越来越多的来访者参观第一所"儿童之家"，并留下了极其深刻的印象。可以说，这是蒙台梭利的幼儿教育生涯中的一个里程碑。1907年4月7日，蒙台梭利在罗马开办了第二所"儿童之家"。1908年11月4日，她又在罗马的中产阶级居住的法马斯塔大街开办了第三所"儿童之家"。

为了进一步传播自己的幼儿教育体系，蒙台梭利除在国内开办培训课程班外，还在美国、英国、法国、德国、荷兰、西班牙、奥地利、锡兰（今斯里兰卡）、巴基斯坦和印度等国开办国际培训课程班，培养蒙台梭利学校的教师。1950年6月，八十高龄的蒙台梭利出席了联合国教科文大会并受到热烈欢迎，时任联合国教科文组织总干事的博德（J. T. Bodet）在全体会议上宣布："玛丽亚·蒙台梭利已成为我们期待教育和世界和平的伟大象征。"

二、世界教育史上的两位幼儿教育大师

在世界教育史上，德国教育家福禄培尔是近代幼儿教育大师，意大利教育家蒙台梭利是现代幼儿教育大师。他们都对世界幼儿教育的实践和理论产生了巨大影响。前者创办了"幼儿园"，并构建了幼儿园教育体系；后者创办了"儿童之家"，并阐述了新时代具有独创性的幼儿教育理论。

（一）近代幼儿教育大师福禄培尔

作为近代幼儿教育大师，福禄培尔从19世纪30年代中期开始把注意力转向幼儿教育。1837年，他在德国的勃兰根堡创办了一个旨在发展幼儿的本能和自我活动的教育机构，并于1840年正式命名为"幼儿园"（Kindergarten）。这就是世界上第一所幼儿园。此后，福禄培尔把他的全部精力致力于幼儿园事业，在幼儿园教育实践中努力构建幼儿园教育体系，直到他自己生命的结束，因此，他被世人誉为"幼儿园之父"。

从"自我活动"和"培养共同感情"的原则出发，福禄培尔构建了幼儿园教育体系，以满足幼儿发展和教育的需要。整个教育体系包括"恩物"、游戏、作业、语言、绘画、唱歌、读写以及计数等。其中，"恩物"、游戏和作业是最引人注目和最新颖的方面，也是最重要的方面。一是"恩物"。这是福禄培尔创制的一套供幼儿使用的活动玩具。其根据进化的自然规律以及仿照大自然事物的性质、形状和法则，体现了从简单到复杂、从统一到多样的原则，作为幼儿认识万物的初步手段。二是游戏。福禄培尔不仅仅把游戏看成娱乐活动，而是把游戏看成儿童自然发展中最重要的方面。因为游戏使儿童和谐地锻炼他的体力、情感和智力，所以，游戏是发展儿童创造性的最好方式。游戏分为运动性游戏和精神性游戏两类。三是作业。这是福禄培尔给幼儿设计的各种具有创造性的手工活动。在作业活动中，他们使用某些材料，例如，纸、沙、泥土、竹棒、木块、铅笔、颜色盒、剪刀、糨糊等，制作某种物体。通过这些作业活动，幼儿可以得到完善的发展。

（二）现代幼儿教育大师蒙台梭利

作为现代幼儿教育大师，蒙台梭利对福禄培尔的一些教育观点给予了肯定。例如，她指出福禄培尔发明了许多游戏和娱乐活动，目的在于鼓励儿童在这些活动中发展自己的想象力。但是，与福禄培尔相比，蒙台梭利是试图探究并建立真正的教育科学的先驱者之一。从她的幼儿教育著作尤其是《科学的幼儿教育方法》《童年的秘密》《有吸收力的心理》这三本幼儿教育代表作中，我们可以领悟到，在"儿童之家"教育实践的基础上，蒙台梭利系统而科学地阐述了新时代具有独创性的幼儿教育理论。

一是新时代需要一种新的儿童教育。蒙台梭利从社会变革出发，指出儿童问题是一个社会问题，因此，重建儿童教育就是重建社会。对于儿童教育来说，其首要原则是帮助生命，其目的是发现儿童和解放儿童。由此，儿童教育的方法应该以自然法则为基础，儿童教育应该从儿童研究开始，学校变革应该以儿童为基础。

二是儿童的发展必须遵循自然法则。蒙台梭利从儿童发展的观点出发，指出童年时期是人一生发展的最重要的时期。儿童是一个正在建构的生命整体，积极地从外部世界进行吸收。儿童自身隐藏着生命秘密。一个人在童年时期所吸收的一切会一直保持下去，甚至会影响其一生。因此，幼儿的心理可以称为"有吸收力的心理"。

三是儿童的内在敏感性和敏感期。蒙台梭利认为，儿童具有独特的内在敏感性，使儿童去感受外部世界。敏感期是一个最主要和最神秘的时期，跟生长现象密切相连，并在不同的年龄阶段表现出一种特殊的敏感性。例如，秩序的敏感期、细节的敏感期、行走的敏感期、手的敏感期、语言的敏感期等。幼儿发展也是建立在敏感期所打下的基础上的。

四是幼儿教育的原则及其环境。蒙台梭利提出了幼儿教育的两个原则：一是"重复练习"，二是"自由选择"。同时，她强调环境应该成为整个幼儿教育体系的中心。环境影响儿童生命的发展，而儿童通过环境敞开自己的心灵之门，因此，应该为幼儿发展提供一个适宜的环境。具体来说，这是一个自由发展的、有秩序的、愉快的、生气勃勃的环境。

五是幼儿心理畸变的产生及矫正。蒙台梭利认为，由于遇到了一个有敌意和不相容的环境，加上成人的盲目和压抑以及不适当的干涉，因此，幼儿的心理发展会产生各种畸变。其主要有心灵的神游、心理障碍、依附、占有欲、权力欲、自卑感、恐惧、说谎等。幼儿的心理畸变是相互联系的；

同时幼儿的心理畸变必须进行矫正，否则将伴随其终生。

六是感官训练是幼儿发展的途径。蒙台梭利认为，感官训练是幼儿智慧和动作的整体活动。在感官训练中，感官教具是引导幼儿探索外部世界的钥匙，并使幼儿的内在生命得到建构。正是在工作和活动中，幼儿的生命趋于完美。因此，儿童是从来不知疲倦的工作者。但必须认识到，儿童工作与成人工作是截然不同的。

七是幼儿自由和纪律的相互关系。蒙台梭利认为，自由和纪律是一枚硬币的两面。教师不要误解儿童自由的观念，而要明确真正的自由实际上是一种发展的结果。纪律的目的是为了工作和活动，但只有通过给予自由才能获得纪律。奖励和惩罚是对儿童精神奴役的工具。对错误的察觉和纠正将使儿童趋于完美。

八是幼儿性格的自我建构和发展。蒙台梭利认为，人的个性是从幼儿时期开始的。儿童在工作和活动中建构他们自己的性格。教师应该认识到儿童是高尚的，是沿着独立的道路前进。儿童的服从是一种自然倾向。儿童性格缺陷是在不利于他自然发展的环境条件下产生的。教师应该关注儿童社会群体的构建。

九是成人与儿童应建立积极关系。蒙台梭利认为，当儿童开始独立地行走、触摸各种东西时，儿童和成人（父母和教师）之间就开始发生冲突。处于支配地位的成人对儿童的压抑必然使他们不能正常地发展。因此，要消除儿童和成人的冲突，成人应该克服自己的傲慢和偏见，教师应该尊重和激发儿童的生命，父母应该改善社会化家庭生活。

应该看到，由于福禄培尔和蒙台梭利两人是不同时代的幼儿教育大师，因此，他们必然会有各自的幼儿教育观点，表现出不同的特点。正如英国教育家拉斯克（R. R. Rusk）和斯科特兰（J. Scotland）在《伟大教育家的学说》一书中所指出的："福禄培尔去世于1852年，蒙台梭利去世于1952年。在这一个世纪中，教育的社会背景已发生了根本变化。福禄培尔在勃兰根堡的幼儿园建在迷人的施瓦察塔尔的入口、图林根地区风景最优美和最漂亮的树林茂密的一个村庄之中；而蒙台梭利的'儿童之家'则建立在一个欧洲国家首都的贫民区里。这种差异决定着他们各自的观点。在一个理想的农村环境里，福禄培尔主要把注意力集中在儿童的天赋和发展上；而蒙台梭利则把她的制度重要性的中心放在环境上。"

但是，更应该看到，福禄培尔和蒙台梭利两人在幼儿教育两个最根本方面的观点是相同的。第一，他们都强调儿童的本能，承认儿童的潜能发展。福禄培尔提出，儿童诞生时就具有四种本能，即活动的本能、认识的本能、艺术的本能、宗教的本能；蒙台梭利提出，儿童天生就有两种本能，即主导本能和工作本能，其中工作本能是人的基本特征。英国教育家拉斯克和斯科特兰曾这样指出："因为蒙台梭利的体系像卢梭、裴斯泰洛齐和福禄培尔的体系一样，是建立在相信每一个儿童具有天赋潜能这一信念基础上的，所以，她被公认为进步教育的一个先驱者。"第二，他们都强调幼儿教育机构应该是"儿童的花园"。福禄培尔把自己创办的幼儿园看作"儿童的花园"，把幼儿和教师的关系看作"花草树木"和"园丁"的关系，希望"花草树木"在"园丁"的精心照料下能够在"儿童的花园"里生长得更好。蒙台梭利把自己创办的"儿童之家"看作"一个培育儿童的花园"，其目的是帮助和指导儿童在三岁至六岁这个重要时期的成长发展。她在《童年的教育》一书中就明确指出："福禄培尔把他为四岁或五岁儿童提供的教育机构称为'幼儿园'，即儿童的花园，这是完全正确的。所有的学校都可以称为'花园'，以区别于那些仅仅是一种令人痛苦的、实施专制统治的教育机构。"因此，可以说，近代幼儿教育大师福禄培尔和现代幼儿教育大师蒙台梭利在幼儿教育上的不同主要是教育方法上的不同。

三、蒙台梭利幼儿教育著作的形成因素和主要特色

在致力于"儿童之家"教育实验的过程中，蒙台梭利不断地总结自己的实践经验，撰写了许多幼儿教育著作。具体有：《科学的幼儿教育方法》（1909），系对第一所"儿童之家"教育实验的全面总结以及对"儿童之家"教育经验的实践研究；《蒙台梭利手册》（1914），系有关幼儿发展和教育的教具实用指南；《童年的秘密》（1936），系对幼儿之谜的解答和对儿童教育观的阐述；《家庭中的儿童》（1936），系在奥地利维也纳所做的讲演集，论述父母如何对子女进行教养；《为了新世界的教育》（1946），系在锡兰的培训课程班所做的讲演集，是对培养新人和建设新世界以及对教师的新的展望；《儿童的发现》（1948），系《科学的幼儿教育方法》一书简要的修订本；《童年的教育》（1949），系在印度的培训课程班所做的讲演集（在印度出版时书名为《人的形成》），是对童年教育的睿智思考；《有吸收力的心理》（1949），系在印度的艾哈迈达巴德培训课程班的讲演稿，是对幼儿心理发展的科学阐释。从总体来看，《科学的幼儿教育方法》《童年的秘密》和《有吸收力的心理》这三本著作分别是蒙台梭利早期、中期和晚期的幼儿教育代表作。

（一）蒙台梭利幼儿教育著作的形成因素

从蒙台梭利的幼儿教育生涯来看，其幼儿教育著作的形成因素主要有以下八个方面。其中，既有社会时代的因素，也有个人精神的因素；既有实践经验的因素，也有理论思考的因素。

一是新时代下欧洲国家兴起的新教育运动以及教育革新理论的形成。任何真正的理论都是自己时代的反映，蒙台梭利所阐述的新时代具有独创性的幼儿教育理论也不例外。正是在新的时代下，蒙台梭利对这个新时代

的幼儿教育进行了认真思索。她的《科学的幼儿教育方法》一书的第一章就是"新教育学的批判性思考",她的《童年的秘密》一书的第一部分第一章就是"今日的儿童",她的《有吸收力的心理》一书的第一章就是"儿童在世界重建中的作用",这些都体现了新时代的特色。从蒙台梭利的幼儿教育著作中,可以清楚地看到新教育运动、教育革新理论以及实验心理学对她的影响。

二是蒙台梭利原先从事心智缺陷儿童教育的经验。蒙台梭利开始从事心智缺陷儿童的治疗和教育,后来才转向对正常儿童教育的思考。在"儿童之家"的创办和发展过程中,她有意识地运用了自己原先对心智缺陷儿童教育的经验和方法。在《科学的幼儿教育方法》一书中,蒙台梭利这样指出:"应该记住,在'儿童之家'里应用的这个教育体系的起源是久远的,它源于以前应用于非正常儿童的教育经验。"

三是蒙台梭利对医学教育的学习和研究。蒙台梭利在自己教育的最后阶段学习医学,并成为意大利教育历史上的第一位女医学博士,这使她拥有了丰富的医学教育知识和有用的医学实践经验。应该说,无论在心智缺陷儿童教育中,还是在正常儿童教育中,蒙台梭利之所以能够获得成功是与她学习和研究的医学教育有较大关系的。在对儿童发展和教育的阐释中,她运用了自己的医学教育知识。

四是蒙台梭利对教育学以及人类学理论的学习。当蒙台梭利开始把注意力转向正常儿童教育时,她立即又在罗马大学学习教育学以及人类学,以弥补自己在教育理论上的不足。后来,她还任教人类学课程。因此,蒙台梭利的幼儿教育理论在欧洲代表着教育传统中最好的延续,发扬了在教育思想和实践中被认为是重要进展的那些教育家(如夸美纽斯、卢梭、裴斯泰洛齐和福禄培尔)的思想。

五是法国医学家伊塔（J. M. G. Itard）和精神病医生塞甘（E. Seguin）两人的著作对蒙台梭利的影响。在先前从事特殊儿童的治疗和教育中，蒙台梭利不仅熟悉他们为心智缺陷儿童所设计的专门的教育方法，而且全面研究他们的思想，例如，伊塔的《阿维龙野孩的初步发展》、塞甘的《白痴的精神医疗、卫生及教育》。此外，蒙台梭利还在塞甘工作的医院里当过弱智儿童的教师，这被认为是她一生教育事业的开端。

六是蒙台梭利本人坚持不懈的努力和不断深入的思考。一次偶然的机会使蒙台梭利创办了"儿童之家"，把心智缺陷儿童教育方法运用于正常儿童教育，但她觉得这意味着一种长期的和创新的努力。因此，她在《科学的幼儿教育方法》一书的"美国版前言"中就指出："在我看来，在'儿童之家'中所运用的幼儿教育方法提供了一个研究人的实验领域，也许可以期望一种将揭示人类本性奥秘的科学的发展。"为此，蒙台梭利毕生对童年的秘密进行潜心的探索，并对儿童的教育进行认真的思考。

七是蒙台梭利对"儿童之家"教育实验的总结。蒙台梭利的幼儿教育著作尤其是《科学的幼儿教育方法》一书无疑是对"儿童之家"教育实验的最好诠释。因此，当代德国比较教育学家勒尔斯（H. Rohrs）在《世界著名教育思想家》一书的"蒙台梭利"一文中这样指出："没有哪一位新教育的代表人物曾把他们的理论运用于同等规模的实践；她首创的一个国际范围的丰富多彩的计划，至今依然没有堪与匹敌者。"

八是蒙台梭利本人的献身精神和顽强意志。蒙台梭利从她早期教育到大学教育阶段就表现出与众不同的个性和品质。在创办"儿童之家"之后，她更是怀着努力揭示童年秘密的坚定信念，以一种不屈不挠的精神投身于"儿童之家"教育实践和理论探究，并在总结教育实践经验的基础上提出了具有独创性的教育见解。

（二）蒙台梭利幼儿教育著作的主要特色

综观蒙台梭利的幼儿教育著作，可以看到其凸显出以下三个主要特色。

第一，提出了富有创新性的观点。

蒙台梭利在她的幼儿教育著作中阐述了许多值得思考的问题，诸如新时代需要一种新的儿童教育、儿童的发展必须遵循自然法则、儿童的内在敏感性和敏感期、幼儿教育的原则及其环境、幼儿心理畸变的产生及矫正、感官训练是幼儿发展的途径、幼儿自由和纪律的相互关系、幼儿性格的自我建构和发展、成人与儿童应建立积极关系等。但更值得关注的是，蒙台梭利提出了许多富有创新性的发人深思的观点。例如，儿童教育应该从儿童研究开始，强调了儿童教育的基础和起点就是对儿童生命知识的研究；三岁是人生的一条分界线，预示了当代幼儿教育的一个重要研究课题；成人是环境的一部分，指出了幼儿教育环境中人和物的关系；活动周期（循环）是儿童对未来生活的间接准备，强调了幼儿的活动周期（循环）必须是完整的；教师的精神准备多于技能准备，指明了教师培训的关键，等等。

第二，体现了理论和实际的结合。

蒙台梭利在阐述时涉及很多学科的理论，具体有人类学、精神病学、心理分析学、儿童心理学、实验心理学、植物学、动物学、胚胎学、生理学、哲学、教育学等。但是，她的涉及这些理论的阐述并不是枯燥的，而是很好地结合"儿童之家"的儿童情况以及其他很多实际例子，从而体现了理论和实际的结合。应该说，正是因为这个特色，使得蒙台梭利幼儿教育著作的理论阐述与其他教育家著作的理论阐述有所不同，其可读性更强一点。在《科学的幼儿教育方法》和《有吸收力的心理》这两本书中，蒙台梭利还引用了很多图表，这无疑有助于读者对她的理论阐述的领悟。

第三，引述了很多实际例子。

　　蒙台梭利在阐述中引述了很多实际例子，使她的幼儿教育著作阅读起来生动有趣、通俗易懂。这里，仅以《童年的秘密》一书为例，她在该书的具体阐述中一共引述了58个实际例子。在所引述的例子中，既有蒙台梭利本人亲历的例子，也有其他人的例子（瑞士心理学家皮亚杰与他自己孩子一起游戏的例子就很有趣）；既有家庭生活的例子，也有社会生活的例子，还有自然界的例子；既有意大利的例子，也有其他国家的例子；既有现在的例子，也有历史的例子。这些实际例子的引述，不仅增加了蒙台梭利幼儿教育著作的趣味性，而且帮助了读者对蒙台梭利幼儿教育观点的理解。《科学的幼儿教育方法》和《有吸收力的心理》这两本书也凸显出这个特色。当然，应该指出，在《童年的秘密》和《有吸收力的心理》所引述的例子中有一些例子与《科学的幼儿教育方法》的例子有所重复，这是略有不足之处。

　　四、蒙台梭利幼儿教育实践和理论的世界影响

　　对于20世纪以来的世界幼儿教育发展和改革来说，蒙台梭利的"儿童之家"教育实践和具有独创性的幼儿教育理论产生了深刻的影响。自瑞典教育家爱伦·凯（Ellen Key）1900年在《儿童的世纪》一书中提出"20世纪将是儿童的世纪"以来，蒙台梭利的幼儿教育实践和理论使她被世人誉为"儿童世纪的代表"。

　　蒙台梭利的影响是广泛的，几乎对世界上每一个国家的幼儿教育都有影响。可以说，在幼儿教育方面，她是自福禄培尔时代以来影响最大的一个人。在蒙台梭利幼儿教育体系传播的过程中，除了蒙台梭利本人的访问演讲外，她创立的国际蒙台梭利协会也进行了积极的活动。在蒙台梭利逝世之前，她主持过该协会召开的9次国际蒙台梭利会议，同时开设国际培训课程班，推动世界各国蒙台梭利学校的设立等，从而使得20世纪最初

二三十年在世界范围内形成了蒙台梭利运动。据统计，在第一次世界大战以前，仅美国就开办了近一百所蒙台梭利学校。

蒙台梭利是现代教育史上最伟大的教育家之一。她作为幼儿教育实践和理论上有独创性的现代幼儿教育大师，其幼儿教育著作的魅力极大地吸引着广大的幼儿教师和父母。当1909年她的《科学的幼儿教育方法》一书出版后，很快就有二十多种文字的译本在其他国家出版。1936年出版的《童年的秘密》一书虽然不如她的成名作《科学的幼儿教育方法》影响广泛，但它在许多国家尤其在美国也受到了热烈欢迎。这主要是因为该书是对童年秘密的探索和解答。这是蒙台梭利的最大发现，也是她毕生追求的理想。1949年，蒙台梭利出版了她的最后一本幼儿教育著作，即《有吸收力的心理》，精确、简洁和通俗地对幼儿心理发展进行了科学阐释，反映了她后期对幼儿教育的思考。因此，当代澳大利亚著名教育家康乃尔（W. F. Connell）在《二十世纪世界教育史》中强调指出："蒙台梭利对20世纪教育潮流的主要贡献，并不在于她的那些建议，而在于她的儿童教育思想以及对教育过程的态度的影响。"

在20世纪20年代，当蒙台梭利幼儿教育体系受到人们普遍欢迎的同时，也有少数教育家对它提出了批评，这确实对蒙台梭利幼儿教育思想的传播产生了一定的负面作用。当然，对蒙台梭利观点的这些批评是有点言过其实的。因此，从20世纪50年代中期起，在一些国家特别是在美国，蒙台梭利幼儿教育思想又重新引起心理学家、教育家和普通民众的关注和重视，蒙台梭利幼儿著作又被重新出版。其主要原因是，蒙台梭利强调探索儿童心灵的秘密，重视儿童的早期教育，促使儿童生理和心理的正常发展，在很多方面是符合现代幼儿发展和教育理论的；蒙台梭利在幼儿教育理论的阐述时所引述的许多例子，实际上在我们的现实生活中都可以看到，这也促使今天的幼儿教师和父母们很好地深思。应该说，蒙台梭利幼儿教育理论的复兴，在一定程度上也说明其具有一定的科学性和合理性。正如瑞士心理学家和教育家皮亚杰（J. Piaget）在《教育科学与儿童心理学》一书中所强调指出的，蒙台梭利对于心智缺陷儿童心理机制的细致观察，"便成了一般方法的出发点，而这种方法在全世界的影响是无法计算的"。

《蒙台梭利幼儿教育经典名著导读》一书主要包括蒙台梭利的《科学的幼儿教育方法》《童年的秘密》《有吸收力的心理》这三本幼儿教育代表作的导读，具体论述每本著作的出版背景、主要内容、世界影响三个方面。本书冀望为幼儿教师和父母们更好地阅读蒙台梭利幼儿教育经典名著提供一点帮助，以便在思想上得到启迪和在行动上得到指导。在本书的最后还刊有"附录一　蒙台梭利幼儿教育心语100则""附录二　蒙台梭利生平及著作年表"，可以作为读者阅读时的参考。但是，有一点是必须说明的，那就是本书只是一本入门读物，并不能替代读者自己对蒙台梭利幼儿教育经典名著的阅读。

在《蒙台梭利幼儿教育经典名著导读》一书即将付梓之际，应该对山东教育出版社领导表示衷心的感谢，尤其应该感谢本书责任编辑、教育理论编辑室蒋伟编审以及董丁编辑的辛勤劳动。

限于著者的水平，书中如有不妥之处，敬请读者批评指正。

目　录

1

让生命自由地发展

——《科学的幼儿教育方法》导读

　　《科学的幼儿教育方法》(*Scientific Pedagogy as Applied to Child Education*)①是一本在世界上产生极为广泛影响的幼儿教育经典著作。现代西方幼儿教育大师、意大利幼儿教育家玛丽亚·蒙台梭利(Maria Montessori)在"儿童之家"对科学的幼儿教育方法的实践研究基础上,在她的这本早期幼儿教育代表作中,对自己的幼儿教育实验活动以及科学的幼儿教育方法进行了全面而详尽的阐述。

一、《科学的幼儿教育方法》的出版背景

　　《科学的幼儿教育方法》是蒙台梭利的第一本幼儿教育著作,也是她的一本成名作,1909年出版。其意大利文本的书名为《运用于"儿童之家"的科学的幼儿教育方法》(*Il Metodo della Pedagogia Scientifica applicato all'*

---

　　① Maria Montessori, *The Montessori Method*, Translated from The Italian by Anne E. George, New York: Frederick A.Stokes Company, 1912. 本文中的引文均摘自该英文本。

educazione infantile nelle Case dei Bambini)。正是在她的一些师友的推动下，尤其是意大利出版家巴龙·L. 弗兰凯蒂（Barron L. Franchetti）的极力鼓励和提供必要条件下，蒙台梭利才撰写了这本著作。当时出版时，这本著作的意大利文本没有"前言"。

蒙台梭利在《科学的幼儿教育方法》一书的开头就写道：本书是对罗马第一所"儿童之家"进行的教育实验活动"提供一份实验结果的简要报告"。但是，"这个实验显然为把那些新的科学原理付诸教育实践开辟了道路"。

在本书的最后一章"结论与印象"中，蒙台梭利又这样写道："这本关于教育方法的著作是由一个人独自撰写的，但肯定会引起其他许多人的关注。我希望，其他教育者从运用我们的方法教育的儿童个体研究开始，将会得出他们的实验结果。这些实验结果就是我们将在未来期待的教育学著作。"

《科学的幼儿教育方法》一书1909年出版后，立即引起世界各国教育家的高度关注，许多国家政府和教育团体对蒙台梭利发出了访问邀请。其中，对蒙台梭利教育方法最感兴趣的是美国教育学者，他们在美国形成了一个蒙台梭利运动。美国教育学者珍妮·梅里尔（Jenny Merril）于1909年12月和1910年3月在《幼儿园·小学杂志》上首次介绍了蒙台梭利的这本教育著作。据统计，关于评论蒙台梭利这本教育著作的文章1911年有6篇，1912年增加到54篇，1913年又达到了76篇。

早在1911年2月，美国哈佛大学教育系主任亨利·W. 霍姆斯（Henry W. Holmes）教授就向蒙台梭利表达了敬意，并建议将她的著作《运用于"儿童之家"的科学的幼儿教育方法》从意大利文翻译成英文。于是，在该书出版三年后，即1912年4月，在美国纽约开办第一所蒙台梭利学校的安妮·E. 乔治（Anne E. George）翻译的英文本出版，其书名改为《蒙台梭利方法》（*The Montessori Method* ）。与意大利文本相比，蒙台梭利特地撰写了"美国版前言"，还为美国版文本新增加了两章，即"第二十章　练习的顺序"和"第二十一章　对纪律的一般评论"。在该书的"美国版前言"中，她也明确指出："在'儿童之家'中所运用的教育方法提供了一个研究人的实验领域，也许可以期望一种将揭示人类本性奥秘的科学的发展。"

当然，蒙台梭利的教育方法在美国引起人们的广泛讨论，还要感谢出版人士麦克卢尔（S. S. McClure）先生在其著名的《麦克卢尔杂志》上的推荐。实际上，已经有很多美国教育人士专门来到意大利罗马，在"儿童之家"中亲自考察蒙台梭利教育方法的实际应用。1911年5月和12月，美国学者托泽尔（J. Tozier）分别在《麦克卢尔杂志》第37卷和38卷上发表了阐述蒙台梭利教育方法的两篇长文，一篇题为《一个教育奇迹：玛丽亚·蒙台梭利的方法》，另一篇题为《蒙台梭利学校在罗马：玛丽亚·蒙台梭利在她自己学校中所实现的革命性教育工作》。

安妮·E. 乔治翻译的《科学的幼儿教育方法》英文译本是由美国纽约的弗雷德里克·A. 斯托克斯图书有限公司出版的。亨利·W. 霍姆斯教授专门为《科学的幼儿教育方法》的美国版撰写了"导论"，其中强调指出："广大读者早已怀着极大的兴趣期待这本非凡著作的英文译本的出版。多年来，还没有一本教育文献受到那么多公众如此热切的期盼，也没有多少著作值得这样普遍的期盼。"

1948年，蒙台梭利出版的《儿童的发现》（*The Discovery of the Child*）一书实际上是她的《运用于"儿童之家"的科学的幼儿教育方法》一书简要的修订版，对其中的章节做了一些删减和调整。

二、《科学的幼儿教育方法》的主要内容

除蒙台梭利本人的"美国版前言"外，《科学的幼儿教育方法》全书

共二十二章。在该书中,蒙台梭利主要论述了十个方面:

（一）新的科学原理引起教育变革（第一章）；

（二）"儿童之家"的教育实验（第二至四章、第二十章）；

（三）"儿童之家"的实际生活练习（第七章）；

（四）"儿童之家"的儿童饮食（第八章）；

（五）"儿童之家"的肌肉训练（第九章）；

（六）"儿童之家"的自然教育和手工劳动（第十、十一章）；

（七）"儿童之家"的感官训练（第十二至十四章）；

（八）"儿童之家"的智力教育（第十五至十九章）；

（九）对纪律的思考（第五、二十一章）；

（十）"儿童之家"的教师（第六、二十二章）。

在《科学的幼儿教育方法》一书的"美国版前言"中,蒙台梭利首先提到,该书1912年之所以能够在美国出版主要是由于美国哈佛大学教育系主任亨利·W.霍姆斯教授的建议。她这样写道:"在我的教育工作历史上,这个建议是最重要的事情之一。我曾把它作为一种特别荣耀而期待的事情,现今已变成了现实。"

其次,蒙台梭利指出,《科学的幼儿教育方法》一书对所论述的三岁至六岁儿童教育方法来说,它只是一项工作的开端。但是,"在'儿童之家'中所运用的幼儿教育方法提供了一个研究人的实验领域,也许可以期望一种将揭示人类本性奥秘的科学的发展"。

从《科学的幼儿教育方法》的意大利文本出版到美国版英文译本出版的这段时间里,蒙台梭利和她的学生又对书中所论述的幼儿教育方法在实际运用中的一些细节进行了简化,并做了更为正确的论述,还搜集了有关训练的补充观察材料。因此,蒙台梭利在"美国版前言"中高兴地指出:"实践结果表明，本书所论述的幼儿教育方法是有生命力的，因而有必要在不久的将来扩大科学的合作……实际上，已经有许多美国教育界人士来到意大利罗马，在我的'儿童之家'里亲自观察我的幼儿教育方法的实际应用。由于这个运动的激励，我可以表达对未来的期望，即我在罗马的工作将成为一个有效的和有益的合作中心。"

（一）新的科学原理引起教育变革

在这本著作的开头，蒙台梭利十分简要地阐明了自己的写作意图。她这样写道："我并不打算呈现一篇关于科学的教育学论文。对于这些并不完整的记录来说，最适合的计划就是提供一份实验结果的简要报告。这个实验显然为把那些新的科学原理付诸教育实践开辟了道路。"（第1页）在这一部分，蒙台梭利主要阐述了现代科学对教育学的影响、教师的精神准备应该多于技能准备、学校必须使儿童得到自由发展三个方面。

1. 现代科学对教育学的影响

蒙台梭利概括了现代科学对教育学的影响。随着医学的进步，教育学的发展已超越了完全的纯理论阶段，其结论以具体的实验结果为基础。生理心理学或实验心理学已成为一门新的科学，似乎为新的教育学奠定基础做好了准备。被应用于儿童体格研究的形态人类学，也成为新的教育学发展的一个强有力的因素。虽然科学的教育学还从来没有被明确地构建和定义，但通过实证和实验科学的帮助，它肯定会冲破其周围的雾云而出现。对于已通过科学进步而构建一个新世界的人来说，他自己必将通过一种新的教育学而做好准备和得到发展。

蒙台梭利还提到，一位著名医生在意大利的米兰曾建立了一所科学的教育学学校，其目的是为在教育界已开始的那个新的运动准备教师。人们希望通过在那里所进行的实验有可能建立"形成人的科学"。这所学校之所以受到欢迎，在很大程度上归于杰出的意大利人类学家塞吉（Giuseppe Sergi）对它的热情和强烈的支持。在他的教育著作集《教育与训练》中，塞吉对这个新的运动进行了激励，并期望在教育人类学和实验心理学的指导下继续进行对教育方法的研究。他的理念是："为了建立一种自然的、理性的教育方法，最主要的是我们对作为个体的人进行广泛的、严谨的和理性的观察，特别在幼儿时期，因为必须在这一时期打下教育和文化的基础。"

为此，蒙台梭利明确指出："意大利的这个运动本身体现了与时俱进。在法国和英国，尤其在美国，在一些初等学校里进行的实验是基于一种关于人类学和心理学的教育学研究，希望在人类学和心理学里发现学校的更新。"但是，由于人类学和生理学从来没有使它们自己有助于解决学校中的儿童教育问题，也没有科学地训练教师达到真正的科学家的标准，因此，"学校的实际进步要求这些现代趋势在实践上和思想上实现一种真正的融合。这样的一种融合将把科学家直接带入学校的重要领域，同时使教师现有的和受到限制的智力水平得到提升"。（第4页）在蒙台梭利看来，在与教育学相联系的那些分支学科中，最确定的是建立教育卫生学、教育人类学和实验心理学。意大利在组织这样一个运动上是十分荣耀的，意大利犯罪学家龙勃罗梭（Cesare Lombroso）、医学家德乔瓦尼（De-Giovanni）和塞吉这三位科学家都可以称为人类学的新趋势的创立者：首先是开辟了犯罪人类学的道路；其次是开辟了医学人类学的道路；最后是开辟了教育人类学的道路。

对于当时在意大利开展的这个运动，蒙台梭利更是给予了高度的评价："现今我们在教育领域所做的那些事情，在很大程度上是有益于人类以及文明社会的。在这样伟大的力量面前，我们只能清楚地认识到一个祖国——全世界。在如此重要的时刻，所有能够做出任何贡献的人甚至只有一种尝试，尽管并不总是成功的，但应该受到人类和整个文明世界的尊重。……那些科学的教育学学校和人类学实验室在不同的城市出现，尽管它们几乎在被明确地组织起来之前已被抛弃了，但它们仍然具有一种重要的价值，因为那种曾激励他们的真理为正在思考的人们开启了大门。不用多说，这样的尝试是不成熟的，它源于人们还不理解仍处在发展过程中的新科学。然而，每一项伟大事业都产生于不断的失败和不完美的成功之中。"（第5—6页）但是，"如果我们要创立正确的和充满活力的方法来训练未来的一代人，那我们就必须使自己从这条道路上解放出来"。（第7页）

2. 教师的精神准备应该多于技能准备

蒙台梭利认为，我们可以激励教师参加实验，但要使教师在实验科学的方法上做好准备并不容易。其原因在于，科学方法和科学精神之间存在着区别。她指出，其"最本质的区别并不仅仅在于外在的方法，而更在于人的内在精神。……我们培养了新的教师，但我们毕竟仍然使他们停留在真正的实验科学的门口，并没有允许他们进行最受尊敬的和最重要的研究——进行创造真正的科学家的实验"。（第7页）

充满着忘我精神的真正的科学家把实验作为揭示生命奥秘的手段。他把实验作为一种方法引导自己去研究更深刻的生命真谛，从它的不可思议的秘密中去揭开一种面纱，通过这个结果他感到自己的内心得到了提升，对大自然的秘密充满了热爱和忘我的探究精神。科学家并不只是熟练地使用工具的聪明人，而是大自然的崇拜者。蒙台梭利指出："科学家的'精神'的确是存在的，远远高于他们的纯粹的'机械技能'，科学家在其成就高峰上精神高于技术。当达到这一目标时，科学家从科学那里获得的将不仅仅是对大自然的新发现，而且是对真正的思想的哲学综合。"（第9页）

因此，在教师准备的方向上，蒙台梭利明确提出了这样的理念："应该使我们的教师得到培养的东西更多的是精神，而不仅仅是科学家的机械技能，也就是说，教师培养的方向趋于精神应该多于趋于技能。"（第9页）"我们必须使教师成为大自然精神的崇拜者和阐释者。"（第10页）在蒙台梭利看来，教师的特殊使命就是在人的智力生活中观察人和研究人。

相比科学家，要更多地培养教师的是科学家的精神，而不仅仅是科学家的技能。所以，蒙台梭利提出："我们希望引导教师，试图唤醒他与他自己的专门领域——学校联系起来，意识到科学精神为他开启大门带来了更广泛的和更大的可能性。换句话说，我们希望唤醒教育者的心灵对自然现象的兴趣，从而在一定程度上热爱大自然。他将理解一个人去准备一种对实验的严肃认真的态度，并将从实验中期待一种新的发现。"（第9页）对于教师来说，应该做好精神的准备，并从儿童身上学习如何使自己成为一个完美的教育者。

3. 学校必须使儿童得到自由发展

蒙台梭利认为，在旧学校里，学校的一切都是为了压制儿童的每一个活动。儿童个性的自发表现会受到压抑，直到他们几乎就像死一般的东西。这里，她把儿童形象地比喻成蝴蝶标本："在这样的一所学校里，儿童就像被钉住翅膀的蝴蝶一样，被固定在他们的座位上和课桌旁，张开着他们所获得的枯燥无味的和没有意义的知识翅膀，但这种翅膀已经没有什么用处。"（第14页）此外，奖励和惩罚也成为教师的一种工具，对儿童的心灵产生了十分消极的奴役性影响。鉴于学校仍然充斥着奴役原则，蒙台梭利指出："令人难以理解的是，所谓的科学竟然会成为学校中的一个奴役工具。在世界各地发展的社会自由运动的一丝曙光，竟然会没有照射到学校中来。因为使用科学的板凳的年代，也正是工人阶级要求从奴役性劳动的枷锁下得到解放的年代。"（第18页）在她看来，所有这一切都是把科学方法机械地应用于日趋衰落的学校的必然结果。

蒙台梭利还指出："为拯救人的心灵的呐喊，比为拯救人的身体的呐喊更为清晰。"（第20页）"正是这种个人的和普遍的生命力量，即一种常常隐藏在心灵中的力量，推动着世界向前发展。……所有的人类胜利，所有的人类进步，都依赖于内在力量。"（第23—24页）因此，随着社会环境的变革，在科学的教育学引领下，学校必须使儿童得到自由的发展。在蒙台梭利看来，这是一种根本的变革。对于学校来说，需要的是使儿童获得自由，而不是一种板凳的结构。如果儿童不能获得自由的发展，那就会使他们的身体和精神退化，因而不能引向明确的目的。为了推进学校的改革，她更是大声疾呼："面对如此愚蠢、固执地漠视儿童正在发展的生命的现象，难道我们还不应该羞愧地把自己的头藏起来，并用我们的双手把自己露出内疚神色的脸遮起来？"最后，她再一次引用了意大利人类学家塞吉所说的一段话："今天，人类社会自身的迫切需要就是教育方法和教学方法的重建。为了这个事业而奋斗的人将为人类的新生而奋斗。"（第27页）

（二）"儿童之家"的教育实验

对蒙台梭利来说，1907年创办的"儿童之家"无疑是她一生中倾注自己全部力量并在世界上很快就产生广泛影响的最重要的事情。所以，在两年后（即1909年）出版的《科学的幼儿教育方法》一书中，她很自然地对"儿童之家"的教育实验进行了较为详细的论述。在这一部分，蒙台梭利主要阐述了"儿童之家"的创办、"儿童之家"是一种教育方法的革新、特殊儿童教育方法开始运用于正常儿童教育、"儿童之家"是开设在贫民住宅区的教育机构、"儿童之家"的两种价值、"儿童之家"的规章制度及环境和教室设施、"儿童之家"的儿童身体观察、"儿童之家"的练习顺序八个方面。

1.“儿童之家”的创办

“儿童之家”的创办源于一次偶然的机会。对此，蒙台梭利有一段较为详细的描述：“临近1906年底，我刚好从米兰回到罗马。在米兰举办的国际博览会上我参加了一次会议，讨论科学的教育学和实验心理学领域获奖项目的分配。这时一个重要的机会来到我面前，因为我受到罗马优良建筑协会主席爱德华多·塔拉莫（Edoardo Talamo）的邀请，负责在该协会的模范住宅区开办一所幼儿学校。塔拉莫主席的善意是，把所有居住在住宅区公寓家庭的三岁到七岁的幼儿集中在一个大房间里，并在一位教师的指导下进行活动和工作。这位教师应该在住宅区公寓里拥有自己的房间。罗马优良建筑协会的目的是每一幢公寓都应该有它的学校，因为该协会在罗马已拥有400多幢公寓，这项工作似乎具有极大的发展可能性。1907年1月，第一所学校在圣洛伦佐住宅区一幢大的公寓里被建立起来。在同一个住宅区，该协会已拥有58幢公寓，根据塔拉莫先生的计划，我们应该很快就能够开办16所这样的‘公寓学校’。这种新学校是由奥尔加·洛迪（Olga Lodi）夫人命名的，被起了一个幸运的名称——‘儿童之家’（Casa dei Bambini）。洛迪夫人是爱德华多·塔拉莫主席和我的一位共同的朋友。1907年1月6日，以‘儿童之家’命名的第一所学校在玛希大街58号创办。在我的指导和监督下，这所学校由坎迪达·努奇泰利（Candida Nuccitelli）负责管理。从一开始，我就感到，‘儿童之家’这样的教育机构从它的广泛性来看具有社会和教育的重要性。”（第42—43页）

接着，蒙台梭利又建立了其他一些“儿童之家”。例如，1907年4月7日，第二所“儿童之家”也在圣洛伦佐住宅区开办；1908年10月8日，另一所“儿童之家”由米兰的慈善家协会在工人住宅区开办。1908年11月4日，第三所“儿童之家”在罗马的法马古斯塔的中产阶级所居住的一幢现代公寓里开办。1909年1月，意大利的瑞士社区开始把其应用近代西方幼儿教育大师、德国教育家福禄培尔教育体系的孤儿院和幼儿教育机构改为采用蒙台梭利的方法和教具的"儿童之家"。

2."儿童之家"是一种教育方法的革新

蒙台梭利认为，学校变革和教师准备是同步进行的。她强调指出："我们如果要发展一种科学的教育学体系，就必须沿着与现在完全不同的道路前进。学校的变革必须与教师的培养同步进行。因为，如果我们要使教师成为一个观察者，熟悉那些实验方法，那么，我们必须使她有可能在学校里进行观察和实验。实际上，科学的教育学基本原理必须是学生的自由——这样的自由将允许个人的发展，即儿童本性的自发展现。如果一种新的科学的教育学是源于个体的研究，那这样的研究必须从事自由儿童的观察。当然，我们应该在现今的教育学、人类学和实验心理学提供的指导下，通过对学生的系统考察，期待教育方法的一种实际的革新。"（第28页）在进行教育实验时，实验者应该做的第一件事情就是抛弃先前的所有观念，并在寻求真理中应用实验心理学的方法。

科学的教育学是与卫生学、人类学和心理学密切相关的，并且部分地吸收了这三门学科所特有的技术方法。在"儿童之家"创办后的两年里，蒙台梭利已经把实验教育学的方法应用于三岁到六岁的儿童，但只是提供了这种教育方法的开端。所以，她这样写道："我相信，因为这些尝试性实验所取得的令人惊讶的成果，它们将激励正在进行的工作继续下去。实际上，尽管经验已表明我们的教育体系是卓越的，但还没有完全实现，也还没有构成一个很好的体系，并实际应用于所有幼儿教育机构以及小学一年级中。"（第30页）

具体来说，在"儿童之家"里，儿童的身体发展受到了重视。语言练习、

11

系统的感官训练以及直接与儿童的实际生活责任有关的练习构成了工作的基础。其教学是有明确目的的，并提供十分丰富的教具。在学校里有淋浴间，儿童在那里可以用热水或冷水洗澡，可以学会洗手、洗脸、洗脖子、洗耳朵。只要有可能的话，还会提供一块空地，让儿童在那里学会种植一般的蔬菜。

3. 特殊儿童教育方法开始运用于正常儿童教育

蒙台梭利认为，心智缺陷儿童教育的方法源于法国大革命时代一位医生佩雷尔（Jacob R. Pereire）的工作。后来，伊塔（Jean M. G. Itard）是第一位在实践中对学生进行观察的教育家，在实验教育学上进行了第一次尝试。但是，对低能儿童确立真正的教育体系是塞甘（Edward Seguin）。蒙台梭利阅读了伊塔和塞甘的有关心智缺陷儿童教育的著作。心智缺陷儿童教育方法在德国和法国得到了应用。她这样写道："在对整个欧洲国家使用的方法进行研究之后，我对我两年的罗马心智缺陷儿童教育的经验进行了总结。我遵照了塞甘著作中所论述的教育方法，也从伊塔的著名实验中得到了很多帮助。在这两个人工作的引导下，我制作了各种教具。在任何教育机构中，我都没有见过这么完整的教具，这些教具在那些知道如何应用的人手里是最卓越和最有效的工具。"（第36页）蒙台梭利还在心智缺陷儿童身上进行了一些新的实验。之后，她对伊塔和塞甘两人的著作进行了更加全面的研究，甚至把他们的著作翻译成意大利文，尤其确立了对塞甘的教育方法的信念。

正是在那时，蒙台梭利就希望运用心智缺陷儿童教育方法在正常儿童教育中进行实验。因此，在"儿童之家"里应用的这个教育体系的起源是久远的，它源于以前应用于特殊儿童的教育经验。这种教育经验应用于正常儿童的时间实际上是相当短的，这意味着要进行一种长期的和创新的努力。

这里，蒙台梭利用了一段较长的篇幅回忆了她自己从罗马大学医学院毕业后的工作情况："大约在15年前，我还是罗马大学精神病诊所的助理医生，经常有机会去一些精神病院医治病人和为诊所选择研究对象。通过这种方式，我开始对住在普通精神病院里的心智缺陷儿童产生了兴趣。……我在完成日常医疗服务的同时，早已把注意力转向儿童疾病的研究。因此，由于对心智缺陷儿童的兴趣，我开始熟悉了塞甘为这些不幸儿童而设计的专门的教育方法，并全面地研究他的思想。后来，他的'教育治疗'方法开始在内科医生中流行，并对不同的疾病形式，如耳聋、麻痹症、白痴、软骨病等产生了效果。在治病中医学必须与教育学结合在一起的事实，正是那个时代思想的实际结果。……然而，我和我的同事在这方面的看法并不相同，我认为治疗心理缺陷主要是一个教育学问题，而不是一个医学问题。……在1898年都灵的教育大会上，我在一个题为《道德教育》(*Moral Education*)的讲演中发表了不同观点。我相信，我的观点触及了人们早已被震动的心弦，开始在医生和小学教师中流传，就像一道闪电似的得到传播，因为它给学校提出了一个生动而有趣的问题。"(第31—32页)

后来，意大利建立了国立特殊教育学校(State Orthophrenic School)。蒙台梭利主持这所学校两年多时间，旨在使罗马教师在准备时能够具有一种对心智缺陷儿童进行观察和教育的专门方法。她不仅训练教师，而且更为重要的是，曾在伦敦和巴黎研究一种心智缺陷儿童教育的实际方式。之后，蒙台梭利完全投入到这些儿童的实际教学中，同时指导教育机构中的其他教师的工作。她强调指出："实际上，这两年教育实践是我在教育学上的第一个真正的学位。从我最初对心智缺陷儿童工作开始(1898—1900年)，我就感到，我在他们中所使用的教育方法并没有特别限于心智缺陷儿童的教学。我认为，这些方法比正在使用的那些方法所包含的教育原理更为理性，所以，通过这些方法，一种弱智心理实际上是能够得到提升和发展的。这种感觉如此深刻，并具有直观性，在我离开这所低能儿童学校后成为我的占支配地位的思想。慢慢地，我开始相信，类似的方法若应用于正常儿童，也会成为一种发展或解放其个性的奇妙的手段。……当时，我几乎都在使自己为一个未知的使命做好准备。"（第32—33页）在蒙台梭利看来，正是爱德华多·塔拉莫主席的邀请给了她一个很好的机会，使她可以把应用于心智缺陷儿童的教育方法应用于正常儿童教育。

4. "儿童之家"是开设在贫民住宅区的教育机构

蒙台梭利认为，罗马的圣洛伦佐不是人们的广场，而是贫民的广场。在这个广场上，居住着低工资收入者、长期失业者，这是在设有工厂企业的城市里常见的一种现象。在这里，也是刑满释放者在被监视期间所居住的地方。他们全都混杂而拥挤地住在一起。就像恩格斯在《英国工人阶级状况》一书中揭露当时英国工人阶级的悲惨生活状况一样，蒙台梭利在第二所"儿童之家"开办典礼上的演说中也用较多的篇幅充分揭露了意大利罗马工人阶级的悲惨生活处境：

> 那里的生活环境是拥挤的、男女混杂的、道德低下的，违法犯罪层出不穷。报纸不时地对我们揭露这些弊病：在一个大家庭中，正在成长的男女孩子睡在一个房间里；房间的一个角落被一个外来者占据着，她是一个每天晚上接待嫖客的妓女。这些情况就发生在男女孩子的眼前。罪恶的邪念由此被诱发，从而引起了犯罪和凶杀。报纸上的一些惊人报道使我们知道了社会的罪恶，这只是大量悲惨景象的一个小小的缩影。无论谁第一次走进这个套间中的一个房间，他都会感到惊讶和恐怖，因为这种真正的悲惨景象完全不同于他所想象的华丽景

色。我们进入了一个阴暗的世界，首先给我们的印象是黑暗，即使在中午，仍然不可能分辨出这个房间里的任何细小的东西。当眼睛适应了这种阴暗时，我们才发现里面一张床的轮廓，上面蜷缩着一个隐约可见的人影——他生病了，正忍受着痛苦。"（第51页）

"当我第一次穿过这些街道时，我似乎发现自己置身于一个经历过重大灾难的城市。在这些死气沉沉的街道上，与苦难抗争的阴影仍然压抑着不幸的人们，与我擦肩而过的人们苍白的脸上露出了非常恐惧的表情。这种完全不一样的寂静仿佛意味着，一个社区的生活被中断和破坏了。没有四轮马车，没有街头小贩不断发出的欢快声，没有希望得到一些硬币的街头卖艺人手摇风琴的演奏声，甚至没有进入贫民区就会听到的喧闹声，只有悲哀和沉重的寂静。看着这些带有坑洼的街道和破损的门口台阶，我们几乎可以假设，这种灾难类似于一次大的洪水冲走了地面的泥土。但是，看到我们周围房屋的所有装饰都剥落了，墙壁都遭到撞击破损了，我们会以为也许这一地区经历了一场地震。于是，更加仔细地看一下，我们发现，在这个人口密集的居住区周围没有一个商店。所以，贫民的社区甚至不可能建立一个公共廉价商店，使任何人都可以买到低价出售的必要的日用品。只有一个出售低度酒的商店，它的门敞开着，对过路人散发出难闻的味道。当我们看到这一切时，一种感受油然而起：给这些人带来灾难的不是天灾，而是贫困——伴随着罪恶的贫困。"（第54—55页）

"许多人没有'家'，而只有可怕的墙壁。在这个家里，最隐私的生活行为被暴露而成为笑柄。因此，那里没有什么隐藏的秘密、没有谦逊节制、没有文雅礼仪，甚至经常没有阳光、没有空气、没有水！"（第52页）

蒙台梭利在演讲中还谈及了致力于改善民众居住条件的罗马优良建筑协会所发起的这项伟大的慈善工作以及幼儿教育改革的道德重要性。在她看来，这个实验是尝试性的，其计划是独创的、综合的、实际的，结果是值得关注的。因此，她强调指出："这个居民住宅区是新的，也因为有了'儿童之家'这样的教育机构。这不是一个单纯的看护儿童的场所，也不是一个儿童收容所，而是一所真正为了儿童教育的学校。它的方法是根据科学的教育学所阐述的那些基本原则而形成的。"（第62页）就"儿童之家"的教师而言，"作为一个有文化的和受过教育的人，指导者总是影响着母亲们，她的生活永远是公寓住宅居民的榜样。因为她被要求住在同一幢公寓住宅，所以，她是所有儿童家庭的邻居。这是一个非常重要的事实。……她是一个真正的传教士，一个人群中的道德女神，如果她充满热忱，方法得当，那她的社会工作将会获得一种前所未有的成功。"（第62页）

5."儿童之家"的两种价值

蒙台梭利认为，儿童的许多缺陷（如语言缺陷）后来之所以不能治愈，就是因为儿童在形成一个人的主要功能的最重要时期，即三岁至六岁的幼儿时期被忽视而造成的。这正是她的"儿童之家"教育实验的重要意义。因此，蒙台梭利强调指出："'儿童之家'具有双重的价值：一是社会价值，通过它的公寓学校的特殊方式而表现出来；二是纯粹的教育价值，通过我现在进行实验的幼儿教育方法而表现出来。"（第44页）"'儿童之家'值得单独撰写一本书。事实上，它用似乎是乌托邦的方式解决了如此多的社会问题和教育问题。"（第46页）

（1）社会价值

"儿童之家"具有社会价值。它的意义是最深远的，因为它符合时代的需求。

一是趋于家庭社会化的第一步。居民们发现，在他们自己的屋檐下的

"儿童之家"能够有一个安排他们孩子的场所，不仅是方便安全的，而且是有各种好处的。它使母亲的职能，即妇女责任公共化。蒙台梭利指出："未来的社会化家庭是有活力的、节俭的和友爱的。它既是教育者，又是安慰者。它是那些人的真正的和有价值的家庭，他们期望改善自身素质，并使人类成功地进入未来的生活！"（第70页）

二是有意识地改善人类，促使他们自身的健康和美德。它可以把曾是罪恶和有危险的公寓住宅改变为教育的中心。这是人类婚姻生活的目的，也是一个当时很少有人去思考的崇高理念。

三是使居民住宅区的所有母亲都可以放心地外出工作。但在这之前，社会上只有一个阶级可以享有这种权利，那就是富裕家庭的妇女。她们能够参与各种休闲和娱乐活动，而把孩子交给保姆或女佣照管。

（2）教育价值

"儿童之家"也具有教育价值。一是使家庭和学校在教育目标问题上一致。因此，"儿童之家"把学校作为集体的财富，使它处在父母的视线之下；教师的整个生命就是去实现它的崇高使命。"学校是集体所有的"这一思想，既是体现新的精神的思想，也是具有深刻教育意义的思想。

二是"儿童之家"成为与科学的教育学相关的一个教育机构。基于人类学研究，一个人并不仅仅是一个生物，而且是一个社会产物。在教育过程中，个人的社会环境就是家。因此，蒙台梭利明确指出："科学的教育学如果不能成功地影响新的一代正在其中成长的环境，那它试图使新的一代更加美好的努力将是徒劳的！所以，我相信，在打开公寓住宅之门而面向新的真理光芒和文明的进步中，我们已经改善了新的一代的环境问题，因此，使'儿童之家'有可能以一种切实可行的方式应用科学的教育学的基本原理。"（第64页）

6. "儿童之家"的规章制度及环境和教室设施

（1）规章制度

蒙台梭利创办的"儿童之家"的规章制度是根据塔拉莫先生的愿望以及儿童教育的要求而制定的。其中明确规定："儿童之家"的主要目的是为那些因父母外出工作而得不到照顾和关爱的孩子提供免费服务。在"儿童之家"里，关注儿童的教育、健康、身体和精神的发展。这个工作以适合儿童年龄的方式进行。"儿童之家"将聘请一位指导者、一位医生和一位保育员。"儿童之家"的工作计划和时间将由指导者进行安排。居民住宅区所有三岁至七岁的儿童都可以进入"儿童之家"。

同时，还具体规定了父母必须承担的两条有约束力的义务。其中包括：一是母亲必须在规定的时间把她们的孩子送到"儿童之家"去，孩子的身体干净和衣服整洁，并提供一条合适的围裙。二是父母对指导者和所有与"儿童之家"有关的人员表示出最大的尊重和敬意，并在儿童教育上与指导者进行合作。母亲每周至少去"儿童之家"与指导者交谈一次，报告她孩子在家里的生活情况，并接受指导者可能提出的任何有帮助的建议。

（2）环境和教室设施

蒙台梭利首先将注意力转向环境和教室设施问题。其中，一个带有花园的大操场是"儿童之家"环境的一个重要组成部分。在教室设施方面，主要有供两三个儿童使用的既稳固又轻便的长桌，还有一些可供一个儿童单独使用的小桌子，以及设计和制造了一些小椅子。另外，还为每一间教室配备了一些木制的或柳条编制的舒适的小型扶手椅。教室里的另一件用具是一个小脸盆架。脸盆架很低，三岁儿童也可以使用。

在每一间教室里，都配备着一排又长又矮的橱柜，专门用于存放教具。这些橱柜的门很容易开启，教具的保管也委托给儿童。墙上还挂着宽敞的黑板，悬挂得很低，使年龄最小的儿童也能方便地使用。黑板的上方悬挂着一些精选的美丽图画，那是儿童天生喜欢的构图简单的风景画。

为了使儿童学会支配他自己的活动，蒙台梭利特别指出："小桌子和各种椅子都是轻便的和易于搬动的，而且我们允许儿童**选择**他感觉最为舒适的姿势。他可以**自由地舒展身体**，如同他自由地坐在自己的座位上。这种自由并不是一种自由权利的外部标志，而是一种教育的手段。"（第83—84页）因此，在"儿童之家"里，儿童能够正确地表现自己，并能够自由地表现自己。他不仅学会优雅而正确地行走，而且还渐渐地懂得这种行为举止的道理。他在这里所获得的行动能力将使他终身受益。

7. "儿童之家"的儿童身体观察

蒙台梭利在"儿童之家"中注重儿童发展的研究，采用观察方法。她指出："观察方法无疑应当包括对儿童形体发育的**系统观察活动**。然而，我要重复说的是，虽然必须包括这个部分，但观察方法的建构并非基于这种特别的观察。观察方法是在一个极其重要的原则——**学生自然表现的自由原则**的基础上建构起来的。"（第80页）

蒙台梭利设计了人体测量仪，定期进行人体测量的观察，例如，头部的周长、头部的前后和左右直径、胸围，以及头颅、体重和身高的指数等，并记录最重要的测量数据。她指出："通过这种方法，人体测量记录被安排得井然有序，而测量仪器的简单和表格的清楚又能确保这些基本观察的进行。……通过所有这一切，儿童养成了秩序的习惯，最重要的是养成了自我观察的习惯。"（第78页）因此，医生可以就每一个儿童的卫生保健向其母亲提出建议以及进行有关公共卫生的指导。

8. "儿童之家"的练习顺序

蒙台梭利指出，在"儿童之家"中，各种练习大部分是同时开始的。

从整体来说,教具的呈现是按不同的阶段进行的,其中包括五个阶段。

第一阶段,儿童可以进行以下的练习:安静地移动座椅,系鞋带,解纽扣,挂衣服等(实际生活练习);圆柱体练习(感官训练)。在这些练习中,最有用的练习是圆柱体(固体嵌入物)练习,它体现了由易到难的进展。

第二阶段,儿童可以进行实际生活练习(安静地起立和坐下,沿着直线行走);感官训练(有关尺寸的教具包括梯级递进长木棒、棱柱体或梯级递进大木棒、立方体);以及儿童跟随教师演奏的有节奏的进行曲沿着线行走;还有保持安静的练习。

第三阶段,儿童可以进行实际生活练习(儿童自己洗漱,自己穿衣服和脱衣服,擦桌子,学会使用各种器具等);感官训练(引导儿童识别刺激的程度,如触觉程度、温度觉程度等,并允许儿童自由地进行训练);以及一系列印着相应的几何图形的卡片练习,这些练习可以被看作儿童从感官训练到书写、从准备到实际进入教学所需要经过的桥梁。

第四阶段,儿童可以进行实际生活练习(摆放餐桌和擦净餐桌,学习整理房间,在盥洗室使用中注意个人的清洁卫生,如何刷牙、如何清理指甲等),在音乐伴奏下沿着线行走,知道如何控制和引导自己的运动(如何保持安静,以及如何搬动各种物体而没有跌落或打碎它们也没有声音);感官训练(重复所有的感官训练);与书写有关的练习(图画);算术练习(梯级递进长木棒练习、图形练习等),以及掌握书面语言使用。

第五阶段,儿童继续进行以前的练习,并开始进行更复杂的节律练习。例如,图画练习、用活动字母组成单词和短语等。在这一阶段,最有趣的是儿童表现出发展的差异。他们明显地对教学表现出兴趣,并采用一种显然适合于自己智力发展的方式。

在总结儿童练习的顺序时，蒙台梭利强调指出："当我们看到人性在这些儿童的心灵中遵循其内在规律而得到发展时，这种令人惊讶的发展正是我们感到欣慰的。而且，只有亲身经历的人才能说这种实验是多么伟大，并能从这样的播种中体会到收获的愉悦。"（第345页）

（三）"儿童之家"的实际生活练习

像德国教育家福禄培尔把"幼儿园"看作一个花园一样，蒙台梭利也把"儿童之家"看作一个花园。她强调指出："'儿童之家'是一个培育儿童的花园。我们一定不要把儿童当作在校学生看待，要他们学习那么长的时间！"（第121页）值得关注的是，这两位西方幼儿教育大师对"幼儿园"和"儿童之家"的本质看法是完全一致的。在这一部分，蒙台梭利主要阐述了"儿童之家"是一个培育儿童的花园、"儿童之家"的一天活动从实际生活练习开始两个方面。

1. "儿童之家"是一个培育儿童的花园

蒙台梭利认为，一所"儿童之家"建立之后，立即摆在它面前的就是作息时间计划问题。这个问题必须从两个方面考虑：一是学日时间的安排；二是学习和实际生活练习①时间的分配。

这里，蒙台梭利附上了"'儿童之家'冬季作息时间表"，以阐释她对"儿童之家"每天活动日程的安排。在这个冬季作息时间表（上午九点开始至下午四点结束）中，按时间有序地安排了以下内容：（1）个人清洁检查。实际生活练习：互相帮助系围裙。会话：儿童叙述前一天发生的事情。宗教教育。（2）智力教育。实物教学课。感官训练。（3）简易体操。列队行走。（4）午餐。（5）自由游戏。（6）有指导的游戏（尽

---

① 蒙台梭利在她的教育著作中提出了"实际生活练习"（exercises of practical life）一词，但从未提出过"日常生活练习"一词。——著者注

可能在户外进行）。实际生活练习。清洁卫生普查。会话。（7）手工。黏土造型、画图等。（8）集体体操和唱歌（尽可能在户外进行）。发展预测能力的训练。观察和照管动植物。

蒙台梭利认为，"儿童之家"的上课时间可能会很长，要占据整个白天，如同心智缺陷儿童学校一样。但是，她建议，对于贫困家庭儿童，尤其对于设在工人住宅区的"儿童之家"，每天作息时间冬季从上午九点至下午四点，夏季从上午八点至晚上六点。如果我们要开展一系列有利于儿童成长发展的有指导性的活动，那较长的作息时间是必需的。对幼儿来说，这么长的作息时间至少应间隔有一小时的睡眠时间。

蒙台梭利强调指出，在"儿童之家"这样的教育机构里，必须考虑到"'儿童之家'的目的是帮助和指导儿童在三岁至六岁这个重要时期的成长发展"。（第121页）

2."儿童之家"的一天活动从实际生活练习开始

蒙台梭利强调指出："在我们的教育方法中，我们必须采取的第一步是唤起儿童。我们时而唤起他的注意力，时而唤起他的内心生活，时而唤起他与其他人的集体生活。……从整体上考虑我们的教育方法，我们必须在儿童为社会生活方式做好准备的基础上开始工作，并且必须吸引他们对这些社会生活方式的注意力。"（第121页）由此，在"儿童之家"中，儿童通过一系列实际生活练习开始一天的活动。蒙台梭利认为，这些实际生活练习是"儿童之家"计划中唯一被证明是最稳定的部分，它们包括清洁、秩序、仪态、会话。

儿童一到"儿童之家"，教师就对他们进行清洁检查，其中包括双手、指甲、脖子、耳朵、脸部、牙齿以及头发。同时，如果儿童的衣服被划破、弄脏或撕烂，或者少了衣扣，或鞋子不干净，那就要提醒他们注意。

教师教儿童进行局部盥洗，例如，洗手、清理指甲等。还通过示范教他们如何小心地洗耳朵、洗眼睛、刷牙、漱口。在这样做的整个过程中，要求儿童注意所洗的身体部位和所使用的不同工具，如用清水洗眼、用肥皂水洗手、用牙刷刷牙等。

教师让儿童独立地或互相帮助系围裙。还对教室进行察看，注意各种教具是否摆放整齐和清洁。教师还给儿童们示范怎么打扫积有灰尘的小角落以及怎么使用清洁教室的各种工具，如抹布、刷子、小扫帚等。

教师教儿童学会安静和平衡，教他们起立和坐下时不要发出声响，教他们轻轻地和小心地搬东西。同时，儿童要进行一系列的练习，学会优雅地行走、来回走动、互相致意、小心地提起物品、互相有礼貌地接受各种物品。蒙台梭利指出："以此为出发点，我们进行了自由教育。就是说，教师将不再对儿童们做出评价以及不再指导他们如何离开自己的座位等，而只限于纠正那些没有秩序的行为举止。"（第123页）

教师还与儿童会话，鼓励他们自己讲述。教师会询问儿童们前一天所做的事情：是否能够上楼梯而不把自己弄脏，是否客气地对碰到的同伴打招呼，是否帮助过自己的母亲，是否把在学校里学到的什么告诉家人，是否在大街上玩耍过，等等。在每个星期一，这种会话的时间会较长。蒙台梭利指出："对促进儿童语言能力的展现或发展来说，这样的会话具有重要的教育作用。"（第124页）

（四）"儿童之家"的儿童饮食

蒙台梭利指出，"儿童之家"是一个十分有益的和便利的教育机构，儿童的饮食与它的教育制度一起受到了应有的重视。在这一部分，蒙台梭利主要阐述了建立合理的饮食制度、儿童的食物及其准备、儿童饮食的安排三个方面。

1. 建立合理的饮食制度

蒙台梭利认为，在"儿童之家"中，应该建立合理的饮食制度，使儿童饮食适合他们的生理需要。幼儿的饮食必须含有丰富的脂肪和糖分，前者是为幼儿储备营养，后者是幼儿构成有机组织的成分。她强调指出："儿童饮食必须适合他们的生理需要，就像儿童药品并不是减少剂量的成人药品，儿童饮食也绝不是减少数量的成人饮食。"（第125页）在儿童食物的烹调方法上，最好是把营养性物质切碎。

2. 儿童的食物及其准备

蒙台梭利提出，需要制定一个详细的儿童饮食一览表。儿童的食物通常包括汤、菜泥和肉丸。两岁或三岁以上儿童的含蛋白质食物主要由牛奶和鸡蛋构成，但两岁后还应加入肉汤。三岁半后可以提供肉类，或给贫困家庭儿童提供蔬菜。此外，也可以向儿童推荐各种水果。

这里，蒙台梭利十分详细地讨论了儿童的食物及其准备。其中包括：

（1）肉汤。主要是三岁至六岁儿童食用的肉汤。为了保证肉汤的质量，肉与汤的比例应该是每一克肉制作成一毫升汤，并应把肉放入冷水。不应该使用香料，唯一有益于健康的调味品是适量的盐。炖肉汤的时间为两小时。为了替代从肉汤中撇掉的油脂，最好加点黄油；但不能使用黄油的替代品，如人造黄油等。肉汤必须是现做的。

（2）汤类。一种十分简单、对儿童很有推荐价值的汤是把面包放在盐水或肉汤中煮，多加些带油脂的调味。这是贫困家庭儿童通常吃的汤，是一种很好的有营养的食物。与它非常相似的是一种油滚滚的肉汤泡黄油面包块而烧成的汤。碎面包汤也属于这一类。碎面条特别是属于同一性质的黏面糊，无疑比别的汤更易于儿童消化。由蚕豆、豌豆、小扁豆等豆泥煮成的汤是最好的汤。蔬菜汤也可以加入猪肉调味。加糖牛奶可以代替肉汤做成蔬菜泥汤。

（3）牛奶和鸡蛋。牛奶和鸡蛋不仅含有极易消化的蛋白质，而且含有促进组织吸收的酶，因此，特别有利于儿童的成长发展。刚挤出的鲜牛奶和刚生下的鲜蛋是最易吸收的。给儿童吃鸡蛋的最好方法是：把母鸡刚生下的温鸡蛋打开让他直接吃下去，然后到户外去活动以帮助消化。但是，在无法这样做的地方，应该挑选新鲜鸡蛋放在水中加热，即带壳煮。所有其他的制作方法，如牛奶汤、煎蛋卷等，的确把牛奶和鸡蛋做成了很好的食物，更有推荐的价值，但是，它们破坏了构成其特色的易于吸收的性能。

（4）肉类。各种肉类都不适合于儿童，甚至它们的制作方法也应随着儿童年龄的不同而有所变化。例如，三岁至五岁儿童只能多少吃一点点绞碎的肉，五岁儿童可以把肉完全嚼碎。最适合儿童吃的肉是所谓的嫩肉：首先是鸡肉，其次是小牛肉，还有鲜嫩的鱼肉（如鳎鱼、狗鱼、鳕鱼）。用肉泥、碎面包、牛奶和鸡蛋搅拌后再用黄油煎成的炸肉饼，是最有益于儿童健康的食物。还有一种很好的食物，那就是用碎肉、甜果酱、鸡蛋和糖搅拌后做成的丸子。但是，绝对不能让儿童吃炖肉，因为炖过的肉失去了许多促进身体发育的营养成分，并变得不易消化。

（5）滋养神经的食物。四岁儿童除了可以吃肉外，还可以吃由脑髓、胰脏杂碎和鸡肉糜一起做成的炸丸子。

（6）乳制品。各种奶酪都应被排除在儿童的食物之外。对三岁至六岁儿童来说，唯一合适的乳制品是鲜黄油。

（7）蛋挞。有推荐价值的食物还包括刚做好的蛋挞，即用非常新鲜的牛奶和鸡蛋做好后马上就食用的蛋挞。如果这样的条件不能严格保证的话，那就宁可不让儿童吃蛋挞，因为它并不是一种必需的食物。

（8）面包。对儿童来说，面包是一种很好的食物。应该对面包进行精选；

面包屑不易于消化，但变干以后可以用来制作面包肉汤；如果只是给儿童一片面包吃，最好是面包皮和面包的两头。面包不是一种完美的食物，因此，有必要向儿童提供黄油面包，它是一种很好的食物，可以被看作一顿营养充分而完美的早餐。

（9）绿叶蔬菜。儿童绝不能吃像色拉和绿叶蔬菜那样的生蔬菜，只能吃烧熟的菜。其实，无论是熟的还是生的，都不应该大力推荐，只有菠菜可以让儿童适量食用。然而，土豆做成的土豆泥涂上很多的黄油是可以很好地为儿童补充营养的。

（10）水果。水果中有一些是很适宜儿童食用的。它们也像牛奶和鸡蛋一样，如果是刚采摘下来的，就含有帮助吸收的新鲜成分。并不是所有水果都可以推荐给儿童，水果的成熟度、果肉的脆甜程度和酸度都是要首先考虑的。天然的桃子、杏子、葡萄、红醋栗、橘子和柑橘都可以给儿童吃，有很大的好处。其他水果，如梨、苹果、李子等应煮熟或制成果酱食用。由于种种原因，无花果、菠萝、红枣、各种瓜类、樱桃、核桃、扁桃、栗子都不应该列入幼儿的食物之中。水果的准备必须除去其所有不易消化的部分，如果皮等；还必须除去儿童可能会因疏忽而吸入并造成伤害的部分，如果核等。水果的制作主要有两种：一是煮食，二是糖拌。

（11）佐料。儿童饮食卫生的一个重要方面是佐料，要对它们进行严格限制。糖、脂肪物质以及食盐（氯化钠）构成佐料的主要部分。此外，还有有机酸（醋酸、柠檬酸），即醋和柠檬汁。其他适合于幼儿的佐料是大蒜、芸香等一些芳香类植物。它们可以在肠道和肺里杀菌，并能直接驱除肠虫。然而，如胡椒、肉豆蔻、桂皮、丁香，特别是芥末等一类香料，绝对是被排除在外的。

（12）饮料。儿童是一个正在成长发展的有机体，其含水量很大，因此，需要不断地补充水分。在饮料中，最好的和唯一可以无保留推荐的就是纯净的、新鲜的矿泉水。所有的发酵饮料和刺激神经系统的饮料都是对儿童有害的。因此，一切含酒精和咖啡的饮料，都要被排除在儿童的饮料之外。烈性酒以及葡萄酒和啤酒都不应该让儿童品尝，咖啡和茶水也不应该在童年时期饮用。儿童们可以饮用水煮或炒制大麦、麦芽，尤其是巧克力。特别当巧克力和牛奶混合时，它是一种极好的儿童饮料。酒精对儿童有机体的有害作用已不言自明，对处在发育过程的儿童来说，酒精是一种尤为致命的毒物。

3. 儿童饮食的安排

蒙台梭利认为，"儿童之家"是培养儿童定时饮食习惯的合适场所，能够指导儿童的饮食。因此，要制定定时饮食制度，在规定的就餐时间之外儿童不得进食。蒙台梭利指出："有一条原则必须在母亲中得到传播并被牢记，那就是：儿童要遵守严格的进餐时间，以便他们能有健康的身体和很强的消化能力。"（第134页）在她看来，一种流行的偏见认为，要使儿童们长得快，就必须让他们毫无规律地几乎不停地进食，这实际上是一种对儿童饮食最为致命的无知。

因此，在"儿童之家"中，实行一日两餐制，中午安排一次主餐，下午大约四点钟安排一次点心。在丰盛的午餐中，有汤、荤菜和面包。下午四点钟的点心，从一片普通面包到黄油面包，再到面包配果酱、巧克力、蜂蜜、蛋挞等，有时候，也提供饼干和煮水果等。

儿童在自己家里进食其他两餐，即早餐和晚餐。对儿童来说，晚餐以量少为宜。对富裕家庭儿童来说，早餐可以包括牛奶和巧克力或者牛奶和麦乳精，再加上薄脆饼或最好涂有黄油或蜂蜜的烤面包；对贫困家庭儿童来说，早餐是一杯鲜奶和面包。至于晚餐，有一道汤（儿童一天应喝两次

27

汤），外加一个煮鸡蛋或一杯牛奶，或者牛奶大米汤以及黄油面包和煮水果等。

　　蒙台梭利还认为，在"儿童之家"的饮食安排中，与实际生活练习有关的另一种重要的教育活动就是摆桌子、铺桌布、学习各种食物的名称等。此外，十分重要的是教会儿童进餐时保持清洁，既包括他们自己的清洁，又包括环境的清洁（不弄脏餐巾等）；同时，教会儿童使用餐桌上的餐具，至少要让年龄小的儿童学会用勺子、年龄稍大的儿童学会用叉子和刀子。

（五）"儿童之家"的肌肉训练

　　在这一部分，蒙台梭利主要阐述了肌肉训练的目的、肌肉训练的内容两个方面。

　　1. 肌肉训练的目的

　　蒙台梭利认为，包括体操在内的肌肉训练主要是有助于生理运动的正常发展以及保护这种发展的一系列训练。她指出："我们必须把体操和一般的肌肉训练理解为一系列有助于生理活动（如行走、呼吸、讲话）的正常发展的训练。当儿童在发育方面以任何方式表现出倒退或反常时，应该激励他们进行那些有益于实现最普通的生活行为的运动，例如，穿衣、脱衣、扣衣服纽扣、系鞋带、携带球体和立方体之类的物体等。"（第137页）这种肌肉训练并不是以强迫运动来抑制自然运动。

　　必须进行肌肉训练的年龄是三岁至六岁。儿童具有完全为其年龄所特有的特点和比例。他们喜欢仰卧伸肢和对空踢腿，反映了与其身体比例有关的身体需要。婴儿喜爱像所有四足动物一样爬行，就是因为他的四肢与躯干相比显得不长。因此，我们绝不能将一些愚蠢的习惯强加于儿童，从而使这些自然表现转移方向，而应该使肌肉训练与儿童需要进行的运动相

一致。蒙台梭利明确指出："如果我们根据儿童身体的特点把幼儿看作'小大人'，那就错了。"（第140页）

2. 肌肉训练的内容

这里，蒙台梭利介绍了很多肌肉练习，其中包括走步练习、摇椅练习、摆球练习、爬小圆梯练习、绳梯练习、跳远或跳高练习、自由体操、有教育意义的体操、呼吸体操等。其目的主要是给儿童提供个别活动的适当表现途径。这不仅有助于他们的身体发育，而且有助于形成一般运动的协调。

（1）走步练习。这是一个帮助儿童活动的十分简单的方法。教师让儿童列队行走，带领他们绕着房子墙壁与中心花园之间的院子行走。沿着围栏有一圈小平台，或靠墙摆放一些小凳子，儿童们走累时可以坐下来。在这种走步练习中，也可以让儿童走直线，即用粉笔在地上画出一条直线，要求儿童沿着直线行走。这有助于安排和引导儿童朝着指定的方向自由运动。

（2）摇椅练习。这是一种坐式秋千练习。它有一个很宽的座椅，能把儿童向前伸展的肢体完全支撑起来。这个座椅悬挂在结实的绳索上，可以前后来回摆动。前面的墙壁上竖着一块结实的光滑木板，儿童的脚蹬着光滑木板在秋千上前后推动自己的身体，锻炼自己的肢体。

（3）摆球练习。这是一种用绳子吊着橡皮球的练习，一个儿童或几个儿童都可以玩。儿童们坐在小扶手椅里击球，使球在他们中间弹来弹去。这种练习可以锻炼手臂和脊骨，同时可以锻炼眼睛测量运动物体的距离。

（4）爬小圆梯练习。这是一种通过螺旋形木制楼梯而进行的练习。这个小楼梯的一边由栏杆围着，儿童们可以把手放在栏杆上面；另一边没有栏杆，且呈圆形。这有助于儿童养成不用扶栏杆上下楼梯的习惯，并训练他们以平衡的和自控的动作上下运动。小楼梯的台阶必须是很低和很浅的。

（5）绳梯练习。配对使用的绳梯有助于完善多种多样的运动，如跪下、起身、前倾、后仰等，以及儿童若不借助于梯子就不能在失去平衡的情况下完成的各种运动。所有这些运动都是对儿童有益的，首先是使儿童掌握平衡，其次是使儿童获得他必需的肌肉活动的协调，还有助于儿童增加胸腔扩张。

（6）跳远或跳高练习。它是一个木制的低平台，平台上用油漆划出了各条横线，以测量所跳的距离。还有一小段楼梯，可以与这个平台结合起来使用，使得跳高的练习和测量成为可能。

（7）自由体操。这是无须任何设施的体操。其分为两类：一类是指导性和按口令进行的体操。例如，行走，其目的不在于节奏，而在于平衡。在行走时，最好伴有轻声唱歌。另一类是自由游戏。例如，为儿童提供球类、铁环、豆子袋和风筝等。一些有树木的地方可以现成地用于"猫咪抢壁角"游戏以及其他许多简单的儿童捉迷藏游戏。

（8）有教育意义的体操。包括两个系列的训练：一是要求各种动作协调的训练。它们实际上是学校其他工作的一部分，例如，翻土、饲养动物（给鸡喂食等）、栽种植物（浇水、修剪等）。这些活动要求各种动作的协调，如锄地、下种等。儿童搬运东西和实际使用东西，都为十分有益的体操训练拓宽了范围。二是发展手指动作协调的训练。这使儿童为自己穿脱衣服等实际生活练习做好了准备。其教具是十分简便的：一些木制框架，每一个框架上面绷着两块布或皮革，要求通过纽扣与扣眼、挂钩与钩眼、圆孔眼与系带或拉链将其扣紧或解开。这些系扣练习对幼儿来说是十分有趣的。

（9）呼吸体操。其目的在于调节呼吸运动，换句话说，在于训练呼吸技能。它们也极大地有助于儿童形成正确的说话习惯。教师应选择或制定简单的呼吸体操训练，并伴以手臂运动等。在正确运用嘴唇、舌头、牙齿的训练中，使儿童学会发某些基本辅音时嘴唇和舌头的动作，增强口腔肌肉并使它们为这些运动做好准备。这些呼吸体操为在语言形成中所使用的器官做好了准备。

（六）"儿童之家"的自然教育和手工劳动

通过著名的"阿维龙野孩的故事"以及其他很多例子，蒙台梭利阐述了"儿童之家"的自然教育和手工劳动，从而体现了"儿童之家"的幼儿教育特色。在这一部分，蒙台梭利主要阐述了自然教育、手工劳动两个方面。

1. 自然教育

蒙台梭利对自然教育的阐述，具体包括："阿维龙野孩的戏剧性教育故事"；"克服现代儿童教育的偏见"；"儿童渐进提升的五个阶段"。

（1）阿维龙野孩的戏剧性教育故事

蒙台梭利认为，法国医生伊塔在他的著名的教育论文《阿维龙野孩的初步发展》中，详细陈述有关阿维龙野孩的戏剧性教育故事。其试图在克服一个白痴的生理缺陷的同时，把一个人从原始的自然状态中抢夺回来。阿维龙野孩是一个在大自然状态中成长的儿童。他从小就被罪恶地抛弃在森林里，想杀害他的人认为他已经丧命，但他却通过自然方式活了下来。多年来，他孤身一人自由、赤裸地在荒野里幸存下来，一直到被猎人抓获，于是他进入了巴黎的文明生活。

根据医生的诊断，阿维龙野孩的心智就如同一个白痴，几乎不再可能接受智力教育。作为一位聋哑医生和一位哲学学者，伊塔对这个野孩进行了积极教育，运用了他那早已部分用于治疗听力缺陷儿童的方法尝试进行教育。他认为，这个野孩表现出的白痴特征并不是因为他的生理器官退化，而是因为缺少教育。于是，伊塔把阿维龙野孩的教育分成两个部分：首先是他从自然生活走向社会生活；其次是试图对他进行智力教育。他进行了引导这个野孩趋于文明生活的富于道义的工作——扩大他的需求，并给予他关爱。最后，对人的爱最终成功地战胜了对自然的爱。阿维龙野孩不仅感受到而且更加喜欢伊塔那充满深情的关爱，他热泪盈眶地结束了他自己沉浸于雪地的欢乐和对浩瀚的夜晚星空的凝视。有一天，在试图逃跑到乡下后，他又恭顺而后悔地自愿回来了，去找他的可口的饭菜和温暖的床。因此，蒙台梭利指出："通过所有的社会生活现象逐渐对这个野孩进行耐心的引导，最初要求教师去适应学生，而不是学生去适应教师。不断地吸引学生去注意一种新的生活，要求教师用新生活的魅力去征服他，而不是用暴力强加于他，使他觉得是一种负担和折磨。许多以前的教育方式也许可以推广和应用于儿童教育。……没有采取任何的暴力，而是让社会生活以自身的魅力慢慢地完成吸引这个野孩的任务，这就是伊塔在教育上的成功。"（第152—153页）她还指出："确实，人已创造了社会生活的欢乐，并在共同生活中带来了一种炽烈的人类之爱。但是，人仍然是属于大自然的，尤其在他是一个儿童的时候，他肯定需要从大自然中获取身心发展所必需的力量。我们与大自然的亲密联系对身体的发展具有影响，甚至是实质性的影响。"（第153页）

（2）克服现代儿童教育的偏见

蒙台梭利认为，从根本上说，在现代儿童教育的进步中，我们还没有使自己摆脱那种偏见，即否定儿童的心理表现和精神需要的偏见，因而使我们仅仅把儿童考虑为可爱的植物体，应该得到关爱、安抚和使之处在运动中。一位好母亲或一位好教师在今天能够给予儿童的教育，例如，给予一个正在花园到处奔跑的儿童的教育，就是劝告他不要触碰花朵、不要踩踏草地等。因此，我们对人的教育有助于他去适应这种社会生活，但它在很大程度上忽略了幼儿，因而幼儿在他的生命初期是一个呆板单调生活居于支配地位的生物。

针对这种偏见，结合阿维龙野孩这个具有戏剧性的教育故事，蒙台梭利强调指出："我们必须使人为社会生活做好准备，因为社会生活是他自己的特殊工作。但是，人作为一种生物是属于大自然的，所以也必须符合他的自然活动。""儿童健壮成长的最好方法就是使他融入大自然之中。"（第153—154页）但是，她也指出："有一个明显的原则：我们对教育中的自然权利的牺牲程度，应该仅仅限于对获得文明社会提供的更大快乐所*必要*的程度，而不必做*无用的牺牲*。"（第154页）

园林和园艺是儿童教育方法的基础。因此，蒙台梭利指出："如果对儿童的肉体生命来说，他具有活跃的自然力量是必要的，那么，对儿童的精神生命来说，使他的心灵与万物接触也是必要的。其目的是：儿童可以使他自己直接从充满生气的大自然的教育力量中汲取养料。实现这个目的的方法是：让儿童参加农业劳动，引导他培育植物和饲养动物，以便引起他对大自然的智力思考。"（第155页）

（3）儿童渐进提升的五个阶段

蒙台梭利认为，现代儿童教育概念肯定都强调促进儿童个人的生理-心理发展。她明确提出，儿童渐进提升可以分成五个阶段。

第一，引导儿童观察生命现象。儿童关注他与植物和动物的关系，完全类似于观察教师与他的关系。当兴趣和观察能力慢慢地得到发展时，儿童关心生物的热情也得到了增长，因此，他必然会感激母亲和教师对他的关爱。

第二，引导儿童通过自我教育的方式进行预见。所播种的植物生长依赖于儿童的照料和浇水，否则植物幼苗就会干枯；所饲养的动物生命依赖于他的不断喂食，否则动物就会遭受饥饿。当儿童知道这些时，他就会像一个开始感受到承担生命使命的人一样，变得警觉起来。于是，在儿童和他所照管的生物之间会产生一种神秘的联系，它使得儿童能够完成一些决定性行动而不要教师的介入，也就是引导他进行自我教育。

第三，引导儿童具有忍耐和自信的美德。这种美德是一种信仰和生命哲学的形式。当儿童在地里播下一粒种子并一直等待它的果实时，他首先看到不成形的幼芽的出现，然后等待它生长变化和开花结果；他还看到一些植物发芽早一点和另一些植物发芽晚一点，看到落叶植物生长得快一点而果树生长得慢一点；最后他获得了心理的平衡并萌生了智慧的幼芽，就像农民在耕种时依然保持着他们最初的朴实一样。

第四，激起儿童对大自然的情感。这种情感是通过天地万物的奇迹而保存的。甚至在劳动过程中，在儿童的心灵和因他的关爱得到发展的生命之间产生了一种联系。儿童自然地热爱生命的各种表现形式。于是，儿童的兴趣很好地发展了这种对活着的生物的信任情感，而且这是一种爱的形式，一种与天地万物融为一体的形式。

第五，儿童跟随人类发展的自然道路。这样的教育使得个人的发展和人类的发展协调起来。人类通过农业从自然状态到了人为状态。当人类发现土地增产的秘密时，便获得了文明社会的酬报。儿童必须经过同样的道路，因为他注定要成为一个文明人。

2. 手工劳动

蒙台梭利对手工劳动的阐述，具体包括："手工劳动和徒手体操之间的区别"；"陶器制作和房屋建筑练习"。

（1）手工劳动和徒手体操之间的区别

蒙台梭利指出："事实上，手工劳动和徒手体操之间的区别在于它们的目的不同：前者的目的是完成一种特定的工作或进行模仿，是一个对社会有用的目的；后者的目的是锻炼双手。前者使世界财富增加，后者使个人得到完善。但是，一般讲，这两件事情又是相互联系的，因为只有完善自己双手的人才能生产出有用的产品。"（第162页）

因此，与德国幼儿教育家福禄培尔所主张的练习相比，蒙台梭利认为，最好是完全取消福禄培尔的练习，因为在纸板上进行编织和缝纫不适应儿童视觉器官的生理状况，儿童眼睛的调节能力还没有达到完善的发展。此外，福禄培尔的一些诸如折纸的小练习，是手的练习，而不是工作。但是，蒙台梭利又认为，福禄培尔的泥塑作业可以保留，因为它在福禄培尔提出的所有练习中是最合理的。

蒙台梭利认为，从自由教育体系来考虑，不要使儿童们仿制任何东西，而是给他们泥土并按他们自己的方式去制作。她指出："我并不指导儿童去*生产有用的东西*，也不要求儿童实现一种教育结果。……泥塑作业是为了对儿童心理个性的自发表现进行研究，而不是为了他的教育。"（第162—163页）

（2）陶器制作和房屋建筑练习

"儿童之家"的基本目的就是教育儿童珍惜和爱护墙壁、房屋以及周围的环境。此外，蒙台梭利特别论述了陶器在建筑、历史和艺术上的重要性："陶器除了文明和道德上的重要性外，还有另一种实用价值，即它确实对每一种形式的改变具有*适应性*，对最多样的装饰品具有敏感性。在这一方面，它给予艺术家的个人天赋以自由的空间。"（第164—165页）

所以，蒙台梭利在"儿童之家"中尝试了一些非常有趣的练习，例如，陶器制作、小型砖块砌墙等。儿童被激发了制作陶器的热情，他们非常细心地保护他们自己的作品，并为之感到骄傲。于是，他们用塑造工艺仿制小物品、鸡蛋或水果，并把它们放在陶器里。但是，儿童们最喜欢的工作还是用小型砖块砌墙，看着他们自己双手创造的成果———一座小房屋出现在长着植物的土地旁。因此，他们在童年时期就大致了解了人类早期的主要劳动。蒙台梭利指出："在儿童们学会鉴赏物品及他们周围建筑物的同时，一种真正的手工劳动和艺术创作给他们提供了有益的练习。"（第166页）

（七）"儿童之家"的感官训练

在近代，很多西方教育家开始强调儿童感觉的发展。其中，最突出的是18世纪法国教育家卢梭，他在自然教育理论中提出了感觉教育，强调了儿童通过感觉器官的运用获得丰富的感性经验。与卢梭这些近代西方教育家相比，在幼儿教育中十分重视感官训练的蒙台梭利不仅论述了感官训练的重要性，而且设计和制作了很多感官教具。她强调指出："感官训练是一种自我教育。如果反复进行这些训练，这种自我教育就能使儿童的心理感觉过程趋于完善。……教师必须'尽可能限制自己对儿童的干预；但同时，他决不能让儿童自己在不适当的自我训练中感到厌烦。'"（第224页）应该看到，感官训练是蒙台梭利幼儿教育体系中的一个重要部分。在这一部分，蒙台梭利主要阐述了感官训练的目的、语言与感觉联系的阶段、感官训练的内容及教育、感官训练的重复练习、感官训练的作用五个方面。

1.感官训练的目的

蒙台梭利认为，在实验教育学的方法中，感官训练肯定是最重要的。对幼儿来说，开展感官训练是完全可能的。其方法是：在感官训练中，用教具进行教育实验，并期待儿童的自发反应。这种方法在各个方面都是和实验教育学的方法非常相似的。但是，教具和心理测量使用的量具两者之间的显著区别在于：教具适用于儿童的感官训练。她指出："为了使一种教具达到这样的教育目的，必须保证它不会使儿童感到厌烦，而会使儿童感到*有趣*。其困难在于对教具的选择。……因此，我们必须对幼儿进行实验，选择使他们感兴趣的教具。"（第168页）由此，蒙台梭利完成了感官训练必须具备的教具的选择，并把这些教具运用于她的教育体系中。在正常儿童教育中，许多心智缺陷儿童所使用的教具已被弃之不用，许多仍在使用的教具也经过了很大的修改。

同时，蒙台梭利指出了心智缺陷儿童和正常儿童在对呈现的教具反应上的差别。其表现在：同样的教具用于心智缺陷儿童时可以使训练成为可能，而用于正常儿童时则可以引起自我训练。因此，在正常儿童的感官训练中，"让儿童自己工作、自我纠正和自我教育，因为教师决不进行丝毫的干预。没有一位教师能向儿童传授他自己通过体操练习而获得的敏捷，儿童需要通过他自己的努力来完善自己。感官训练在很大程度上就是如此。可以说，每一种训练形式都是如此。人之所以成为人，不是因为他的老师所做的事情，而是因为他自己所做的事情。"（第172页）

因此，蒙台梭利强调指出："感官训练的目的在于通过重复练习使儿童对刺激物的差别感觉得到改善。"（第173页）但是，在她看来，我们不应该把感官训练和通过感觉方法从环境中可能获得具体概念相混淆。因为在感官训练中，教具使自我训练成为可能，同时也使系统的感官训练成为可能。进行这样的训练，不是依靠教师的能力，而是依靠系统的教具。所使用的教具首先能够吸引儿童的自发注意力，其次包含着刺激的合理分级。同时，在感官训练的过程中，教师最好不要干扰儿童的训练。教师必须明确两个要素：一是对儿童进行指导，二是儿童个人的练习。在蒙台梭利看来，教师应该给予儿童指导，但掌握这种指导的时机和方式正是教育者个人艺术之所在。

2. 语言与感觉联系的阶段

在语言与感觉的联系中，蒙台梭利依据法国医生塞甘的观点发现了适用于正常儿童的三个阶段：第一阶段，把感觉与名称联系起来。例如，我们向儿童出示红色和蓝色这两种颜色。出示红色时，我们就说："这是红色。"出示蓝色时，就说："这是蓝色。"然后，我们把这两种颜色的丝线卷板放在儿童面前的小桌子上。第二阶段，识别与名称相对应的那个物品。我们对儿童说："把红色的物品给我。"然后又说："把蓝色的物品给我。"第三阶段，记住与物品相对应的颜色名称。我们举着物品问儿童："这是什么颜色？"他应该回答："红色。"

但是，蒙台梭利强调指出："对正常儿童来说，在塞甘的三个阶段之**前还存在着一个阶段——一个包含着真正的感官训练的阶段。这就是只有**通过自我训练才能获得差别感知能力的阶段。于是，这成为说明正常儿童具有极大优点的一个例子，同时也证明这样的训练方法对正常儿童的智力发展产生了比对心智缺陷儿童更大的教育效果。"（第178页）

更值得关注的是，蒙台梭利讨论了感官训练方法的特点。一是"感觉隔离"。例如，听觉训练应该在安静的甚至是黑暗的环境中进行，能够获得更大的成功。在"儿童之家"的触觉、温度感觉、压力感觉和实体辨别感官训练中，就采用让儿童蒙住眼睛的做法。蒙台梭利指出："对正常儿童来说，蒙住眼睛会大大增加他们的兴趣，而不会使这种训练陷入喧闹的娱乐；不会把儿童的注意力更多地吸引到蒙眼布带上去，而会集中到我们希望成为注意焦点的感觉刺激物上来。"（第180页）但是，这种让儿童蒙住眼睛的做法在心智缺陷儿童身上的效果是完全不同的，他们在黑暗中经常是睡觉或只顾乱摸乱动。二是"刺激的分配"。例如，我们首先同时呈现红色和蓝色、最长的木棒和最短的木棒、最厚的木板和最薄的木板等来进行区分，然后过渡到对差别微小的色度以及差别很小的长度和厚度的区分。蒙台梭利指出："一个人应当从少量对比度强的刺激过渡到许多区别渐进的、总是难以察觉的刺激。"（第184页）

3. 感官训练的内容及教具

蒙台梭利还较为详细地阐述了她在"儿童之家"中进行的感官训练内容以及教具。其中包括："触觉、温度觉、重量觉的训练"；"实体觉的训练"；"味觉和嗅觉的训练"；"视觉的训练"；"听觉的训练"。

（1）触觉、温度觉、重量觉的训练

蒙台梭利认为，在触觉训练中，它可以和温度觉训练同时进行，因为一般说来，热水浴时对热的温度觉要比触觉更加敏感。由于触觉训练离不开触摸，因此，热水洗手也可以顺便教给儿童清洁卫生原则，即不要用手触摸不干净的东西。将触觉训练限制在手指柔软的指尖上，这在实际生活中是很有必要的。人们在实际生活中常常通过指尖的中介作用训练和运用触觉，这种训练实际上是在为生活做准备。因此，它应该成为感官训练的一个必要方面。其教具包括：（a）平分为两块长方形的矩形木板，一块木板贴上光滑纸或将木板表面磨得光滑；另一块木板贴上砂纸。（b）如前面一样的矩形木板，木板上面相间贴上光滑纸条和砂纸条。在训练中，可以使用一批不同光滑度的纸条，从精细的光滑纸到粗糙的砂纸等多个分级。

在温度觉训练中，可以使用一套由非常轻的金属材料制成的容器，并装满水。它们都配有盖子，每一个盖子上都装着温度计。触摸容器的外面，就可以感觉到所要求的不同温度。让儿童把手伸到冷水、温水和热水中，这是他们感到最有兴趣的一种训练。

在重量觉（压觉）训练中，可以使用一些长6厘米、宽8厘米、厚0.5厘米的小木板。这些木板分紫藤木、胡桃木和松木三种木质。它们分别重24克、18克、12克，重量差均为6克。这些木板应该十分光滑。如有可能的话可涂上清漆，用这种方式既能消除每一个粗糙点，又能保持木质的本色。儿童看到木板的颜色，就知道它们的重量有区别，这提供了控制训练的一种手段。儿童还用手拿起两块小木板以估计它们的重量，这个动作应该渐渐地变得几乎在不知不觉中进行。还可以引导儿童完全通过重量的不同来进行区分，并能闭上眼睛，而排除颜色差别的引导。

（2）实体觉的训练

蒙台梭利认为，实体觉训练的目的是通过感觉来辨别实体，即通过触觉和肌肉感觉同时提供的帮助来辨别实体。在实体觉训练中，所使用的第一种教具是由福禄培尔的长方体和正方体组成的。教师请儿童注意这两种立体的形状，并要他睁着眼睛仔细而准确地观察它们，再三提醒他特别注意所呈现的不同形状的特点。然后，我们让儿童把正方体放在右边，把长方体放在左边，只是触摸它们，而不用眼睛看它们。最后，给他蒙住眼睛，让他再做一遍。几乎所有儿童在这个训练中都能成功，一般经过两三次训练之后都能排除任何的错误。这些实体觉训练可以被应用到许多方面，如同在温度觉训练中一样，它们给乐于辨别刺激物的儿童带来了乐趣。例如，他们会利用任何的小物体，如玩具士兵、小球，尤其是经常使用的各种硬币。他们还可以在玉米、小麦、大米这样一些差别十分微小的物体之间进行区分。

（3）味觉和嗅觉的训练

蒙台梭利认为，味觉和嗅觉训练是极为困难的。

味觉训练可以在儿童午餐时进行。用舌头接触苦、酸、甜、咸等各种液体的方法是绝对可行的。四岁儿童已经适合于进行这种训练，这也是给他们示范正确漱口的一个理由。儿童们乐于辨别不同的味道，并在每一次试验后学会拿一杯温水仔细地漱口。通过这种方式，味觉训练也成为一种清洁卫生练习。

嗅觉训练也可以在儿童午餐时进行。那时，儿童能够学习辨别不同的香味。

（4）视觉的训练

蒙台梭利认为，视觉训练包括大小差别的视觉训练、形状差别的视觉训练、颜色差别的视觉训练。

一是大小差别的视觉训练。其教具包括：立体嵌入物（三个系列）、大小分级的木块（三套：a. 厚度：厚薄不同的物体；b. 长度：长短不同的物体；c. 大小：较大的物体和较小的物体）。

二是形状差别的视觉训练。其教具包括：平面几何图形木制嵌板以及三套卡片。蒙台梭利指出："在这样的练习中，检查是绝对必要的，如同在立体嵌入物中一样。每个几何图形嵌块只能放入对应的嵌框里。对儿童来说，这使得他自己能够进行练习，并在形状的视觉感知中实现真正的感觉自我训练。"（第199页）

三是颜色差别的视觉训练。其中有色彩线板练习、颜色记忆练习。其教具包括：成盒的色彩鲜艳的材料和各种颜色的羊毛球、彩色丝线卷板。

（5）听觉的训练

蒙台梭利认为，在听觉的训练中，一是声音辨别的听觉训练。这种训练是促进儿童语言发展的前奏，并在儿童注意力集中于"说话声音区分"的过程中起着特殊的作用。同时，训练儿童的耳朵感受各种噪音的能力，养成辨别各种轻微噪音并将噪音与各种声音进行比较的习惯，逐步对嘈杂刺耳的噪声产生厌恶。其教具包括：两组各13个小铃铛系列和4把击锤。

二是音乐训练。其教具包括：弦乐器、鼓和铃铛。蒙台梭利指出："对音乐训练来说，我们必须既创造音乐，又创造乐器。这种乐器的目的不仅在于区分不同的声音，而且还在于唤起节奏感。"（第206页）

三是听觉灵敏度的训练。在"儿童之家"取得完全成功的实验只是钟表的实验和压低嗓音的实验。蒙台梭利指出："这种实验纯粹以经验为基础，无助于感觉测量。然而，它十分有助于我们大致了解儿童的听觉灵敏度。"（第209页）

最后，蒙台梭利还介绍了著名的"肃静课"。在这堂肃静课中，四个月大的婴儿就是一位小老师。这个小婴儿仿佛留下了一种无法言表的魅力，它占据着儿童们的心灵。因此，蒙台梭利指出："它证实了在可能实现的绝对安静方面什么是最为成功的教育方法。"（第212页）

4. 感官训练的重复练习

蒙台梭利认为，感官训练恰恰在各种练习的重复之中进行。重复练习的目的，不在于让儿童认识各种颜色、各种形状和不同性质的物体，而在于通过注意、比较和判断的练习使儿童的感觉更加敏锐。这些练习是真正的智力训练。通过各种方法的正确指导，这样的练习可以促使智力的形成，就像锻炼身体可以增强体质和促进身体成长一样。儿童借助外部刺激对他的各种感觉分别进行训练，使他的注意力集中，也使他的各种智力活动逐步得到发展，就像他通过分别准备的活动使各种肌肉运动得到训练一样。这些智力训练不仅是心理－感觉训练，而且还为不同概念的自发联系、为从已知的判断中进行推理以及智力的协调平衡准备了条件。

蒙台梭利还举了她自己所遇到的一个例子：有一次，一位医学同行的两岁儿子竟然从带着他的母亲那里跑开，扑向父亲桌子上杂乱堆放的东西，其中有长方形的书写拍纸簿、圆形的墨水瓶盖子等。这个聪明的小家伙在尽力完成一些练习，这些练习被他以无穷的欢乐重复着，直至完全记住它们。蒙台梭利指出，在这些重复练习中，儿童享有最充分的精神安宁，他们的双眼和双手正在使自己的感觉得到发展。

5. 感官训练的作用

蒙台梭利指出，感官训练的作用主要体现在三个方面。

（1）感官训练有助于实现教育的双重目的

蒙台梭利认为，教育目的具有双重性：一是生物学的目的，二是社会学的目的。从生物学方面来讲，我们希望帮助个体的自然发展；从社会学方面来讲，我们希望使个体为环境做好准备。由此，感官训练是最重要的，在教育学上具有最大的重要性。因此，她指出："事实上，感觉的发展先于高级的智力活动的发展，三岁至七岁儿童正处在感觉的形成时期。……在这个时期，我们应该有序地引导这些感觉刺激，使儿童所接受的那些感觉将沿着一条理性的道路发展。这种感官训练将为儿童形成一种清晰的卓越的智力打下一个有序的基础。"（第215—216页）

（2）感官训练有助于智力教育的直接准备

蒙台梭利认为，感官训练为智力教育做好了直接的准备，改善那些感觉器官以及投射和联合的神经通道。现代文明社会的人是他们环境的杰出观察者，因为他们必须尽最大可能利用这个环境的所有财富。感官训练可以为人的幼儿期做好准备。她指出："在准备观察方法的同时，我们也准备了通向精神发现的道路。"（第217页）

（3）感官训练有助于为实际生活的直接准备

通过厨师、医生和钢琴家的例子，蒙台梭利强调指出，感官训练使人去观察，以实现感觉的完善。这不仅使人完成适应现代文明社会的一般工作，而且使人直接为实际生活做了准备。美育和德育与感官训练是紧密相连的。"如果我们希望用所要求的训练使这种感觉得到充分的发展，那在感觉形成的时期就有必要开始进行感官训练。感官训练不仅应该在幼儿时期有序地开始，而且应该在使个体为社会生活做准备的整个教育时期继续进行。"（第221页）

蒙台梭利最后指出："教育应该给予心理感觉训练和心理运动训练同样的重要性。如果不是这样的话，那我们就把人与他的环境隔离开来了。实际上，当我们相信用智力文化来完成我们自己的教育时，我们培养的将是脱离世界而生活的思想家，而不是从事实际工作的人。另一方面，如果我们希望通过教育来为实际生活做准备，但只是把我们自己局限于心理运动阶段的训练，那我们就忘记了教育的主要目的，即使人与外部世界进行直接的沟通。"（第223页）

（八）"儿童之家"的智力教育

智力教育与感官训练是相关的。因此，在感官训练之后，蒙台梭利就阐述了智力教育问题。在一开始阐述时，她就引用了塞甘所说的一句话："引导儿童从感官训练到观念。"但是，她又指出："小学一年级的内容将完全被取消，而代之以我们的幼儿教育。"（第308页）在这一部分，蒙台梭利主要阐述了智力的进步、书写、阅读、语言、计数五个方面。

1. 智力的进步

蒙台梭利对智力的进步的阐述，具体包括："教师的工作就是教确切的名称术语"；"儿童的智力进步是科学的教育学的最大成就"；"遵循教师不主动干预原则的练习"。

（1）教师的工作就是教确切的名称术语。

蒙台梭利认为，在大多数情况下，教师应该在必要的名词和形容词的发音中不附加任何多余的音素。对这些单词，她的发音要清晰和洪亮，以使儿童能够清清楚楚地听到构成单词的各个音节的发音。例如，在第一次触觉训练中触摸光滑的和粗糙的卡片时，教师应该说："这是光滑的。""这是粗糙的。"她用各种声调重复这些单词的发音，声调始终要分明，发音始终要清晰。同样，在讲解热感和冷感时，教师应该说："这是冷的。""这是热的。""这是冰冷的。""这是微温的。"然后，她可以使用"热""更热""不热"等通用术语。

在蒙台梭利看来，在这个过程中，教师应该注意三点：第一，实物与名称术语必须结合起来，被儿童的头脑所接受。第二，教师必须不断检查所教的内容是否达到预期的目的，而且检查必须在名称术语所局限的意识域内进行。第三，如果儿童没有出现任何错误，教师就可以唤起与物体相关的概念，即唤起与名称术语的发音相对应的活动。

（2）儿童的智力进步是科学的教育学的最大成就

蒙台梭利认为，教师仅仅对儿童说一声"观察"，那是造就不出观察者的，应该给儿童提供观察的动力和方法，而这些方法又是通过感官训练获得的。一旦激起这样的活动，儿童的自我训练就有了保证，因为受过良好训练的各种感觉会引导他们更加仔细地观察外界环境，而千姿百态的外界环境又会吸引他们的注意力，并将心理感官训练继续下去。儿童的自发性心理发展是连续不断的，与它们直接有关的是儿童自己的心理潜能，而不是教师的作用。对我们的教育来说，这种运动或自发性心理活动是从感官训练开始，并通过观察能力得以维持的。

因此，蒙台梭利强调指出："我们的教育目的必须是帮助儿童的智力、心灵和身体自由发展，而不是把他们培养成一般意义上的有文化修养的人。因此，在为儿童提供适合于发展其感觉的教具后，我们必须等待，直到他们的观察活动取得进展。教育者的艺术就在于知道如何调节那种帮助儿童个性发展的行动。……所以，教学应该严格遵循尽最大可能地限制教育者主动干预的原则。"（第230—231页）

（3）遵循教师不主动干预原则的练习

蒙台梭利还列举了遵循教师不主动干预原则的一些练习。

一是盲人的练习。这是让儿童蒙住自己眼睛的练习，主要用于一般感觉的训练。其包括：材料方面的训练，如天鹅绒、缎子、丝绸、棉布、亚麻布等；重量方面的训练，如相同颜色的两块木板、不同颜色的两块木板等；尺寸和形状方面的训练，不同的硬币、福禄培尔的正方体和长方体以及一些如蚕豆、豌豆的干种子等。其中，蒙台梭利具体介绍了名称、尺寸、形状等方面教具使用的方法。她指出："我们看到他慢慢地自发地掌握各种概念和词语。他是人生旅途的一个旅行者，观察着沿途的各种新事物，并试图弄懂周围人所说的陌生语言。事实上，为了理解和模仿，他自愿做出了很大的努力。但是，对幼儿的指导应该减少不必要的精力耗费，而要使他的努力变成容易得到知识和扩充知识的快乐。"（第237页）她还这样指出："儿童会看到在门、窗户和许多家用立体物品外观上充分展现的平面几何图形。因此，对儿童来说，从平面几何嵌入物中了解到的有关形状的知识就是一把打开外部世界之门的魔法钥匙，使他具有知晓其奥秘之感觉。"（第239页）

二是自由绘画、给完整的轮廓图形涂颜色的练习。在自由绘画的练习中，给儿童一张白纸和一支铅笔，并告诉他可以随意地画他喜欢的东西。

其重要性在于揭示儿童的观察能力和表现他的个人倾向。在给完整的轮廓图形涂颜色的练习中，让儿童用彩色铅笔给特定的轮廓图形涂颜色。其展现的是儿童对颜色的观察能力，就像自由绘画表现的是儿童对他周围物体形状的观察范围一样。儿童必须选择他所用的颜色，这样做就等于告诉我们他是否观察过他周围物体的颜色。

三是自由造型的练习。在练习中，儿童用黏土随意捏出个东西来，也就是说，他可以把那些记得最清楚、印象最深的实物塑造出来。令人十分惊讶的是，这些黏土塑品常常不仅反映实物的形状，而且甚至反映儿童接触过的实物的尺寸。对于教师来说，这些黏土塑品无疑是很有价值的材料，因为它们反映出儿童的许多个人差异，从而有助于她更加全面地了解儿童。这样的黏土塑品也是教师干预儿童教育的宝贵指南。在这种练习中表现为观察者的儿童，很可能成为他们周围整个环境的自发观察者。在有利于确定和记住各种感觉及概念的练习的间接帮助下，儿童会朝着成为自发的观察者的目标发展。这些儿童也将最迅速地成为自发书写活动的实现者。

四是几何图形的分析练习。几何图形的分析并不适合年幼的儿童，但可以尝试一种介绍这种几何图形分析的方法，把这种练习限于长方形，并利用一种既包括这种分析又不使儿童的注意力集中在这种分析上的练习。这种练习的内容是在长方形饭桌上摆放餐具，出现"边""角"的概念。然而，蒙台梭利指出，六岁前的儿童不能练习比这更为复杂的几何图形分析。

五是颜色的练习。在练习中，准备一些轮廓图画，让儿童先用彩色铅笔给它们涂颜色，然后换成画笔，并要求儿童自己准备将要使用的水彩颜料。首先画的是花朵、蝴蝶、树木、动物，然后过渡到包括绿草、蓝天、房子和人物的简单风景画。儿童选择不同的颜色，并在绘画时自由地使用颜色。例如，如果他们把一只鸡涂成红色或把一头牛涂成绿色，那就说明他们还没有成为观察者。只有那些知道如何正确涂颜色的儿童，才可以过渡到更难的练习。

2. 书写

蒙台梭利对书写的阐述，具体包括："书写的方式"；"书写练习的三个阶段"；"书写与阅读的关系"。

（1）书写的方式

在介绍塞甘和伊塔有关心智缺陷儿童的书写教学观点及方法之后，蒙台梭利希望儿童用一种更加简单的方式来进行书写，以便能够在学习书写上为未来的一代人减轻所有的负担。她提出，没有必要从学习竖笔画开始书写，因为在进行这样的练习中，儿童付出了太痛苦的努力。第一步应该是最容易的，可是上下笔画是所有使用铅笔的书写中最难的笔画之一。具体来说，"竖笔画应该为书写字母做准备，这种说法看起来在逻辑上是难以令人置信的。字母是由曲线构成的，然而我们必须通过学习画直线来为书写字母做准备"。（第259页）

蒙台梭利指出："一种从个人开始的方法将显然是独创的——与以前的其他方法非常不同。实际上，它在书写上预示着一个*以人类学为基础*的新时代。"（第260页）这种方法可以称为"自发书写方法"。通过教儿童用手指反复触摸字母的形状，儿童不通过书写就学会了反复练习书写符号形状的必要动作。因此，儿童是跟随着字母轮廓的视觉想象进行书写的。

蒙台梭利还制作了供儿童使用的字母表。她指出："纸卡片的字母表制作容易，并能够同时被许多儿童所使用。它不仅可以用来认识字母，而且可以用来拼字。我意识到，正是在砂纸字母表上，我发现了为触摸字母的手指所寻找的指导。这样的一种方法不再仅仅是视觉上的，而且也关乎触觉，其本身有助于直接教精确控制的书写运动。"（第269页）在蒙台梭利看来，在正常儿童中，肌肉感觉在幼年期是最容易得到发展的，这使得书写对儿童来说是非常容易的。

（2）书写练习的三个阶段

蒙台梭利指出，书写练习可以分三个阶段。这三个阶段包括了获得书面语言的整个方法，其重要性是明确的。对儿童来说，书写是一个长期的练习。

第一阶段是有助于掌握和运用书写工具的发展肌肉运动机制的练习。其教具包括：桌面倾斜的小木桌、金属嵌块、轮廓图形、彩色笔。儿童在学会描画决定图形的线之后，开始进行给轮廓图形涂颜色的练习。当儿童们知道如何书写时，他们继续进行这些练习，并不断取得进步。这种练习不仅激发了儿童对书写的兴趣，而且还完善了儿童的书写，对笔的使用越来越熟练。

第二阶段是有助于建立字母符号的视觉－肌肉图像和书写的肌肉运动记忆的练习。其教具包括：一些用砂纸制成的卡片上面写着简单的字母符号；一些更大的卡片写着一组相同的字母。贴在卡片上的砂纸字母在尺寸和形状上与每一个字母相适应。练习按照三个阶段进行：第一，把视觉和肌肉触觉与字母发音联系起来。第二，知觉。当儿童听到与字母相应的发音时，他应该知道如何去比较和识别它们。第三，当儿童的语言得到充分发展时，当他能够发所有的音时，教师在课堂上所选择的那些字母就没有问题了。

第三阶段是用于组词的练习。组合单词本身就是一种智力练习。其教具主要是由字母表构成。儿童在组合新的单词时，会根据相应的发音相继地寻找和摆放字母。在练习中，儿童注意力高度集中地坐着，看着那个盒子，他的嘴唇似乎轻轻地动着，并一个一个地拿出所需要的字母，在组合单词中很少会出现错误。儿童嘴唇的微动说明这样的事实，即他自己不断地重复说那个想把发音转变成符号的单词。

蒙台梭利强调指出："儿童起先是潜意识地使他自己做好了说话的准备，同时完善了趋于清晰地说话表达的心理－肌肉机制。在书写的情况下，儿童几乎做着同样的事情，但是，直接的教学帮助和书写动作准备的可能性几乎是以一种具体实在的方式实现的，这使得书写能力的发展比正确说话能力的发展更加迅速和更加完善。虽然书写的实现是容易的，但它的准备并不是片面的，而是全面的。儿童要掌握对书写来说必需的所有动作。而且，书面语言的发展不是渐渐的，而是以一种爆发的方式出现的，也就是说，儿童能够书写任何单词。"（第288页）

（3）书写与阅读的关系

在书写与阅读的关系上，蒙台梭利认为，阅读和书写两者都是接受通过其他人传送给我们的语言，但阅读比书写更为困难。她指出："书写并不是与阅读相伴随行的，阅读要求一个更长的过程，要求一种更高的智力发展，因为，为了能够理解词语，需要对符号意义进行解释，对语音音调进行调节。所有这些都是纯粹的智力任务。在书写时，儿童在听写中实质上把声音转换成符号，并进行手的运动，这对他来说总是一件容易而愉悦的事情。对于儿童来说，书写的发展带有简易性和自发性，类似于口语的发展——它是一种可以听见声音的运动转换。相反，阅读构成抽象的智力文化的一部分，它是对来自书写符号的概念的解释，这是在后来才获得的。"（第266—267页）

因此，蒙台梭利认为，在开始教阅读的同时，就可以教书写了。当儿童观看和认识的时候，他在阅读；当儿童描画的时候，他在书写。他的心理将两个动作合为一个动作来接受，在后来的发展中，这两个动作将分离开来，逐渐构成阅读和书写两个不同的过程。"通过同时教这两个动作，或更好的是通过这两个动作的结合，我们使儿童面对着一种新的语言形式，不需要确定哪一个动作应该是最主要的。"（第281页）

但是，蒙台梭利指出，书写和阅读这两种活动并不是绝对同时进行的；而且，与通常流行的观念相反，书写先于阅读。书写为阅读做了准备。

3. 阅读

蒙台梭利对阅读的阐述，具体包括："阅读有一种高级的智力活动的介入"；"阅读的练习"。

（1）阅读有一种高级的智力活动的介入

蒙台梭利认为，所谓的阅读就是用那些书写符号来解释一个概念。儿童没有听见那个词的发音，但当他看见桌子上用字母卡片组成的那个词时就认识了它，并能说出它表示的含义。她指出："为了确定语调，儿童必须认识这个词，也就是说，他必须认识这个词所表示的意思。如果他要阅读的话，那就必须有一种高级的智力活动的介入。"（第297页）其教具包括：清晰书写的单词和短语纸片或卡片，以及大量的各种玩具（有洋娃娃及房子和家具、球、树木、玩具羊群或各种动物、玩具士兵、铁路，以及各种简单的图形等）。阅读从名称开始，也就是说，从读出已经很好认识的或眼前存在的物体的名称开始。

在"儿童之家"的阅读练习基础上，蒙台梭利指出："经验告诉我们，作文必须先于逻辑性阅读，就像书写先于阅读一样。经验还告诉我们，如果阅读是教儿童去接受一个概念，那它应该是默读而不是朗读。"（第307页）

（2）阅读的练习

蒙台梭利认为，阅读的练习包括用于单词阅读的练习和用于句子阅读的练习。

一是用于单词阅读的练习。蒙台梭利采用了实物和写着实物名称的卡片结合的方法，以使儿童能够通过练习而轻松地学习单词阅读。儿童带着很高的热情和期望参加这种练习。她发现，儿童所热爱的是知识而不是简单的娱乐。几乎所有使用我们方法的正常儿童在四岁时开始书写，在五岁时知道如何阅读和书写，至少与已完成小学一年级学业的儿童一样。

二是用于句子阅读的练习。蒙台梭利采用一些写了长句子的卡片的方法，以使儿童能够通过练习进行句子阅读。这里，她对这种练习作了这样的描述："这已成为儿童们喜欢的一种练习：我们首先形成绝对的安静，接着拿出一个装有折叠纸条的篮子，每张纸条上都写着一个长句子来表明一种行动。所有知道如何阅读的儿童都可以抽取一张纸条，默默地阅读纸条一两遍，一直到他们肯定已理解纸条上的内容为止。然后，他们把那张纸条交给老师，并开始完成纸条上规定的那种行动。"（第306—307页）

4. 语言

蒙台梭利对语言的阐述，具体包括："书面语言和语言机制"；"语言发展的两个阶段"；"语言分析的必要性"；"语言缺陷产生的原因"。

（1）书面语言和语言机制

蒙台梭利认为，包括听写和阅读在内的书面语言包含着口头语言的全部机制（听觉通道、中枢通道、运动通道）。这是一个不仅要赋予书面语言以生理学意义，而且要让书面语言有一个后来必定独立起作用的高级功能发展阶段的问题。因此，她指出："语言机制是利用书面语言的高级心理活动的一种必要的前提条件。"（第312页）

蒙台梭利还特别指出，伴随着儿童在书面语言上的努力是各种压抑的感觉，并导致儿童产生了教师不得不去纠正的错误的书写，也使得儿童产生更多的沮丧，他们因为这些不正确的书写符号而不断受到教师的批评。因此，当儿童被要求做出努力时，教师是压抑而不是复苏他们的心理力量。

（2）语言发展的两个阶段

蒙台梭利认为，在语言的发展中有两个阶段：一是低级阶段，即准备神经通道以及使感觉通道和运动通道产生联系的中枢神经机制的阶段；二是高级阶段，即用预先形成的语言机制所决定的方式来具体化的高级心理活动决定的阶段。从"有音节语言"到"逻辑思维语言"，就标志着语言的发展。

尽管书面语言是智力教育的一种十分重要的甚至是必不可少的工具，但蒙台梭利指出，对仍然处在简单知觉和好动年龄阶段的儿童教这样一种语言，那是犯了一种严重的心理学和教育学错误。那是因为，"有音节语言的发展是在两岁和七岁之间这个阶段。这是*知觉*发展的年龄阶段，儿童的注意力自发地转向外部物体，其记忆力特别强。这也是*好动*的年龄阶段，所有的心理－运动通道正在变得更加完善，肌肉运动机制也建立了。在生命的这一阶段，通过在听觉通道和口语运动通道之间的神秘联结，可以看到听觉具有直接*激起*说话的力量；在这样的刺激之后，口语本能地得到了发展，好像把口语从遗传的睡眠状态中唤醒了。众所周知，只有在这一阶段，才有可能获得所有独特的语言调节，而想在以后再发展那将是徒劳的。"（第315页）

（3）语言分析的必要性

蒙台梭利认为，对于儿童来说，最好是在容易形成运动适应性的年龄阶段过去之前，就通过口头语言运动通道的练习，建立一种完美口语所必需的正确的运动机制；如果错误的运动机制被固定下来，其缺陷就会变得难以纠正。出于这一目的，对语言的分析是必要的。蒙台梭利指出："当儿童会*说话*时，但在言语发展完成（使它在早已建立的机制中固定下来）之前，应该用一种完善它的观点来分析言语。"（第319页）

在蒙台梭利看来，当儿童后来进行听写并把言语声音转化成书写符号时，他将听到的言语分解成音素，并通过早已由相应的肌肉感觉建立起来的通畅的通道把它们转化成书写运动。

（4）语言缺陷产生的原因

蒙台梭利认为，儿童语言的正常缺陷归于这样的事实，即口头语言器官的复杂的肌肉力量还不能很好地发挥作用，因而不能重复某种内在运动感觉刺激的发音。这样的语言缺陷通常被称为口齿不清。

对于语言缺陷产生的原因，蒙台梭利指出："部分归于器官原因，包括器官畸形或神经系统的病变；部分归于语言发展时期形成的缺陷，包括口语单词组合音的发音错误。"（第322页）因此，她在"儿童之家"中运用练习方法来纠正一些严重的语言缺陷，其中包括安静练习、语音练习、书面语言练习、训练练习（呼吸练习和发音练习）。蒙台梭利特别强调指出："在儿童语言得到发展的每一个年龄阶段，*通过关注语言发展来避免语言缺陷*。"（第325页）

5. 计数

蒙台梭利认为，当三岁儿童进入"儿童之家"时，他们早就知道2或3之内的计算。所以，他们很容易就学会了计数，包括对物品的计数。有许多不同的方法可以用于这个目的。日常生活也提供了许多计数的机会。用这种利用经验的方式（如数钱）来教计数之后，可以转到更有系统的练习。其教具是在感官训练中早就使用过的一套木棒（即在长度教学中使用过的10根木棒）以及数字卡片。在呈现这些数字卡片时，其方法与在教字母时使用的方法是一样的。

这里，蒙台梭利具体介绍了一些计数练习。

一是数字记忆的练习。在这个练习中，儿童根据数字卡片上的数字，挑选出与他抽取到的数字相同数量的物品。其中，非常困难的事情就是使儿童们按要求保持安静。

二是从1到20加减乘除的练习。这个练习仍然使用按米制尺寸来排列的数递进的长木棒。先学10以内的运算，再进到20以内的运算。在这个练习中，儿童知道了加号、减号、乘号、除号和等号。为了防止练习变得单调乏味，练习应该进行变化。其中，困难在于十进位数。

三是10以上的算术运算练习。其教具包括一些印着大号数字10的正方形卡片，以及其他一些长方形卡片，尺寸是正方形卡片的一半，上面印着从1到9的单个数字。在这个练习中，教师可以增加算术运算中的实际练习，并利用儿童们能容易处理和分割的简单物品。结果是所有儿童几乎都能数到100。

（九）对纪律的思考

在本书"第十七章　所使用的教学方法和教具介绍"中，蒙台梭利用了这样一段文字来描述"儿童之家"中的儿童们："他们已知道如何阅读和书写，知道如何照顾自己，知道如何穿衣服、脱衣服和梳洗；他们熟悉良好的行为规范，有礼貌，遵守纪律，并通过自由发展了自制能力；他们不仅完美地掌握了口头语言，而且还具有阅读书面语言的基本能力，并开始掌握逻辑性语言。这些儿童发音清晰，书写流利，行为十分优雅。他们的人性在美的熏陶下，在体现所有真挚人性的幼儿期得到真正的发展，因为他们聪明而耐心地观察自己的环境，并在一种智力自由的形式下具有自发推理的能力。"（第308页）在本书最后一章,即"第二十二章　结论与印象"

的"'儿童之家'的精神影响"一节中，蒙台梭利又有相似的描述。从她的描述中可以看到，在"儿童之家"中，儿童们不仅在各个方面得到了很好的发展，而且在纪律上也有极好的表现。因此，经验证明，"儿童之家"的纪律比普通学校的纪律更好。正如蒙台梭利所指出的："通过自由和独立的获得而实现了纪律，这标志着在教育方法上将看到未来发展的基础。在我看来，它展现出通过教育来改善人类的最大希望。"（第374页）在这一部分，蒙台梭利主要阐述了儿童早期教育中的"自由"概念、纪律通过自由而获得、儿童不能独立就没有自由、纪律最初通过工作而出现、儿童的服从、维持纪律需要正确的方法六个方面。

1. 儿童早期教育中的"自由"概念

在蒙台梭利看来，从生物学观点来看，儿童早期教育中的"自由"概念必须被理解为：要求那些环境适合于儿童的整个个性最有利的发展。

（1）尊重儿童生命的发展

蒙台梭利认为，在带着极大兴趣观察儿童时，教育者必须尊重儿童生命的发展，牢记儿童的生命是每一个儿童个体的生命。因此，她指出："'教育'必须被理解为：为儿童生命的正常发展所提供的积极帮助。儿童是成长的身体和发展的灵魂，这两种形式（生理的形式和心理的形式）有一个永恒的根源，即生命本身。我们肯定既不能消灭也不能抑制这两种发展形式中所存在的神秘力量，但我们知道，我们必须等待来自它们的将会连续出现的表现形式。"（第104—105页）

（2）环境促进生命的发展

蒙台梭利认为，环境无疑是生命现象中的一个次要因素。环境既能促进生命的发展，也能阻碍生命的发展，但它绝不能创造生命。这种发展源于种类和个体两者的内部。因此，她指出："环境对个体生命的作用越大，这种个体生命可能就越活跃和越强大。但是，环境的作用具有两种相反的意义，即促进生命和抑制生命。……生命是至高无上的女神，总是在发展着，总是在消除环境在她的前进道路上所设下的那些障碍。不管它所涉及的是种类还是个体，胜利者总是在继续前进——这是基本的真理。在这些胜利者身上，这种神秘的生命力量是强大的和充满生机的。"（第106页）

2. 纪律通过自由而获得

蒙台梭利在"第五章 纪律"一开头就强调指出："观察的教育方法的基础是儿童的自由。自由就是活动。纪律必须通过自由而获得……如果纪律建立在自由的基础之上，那这种自由本身必须是主动的。我们并不认为，一个由于人为约束而像哑巴一样安静、像瘫痪者一样不能活动的人就是一个遵守纪律的人。其实，他是一个被扼杀了个性的人，而不是一个遵守纪律的人。我们把一个自主的、在必须遵循某种生活准则时能够控制自己行为的人称为有纪律的人。……它无疑包含着一条重要的教育原则。这条教育原则与传统学校中那种绝对不许讨论的、强迫学生一动不动的做法是截然不同的。"（第86页）

在蒙台梭利看来，如果能够使儿童沿着这样的一条纪律之路前进，那么他养成的纪律并不仅仅限于学校环境，而是已经延伸到社会环境。但是，在传统的纪律教育方法下，如果教师对儿童的自发活动进行压制和把任务专横地强加给儿童，那么他实际上就阻碍了儿童的自我教育，从而不能使儿童获得纪律。

要获得纪律和维持纪律，就必须采取正确的方法。因此，蒙台梭利指出："教师的任务是保证儿童不会把善与静、恶与动混淆起来……所有这一切都是因为我们的目的：纪律是为了活动、为了工作、为了美德，而不是为了静坐、为了被动、为了顺从。"（第93页）在她看来，我们关于儿童自由的概念，并不是我们在对植物、昆虫等观察中所使用的那种简单的自由概念。因此，教育介入的首要方式必须有助于把儿童引向独立。在一间教室里，只要儿童们都能有益地、机智地、自愿地活动，而不会做出任何粗野和鲁莽的事情，这样的教室就是一间真正具有良好纪律的教室。

3. 儿童不能独立就没有自由

蒙台梭利认为，从断奶那一刻起，幼儿就开始了他们走向独立的道路。因此，必须引导儿童个人自由的最初的和主动的表现，使他能通过这种活动达到独立。她明确指出："要使任何的教育活动对幼儿训练有效果，就必须帮助幼儿在独立的道路上前进。我们必须帮助幼儿学会无须别人搀扶地行走、跑步、上下楼梯、捡起掉落的东西、穿脱衣服、洗澡、口齿清楚地说话以及明确表达自己的需要等。我们对儿童的帮助，必须使他们有可能达到各自的目标，满足各自的欲望。所有这些都是培养独立的教育的一部分。"（第97页）

但是，在蒙台梭利看来，我们习惯于为儿童服务，这实际上是一种危险的行为，因为这往往会抑制他们有益的和自发的活动。所以，对儿童提供他们不需要的帮助，就是对他们的自然能力发展的一种障碍。在这样的服务和帮助下，儿童失去了自然的活动能力，实际上也就失去了自由。因此，蒙台梭利强调指出："一个通过个人努力而能够进行为生活舒适和生命发展所需的各种活动的人，也就是一个征服他自己并在活动中发展自己的能力和自我完善的人。我们必须把我们的后代培养成为身体强壮的人，即我们所说的独立和自由的人。"（第101页）由此，取消外在形式的奖励和惩罚将是自然的事情。因为人的能力和自由产生于构成他的各种活动之源的精神生活之中。

4. 纪律最初通过工作而出现

蒙台梭利指出："真正的纪律的第一道曙光是来自工作的。在一个特定的时刻，奇迹出现了：一个儿童对一种工作产生了强烈的兴趣。这种兴趣从他的脸部表情、他的高度注意力和他对同一练习的坚韧态度中表现出来。这个儿童开始走上通向纪律的道路。不管他从事什么活动——感官训练、解纽扣或系带子或洗盘子练习，都是同样的表现。"（第350页）

在蒙台梭利看来，纪律不是通过口头方式实现的，没有人会"通过听别人说话"而学会自律。纪律的现象需要通过一系列完整的活动来准备，纪律是通过开展自发工作的活动而实现的。儿童扩大了自己的活动范围，但并不需要一些人总是在自己身边徒劳地告诫他："安静！听话！"所以，儿童所获得的服从不能概括为不活动，而完全是由活动组成的。其实，儿童的活动包括他们的自我发展以及正常的和有益的外部行动。

这里，蒙台梭利还论述了两个方面。

一是有序活动是肌肉的真正休息。为了活动而自然形成肌肉的真正休息是一种有序活动。活动要服从内在的自然规律——静止。人是一种天生有智慧的动物，在这种特殊情况下，他的活动越明智，他越能发现内心的平静。

二是生命发展中的重复练习。生命发展的练习在于重复之中，而不在于仅仅掌握"重复"这一观念。当儿童已达到重复练习的阶段时，他已走上了通向自我发展的道路，其外部标志就是他的自律。

5. 儿童的服从

蒙台梭利认为，企图通过祈求、命令或暴力的手段使儿童服从，这是难以做到或不可能做到的。基于服从也就是牺牲，教师在热爱儿童的同时，应该向他指出服从是生活的法则。当我们命令儿童做一件事情时，就预料到这个儿童具备相应的活动力或约束力，所以，服从必须以意志和理智的形成为前提。以独立练习的方式详细地准备这种意志和理智的形成，因而也鼓励儿童学会服从。例如，"肃静课"、计数练习中的"零课程"等。

在蒙台梭利看来，服从既能发展意志力，又能发展行动表现力。儿童的服从分为三个阶段：在第一阶段，儿童的思维混乱，不会服从。确切地说，仿佛他是精神上的聋子，没有听到命令。在第二阶段，儿童愿意服从，看上去好像听懂了命令并愿意对它做出反应，但他不能或至少并不总是成功地做到这一点。他反应不快，行动时也表现出不高兴的样子。在第三阶段，儿童满怀热情地立即服从而且随着他在练习中越来越熟练，他因知道如何服从而感到自豪。

"儿童之家"的教育实验表明了一种间接培养纪律的形式。在这种间接培养纪律的形式中，教师的批评和训诫被儿童的一种合理组织的工作和自由所替代。因为纪律依靠的是人类的精神力量，并在工作和自由这两条通向所有公民进步之路的基础上建立起来。因此，蒙台梭利强调指出："纪律不是一个事实，而是一条道路。沿着这条道路，儿童以十分严谨的科学态度掌握了'服从'这个抽象概念。"（第353页）后来，在《有吸收力的心理》一书中，蒙台梭利还专门列了"儿童的服从"一章，对儿童的服从又进行了更为深入的阐述。

6. 维持纪律需要正确的方法

蒙台梭利认为，在"儿童之家"中，作为主人的儿童得到了遵循自然的自我发展。在对工作的兴趣如此强烈的情况下，儿童们根本不会发生抢夺玩具的争吵。如果一个儿童完成了一件特别好的事情，那他的成就对其他儿童来说就是羡慕和欢乐的源泉，没有一个人会为另一个人拥有财富而感到痛苦；相反，一个儿童的胜利会成为所有儿童的快乐。儿童们还经常可以发现一些主动的模仿者。他们似乎都对自己力所能及的事情感到愉悦和满足，同时又不妒忌别人的成就。如果教师希望全班儿童做一件事情，例如，停下他们自己感兴趣的工作，她只需要轻轻地说一声或做一个手势，他们就会专注和急切地看着她，急于想知道如何服从教师的要求。许多参观者看到教师把儿童乐于服从的命令写在黑板上。不仅是教师，而且是任何人想请儿童做什么事情，都能惊奇地看到儿童们不折不扣地十分高兴地服从。

因此，蒙台梭利强调指出："要获得这样的纪律，光靠惩戒或口头劝告是没有用的。也许，这样的手段一开始看似是有效的，但它不能持久。一旦真正的纪律出现，那么这一切虚假的表面纪律就会变成泡影。"（第349—350页）

（十）对教师的阐述

除在"第六章　如何给儿童授课"和"第二十二章　结论与印象"这两章中集中对教师方面进行阐述外，蒙台梭利在其他章中也不时有对教师方面的阐述。随着"儿童之家"教育实验活动的进一步展开，她在后来出版的教育著作中对教师方面又有了更为深入的阐述。例如，在《童年的秘密》中列出了"教师的任务"一章；在《有吸收力的心理》中列出了"教师的准备"一章。在这一部分，蒙台梭利主要阐述了教师的首要任务是激发生命、教师是儿童自发工作的指导者、教师个别授课的特点三个方面。

1. 教师的首要任务是激发生命

蒙台梭利认为，当教师将运用科学的教育方法触及每一个儿童的心灵时，她仿佛就像一个无形的神灵唤醒和激励儿童的内在生命。于是，她的每一个手势、每一句话都足以占据每一个儿童的心灵，因为每一个儿童都将以一种有活力的和生动的方式去感受她、熟悉她和听从她。所有儿童在教师的手势下温顺而友好地服从她时，他们不仅是乐意的，而且是坚定的。儿童们将看着使他们充满活力的指导者，并希望和渴望从她那里获得新的生活。虽然儿童生活在我们之外，使我们不能够了解他们，但是，如果我们消除束缚儿童的人为手段以及愚蠢地惩罚他们的暴力行为，那他们就会真正地给我们展现他们自己全部的儿童天性。在儿童继续前进的道路上，给予他们一缕阳光。因此，蒙台梭利强调指出："激发生命——让生命自由地发展和展开，这是教育者的首要任务。"（第115页）

当然，对于教师来说，在完成这样一个棘手任务时，一种伟大的艺术肯定是提出干预的时机和限度。其目的与其说是使我们不造成儿童的紊乱和引起儿童的偏离，还不如说是使我们依靠儿童的内在力量，帮助趋于充分发展的心灵。掌握干预的时机和方式，注意对儿童干预的质量，正是教师的个人艺术。

2. 教师是儿童自发工作的指导者

蒙台梭利指出："按照我的教育方法，教师教得少，观察得多，而且教师的作用首先是引导儿童的生理发展和心理活动。为此，我把教师的名称改为'指导者'。……她的指导要比一般理解的意义深远得多、重要得多，因为她指导的是生命和心灵。"（第173页）因此，在"儿童之家"中，教师已成为儿童自发工作的指导者。她既不是一种消极力量，也不是一个无声存在的人。

在蒙台梭利看来，儿童们用不同的方式从事自己的每一个工作，指导者观看着他们，同时可以进行心理观察。在准备了环境和教具（儿童工作所使用的实物）后，教师必须不仅仅限于观察行动，而且还必须进行实验。一位睿智的教师应当能够对儿童进行最有趣的个人心理观察，不仅关注儿童们的身体发展，而且还关注儿童们的智力发展和道德进步。在这样的教师指导下，儿童们能够运用我们的方法来实现很好的身体发展，同时还能够展现人类所特有的心灵完美。

在教师的准备上，蒙台梭利指出："通过科学的准备，教师必须不仅具备观察自然现象的能力，而且具有观察自然现象的愿望。在我们的教育体系中，她必须成为被动的观察者，而不是成为主动的和施加影响的观察者。她的被动应该包括急切的科学好奇心以及对被观察现象的绝对尊重。教师必须理解和感受到她的观察者身份。"（第87页）

最后，蒙台梭利提到了对教师进行科学培训的重要性。因为当儿童进行自我训练时，当控制和纠错让位于教具时，教师要做的事情只是观察。这时，她应当更多的是一位心理学家，而不是一位教师。然而，蒙台梭利在本书中并没有展开教师培训方面的论述，但这方面的论述可以在《有吸收力的心理》一书中找到。

3. 教师个别授课的特点

蒙台梭利认为，在"儿童之家"中，教师很少进行集体授课，而主要是个别授课。当教师更充分地获得了实验心理学的方法时，她将更好地理解如何去授课。

个别授课有三个特点：一是简洁。授课是以个别方式进行的，简洁肯定是它们的主要特点之一。蒙台梭利这里应用了意大利诗人但丁（Dante）给教师的一个杰出的建议："让你说的所有话都有价值。"因此，教师应该更加仔细地删除无用的词语，使授课变得更加完美。二是明白。教师必须删除所有违背真理的内容。第二个特点与第一个特点是紧密联系的。也就是说，那些仔细选择的词语必须是最简单的、是有可能发现的，必须是关于真理的。三是客观。授课必须用这样的一种方式表现出来，其所留下的只有教师希望引起学生注意的实物。教师必须把这种简洁而明白的授课考虑为一次对所使用的实物及其用处的说明，儿童能够用材料制作它。

　　与此同时，蒙台梭利还指出，在进行这样的个别授课时，基本的指导必须是观察方法，其中包括理解儿童的自由。因此，教师应该观察儿童自己是否对实物有兴趣、如何对实物感兴趣、对实物感兴趣的时间有多长等，甚至还要注意他的脸部表情。教师必须特别注意不要违反自由的原则。

三、《科学的幼儿教育方法》的世界影响

　　蒙台梭利的《科学的幼儿教育方法》1909年出版后立即就成为一本畅销书，仅仅在4天内就售出了5000本。《不列颠图书新闻》杂志把该书誉为"一本在世界范围具有重要意义的著作"。1912年，《科学的幼儿教育方法》在美国出版了英文译本，即该书的美国版《蒙台梭利方法》。据出版商记载，到1913年1月1日，该书美国版已经售出17410本。1913年，该书在德国翻译出版，其书名为《幼儿期的自我教育》；1914年，该书在日本由河野清丸翻译出版，其书名为《蒙台梭利教育法及其应用》。我国近代学者顾树森翻译的《蒙台梭利女史新教育法》一书1914年由中华书局出版。其中，美国版的《蒙台梭利方法》一书在世界上流传最广。英国著名的蒙台梭利传记作家斯坦丁（E. M. Standing）在他的《玛丽亚·蒙台梭利：她的生平与工作》一书中就描述了《科学的幼儿教育方法》一书1909年出版后的情况："这本著作立即得到了广泛的传播，自它出版后就被翻译成二十多种不同的文字。这本著作的翻译出版使得蒙台梭利在世界上的所有国家被人们所熟知，实际上如此大的影响完全是在她的意料之外。"令人感兴趣的是，斯坦丁在书中还提及了一位中国妇女给蒙台梭利所写的一封信，其中写道："我无法用言语来表达自己拜读您的著作后的一种喜悦心情。我一直感到我们

对待儿童应该像您那样对待他们……而且我们应该允许他们自己去做一些事情。……这里，我谨附上一份小礼物，以表示我对您的感激和敬意。"澳大利亚新英格兰大学教授鲍恩在他的《西方教育史》三卷本中也这样指出："蒙台梭利的第一本主要的教育著作《运用于'儿童之家'的科学的幼儿教育方法》几乎立即被翻译成英文本，其书名为《蒙台梭利方法》。这本著作是非常成功的，在随后的三十多年里，出版了世界上二十多种主要语言的译本。"

美国哈佛大学教育系主任亨利·W.霍姆斯教授为《科学的幼儿教育方法》美国版撰写了"序言"，其中强调指出："蒙台梭利博士的工作是杰出的、创新的和重要的。""对于所有教育者来说，这本书应该被证明是最有趣的。……所有公正的人都会承认，蒙台梭利工作所闪烁的时代精神和所给予的非凡启迪。……蒙台梭利的创造力已在实际经验中，而不是在比较研究中得到了检验……但是，不管教育家怎样仔细审查她的工作结果，但只要他读了这本书，就会对科学家和人类的朋友蒙台梭利的热情、耐心和创造性的洞察力表示钦佩。"

英国著名的教育史学家拉斯克（R. R. Rusk）和斯科特兰（J. Scotland）在他们的教育名著《伟大教育家的学说》一书中就这样写道："在相当短的时间里，蒙台梭利就得到了国际上的认可。1909年，即在'儿童之家'创办两年后出版的《蒙台梭利方法》一出版就获得了成功，被翻译成许多种语言。"

1913年，《科学的幼儿教育方法》美国版出版后一年的年底，蒙台梭利首次访问了美国。在蒙台梭利访问美国之前，作为美国蒙台梭利教育协会的创始人之一，美国科学家、电话机发明者亚历山大·格拉姆·贝尔（Alexander Graham Bell）于1913年4月29日给蒙台梭利写了一封信，告知她已被推选为该协会的首位荣誉会员。在信中，贝尔这样写道："美国人民都深信您的教育理论的价值及其对美国教育的益处，蒙台梭利方法必定会随之被普遍接受……我们相信，在不久的将来，在我们所能给予的有力支持下，蒙台梭利方法必将传遍整个美国。"

1964年，安妮·E. 乔治的英文译本又由美国纽约的舍肯图书有限公司再次出版。伊利诺伊大学教授亨特（J. McV. Hunt）为该书撰写了一篇"序言"，其中既探析了"为什么对蒙台梭利教育的兴趣热潮突然低落"，也讨论了"为什么要重新认识蒙台梭利教育方法"。值得注意的是，在这篇"序言"的最后，亨特教授这样写道："重新认识蒙台梭利教育方法的一个最重要事情，也许是学习她观察儿童的意愿和能力，观察儿童如何使用教具、从观察到创造，以及适时改变环境以促进儿童心理的发展。…… 重新认识蒙台梭利教育方法的另一个重要事情，是获得一个学前教育模式，很好地适应其起源以有助于解决我们时代的一个重大的教育挑战。……蒙台梭利的'儿童之家'教育实验的确成效卓著。我们可以很好地仿效蒙台梭利的模式，但决不能止步不前。"到1978年为止，安妮·E. 乔治的英文译本共重印了22次。

在《科学的幼儿教育方法》的最后一章"结论与印象"中，蒙台梭利这样指出："'儿童之家'似乎对每一个人的精神都产生了影响。……他们把我们的孩子称为'令人惊讶的儿童''幸福的儿童'…… 与我们自己的童年时期相比，这些儿童处在一个更高发展阶段的人类的童年时期。"（第377页）

随着《科学的幼儿教育方法》的出版和不断发行，蒙台梭利教育方法对世界各国幼儿教育以及幼儿教育工作者和父母们产生了很大的影响。美国教育史学家古德（H. G. Good）在他的《西方教育史》一书中指出："意大利教育家玛丽亚·蒙台梭利博士的工作和她的著作，如被译成英文的《蒙台梭利方法》，在幼儿园的发展中产生了相当大的影响。"当代美国著名的幼儿教育家、北德克萨斯大学莫里森（George S. Morison）教授在他的《当代儿童早期教育》一书中指出："蒙台梭利教育方法已经并且至今仍被儿童早期教育专业人员和父母所熟知。蒙台梭利教育方法能够支持儿童在准备充分的环境中自然地发展。"

尽管《科学的幼儿教育方法》一书在逻辑性上还不是十分严密，但这本著作确实在实践和理论上能对那些想了解蒙台梭利在"儿童之家"里运用的科学的幼儿教育方法的幼儿教师和父母们提供一些指导与帮助。可以相信，从这本著作中，人们不仅会在幼儿教育方法上获得诸多的启迪，而且会在幼儿教育精神上得到深刻的提升。

揭开人类心灵的面纱

——《童年的秘密》导读

　　《童年的秘密》（*The Secret of Childhood*）[①]是一本风靡全球的幼儿教育经典著作，也是意大利幼儿教育家玛丽亚·蒙台梭利的一本中期幼儿教育代表作。作为现代西方幼儿教育大师，蒙台梭利在这本著作中对幼儿之谜进行了潜心的探索，并从理论和实践结合的视角对幼儿之谜进行了解答，集中而详尽地阐述了她的儿童观。

一、《童年的秘密》的出版背景

　　《童年的秘密》一书是蒙台梭利的中期幼儿教育著作，于1936年7月在英国牛津召开第五次国际蒙台梭利会议之际出版。在该书出版三年后，即1939年，由美国教育学者芭芭拉·巴克利·卡特（Barbara Barclay Carter）翻译的英文本由美国纽约的弗雷德里克·A. 斯托克斯图书有限公司出版。

　　[①] Maria Montessori, *The Secret of Childhood*, translated and edited by Barbara Barclay Carter, New York: Frederick A. Stores Company, 1939. 本文中的引文均摘自该英文本。

这是《童年的秘密》一书最早的英文译本。在1977年出版的由美国克瑞顿大学教授科斯特洛耶（M. Joseph Costelloe）翻译的《童年的秘密》英文译本的"前言"中，时任国际蒙台梭利协会总干事、蒙台梭利的儿子马里奥·M. 蒙台梭利（Mario M. Montessori）这样指出："《童年的秘密》这本美国最早的译本，在所有的英语国家里，尤其在美国，确实是很受欢迎的一本书。"

在1907年创办第一所"儿童之家"后，蒙台梭利把她的全部精力投入到了"儿童之家"的教育实验活动，并于1909年出版了《科学的幼儿教育方法》一书，在意大利及世界上产生了很大的影响，并得到普遍的重视。此后，她又开始在意大利和其他国家开办蒙台梭利培训课程班，传播和推广她的幼儿教育思想。在此期间，也有一些教育家持有怀疑甚至批评和反对的态度。但是，蒙台梭利在坚持"儿童之家"教育实验活动的同时，对一些幼儿教育理论问题进行了深入的思考。应该说，《童年的秘密》一书正是她对"幼儿之谜"进行长期思考的一个卓越成果。就《童年的秘密》的出版时间来看，如果从第一所"儿童之家"的创办算起，其相距的时间是30年；如果从《科学的幼儿教育方法》的出版算起，其相距的时间是28年。由此可见，蒙台梭利在"儿童之家"教育实验上表现出的坚如磐石的信念和潜心探索的精神。当然，《童年的秘密》这本著作也是蒙台梭利对她自己的教育哲学的一次重新阐释。

在科斯特洛耶翻译的《童年的秘密》1977年英文译本的"序"中，时任美国国际蒙台梭利协会教育委员会主席斯蒂芬森（Margaret E. Stephenson）这样指出："杂志、学术期刊、报纸和教育报告常常刊登一些有关蒙台梭利的半真实的或错误的介绍。这就是为什么《童年的秘密》一书再版具有重要的意义。"他还强调指出："如果我们要理解蒙台梭利博士通过'童年的秘密'这句话所表达的内容，那么，我们必须从'帮助生命'这一角度，也就是从她的整个工作的角度来考虑问题。"

探索和发现童年的秘密，是蒙台梭利毕生追求的一个理想。《童年的秘密》这本著作是她对"幼儿之谜"的探索和解答，记录了她在幼儿研究方面所做的很多工作和进行的很多思考，集中地阐述了她的儿童观和儿童教育观。作为现代西方幼儿教育大师，蒙台梭利在长期的幼儿教育实验活动中，收集了大量生动而具体的例子，认真的观察和深入的思考使蒙台梭利得出一个重要的结论：童年时期是人生中最重要的一个时期。

正因为如此，在科斯特洛耶翻译的《童年的秘密》1977 年英文译本的"前言"中，马里奥·M. 蒙台梭利还明确指出："生命的第一个阶段被忽视了。但那些似乎没有价值的年份对人的发展来说恰恰是十分重要的，因为在这个阶段会出现一个惊人的现象：创造出人的心灵和发展人的行为。儿童将学会独立地活动、操作、行走、说话、思维以及自我控制。这个过程的发生并不是因为成人的教学，而是由于儿童本身的创造。借助于玛丽亚·蒙台梭利博士的直觉，这个过程才不显得神秘化。蒙台梭利真正地热爱儿童，洞察和揭示了儿童的整个心灵。……我们忽视了蒙台梭利最看重的东西：儿童所能给予人类的贡献。我常想到，应该批驳这种看法，因为它会引起混乱。但是，在哪里才能找到一个说话有足够权威的人呢？答案就在这里。让玛丽亚·蒙台梭利为自己辩护吧！"

二、《童年的秘密》的主要内容

除蒙台梭利本人的"序言 儿童的社会问题"外，《童年的秘密》全书分三个部分，共十章，其中，"第一部分 童年时期"四章，"第二部分 新教育"四章，"第三部分 儿童与社会"两章。

在"序言　儿童的社会问题"中，蒙台梭利论述了三个方面。

一是论述了儿童问题的重要性。

蒙台梭利认为，随着一个像火山爆发的维护儿童权利的社会运动的出现，人们看到了儿童的整个童年生活是不愉悦的，因为当他离开学校时已不再是一个儿童了。同时，人们也看到了当卫生学作为一个极其重要的因素而得到广泛传播时，它为儿童的生活提供了一个全新的方向，因为教育原则得到了革新。因此，不仅在家庭里，而且在学校里，儿童开始走上一条得到宽容和理解的开明道路。公园里为儿童建立了游戏场所，组织了儿童体育活动，出版了儿童读物和杂志，为儿童创编了戏剧，以及为儿童筹划了旅行。蒙台梭利强调指出："儿童最终成为社会的个体。现今他周围的一切活动使他受到了人们的关注。因此，我们面对着一个值得重视的问题——儿童的社会问题。"

二是论述了对童年的秘密进行探索的意义。

蒙台梭利认为，我们正处在一个新时代的转折点，需要为两种不同的人——成人和儿童——提供服务。因此，我们必须建立一个文明社会，准备两种社会环境，即两种独特的社会生活——一种是为成人的，另一种是为儿童的。因此，蒙台梭利明确指出："儿童的社会问题深深地渗透到我们的生命之中，唤醒我们的意识，激发我们的心灵。客观地讲，儿童并不是一个成人只能从外表观察的陌生人。儿童构成了人的一生中最重要的一部分，因为他是成人生活的开始。他转而变成了成人。任何影响儿童的事情都会影响人类最敏感的观点，也就是说，人类的根源在最为久远的过去，但又指向无限遐想的未来。"

三是论述了童年的秘密是一个真正的迷宫。

蒙台梭利认为，就儿童而言，其童年的秘密是一个真正的迷宫。她用一种比喻的方式指出："儿童的社会问题也许可以比作一棵新的幼苗，虽然它刚刚破土而出，但它的新鲜活力却吸引着我们。然而，假如我们试图轻易地拔出这棵幼苗，那我们会发现，它的根须扎得很深且不易移动。当我们去掉泥土时，我们看到这些根须向四面八方延伸，并形成一个真正的迷宫。只有去掉根须周围的所有泥土，这棵幼苗才能够被连根拔出。"因此，儿童的秘密之所以还未被人们了解的原因正是："这些根须就是潜意识的象征。我们有必要去掉多年来的沉积物，因为在成人确实能够与儿童和谐相处以及真正直觉地认识儿童的心灵之前，这些沉积物会在成人精神的表面逐渐形成硬壳。现在，在成人和儿童之间普遍存在着一种无意识冲突。"

蒙台梭利最后强调指出："在强迫我们自己深入研究人的形成规律时，儿童的社会问题能够帮助我们寻求一种新的理解，从而给我们新的启迪，并为我们的社会生活提供一个新的方向。"

（一）第一部分 童年时期

第一部分共四章，其中包括："第一章 今日的儿童"，"第二章 精神的胚胎"，"第三章 形成中的心理"，"第四章 成人对儿童的阻碍"。在这一部分中，蒙台梭利主要阐述了四个方面：（1）研究儿童的新领域的出现；（2）幼儿的生理发展；（3）幼儿的心理发展；（4）成人对儿童发展的阻碍。

1. 研究儿童的新领域的出现

蒙台梭利认为，从19世纪最后十年开始，人们越来越关心儿童的健康；同时，人们也更清楚地认识到儿童的个性发展是极其重要的。正在深入开展的儿童研究不仅把儿童作为一种肉体的存在，而且更把儿童作为一种精神的存在，因此，对人类的所有问题产生了广泛的影响。在儿童的心理中，我们也许可以发现人类进步的秘密，也许还可以引导人类进入一种新的文明。正因为如此,欧洲新教育运动倡导者之一、瑞典诗人和作家爱伦·凯(Ellen Key)预言:"20世纪将是儿童的世纪。"

面对这种情况,蒙台梭利明确指出:"这种预言似乎最完美地反映了19世纪最后十年科学研究在人们心中所产生的印象。……然而,没有一个人能够预言:儿童自身隐藏着一种生气勃勃的生命秘密,而且从这种秘密中能够揭开人类心灵的面纱;儿童自身所具有的某种秘密一旦被发现,就能帮助成人解决他们个人的和社会的一些问题。正是这种秘密,能够为儿童研究这门新的科学奠定基础,从而能够更大地影响人的整个社会生活。"(第4页)

在蒙台梭利看来,当时刚刚兴起的心理分析学能使我们深入到潜意识的秘密中去,有助于我们去理解儿童神秘的生命。确实,它取得了一个有启迪作用的发现:潜意识具有支配人的行动的力量,人们可以通过深入到潜意识来对心理反应进行研究。但是,它还没有成功地探明这个未知的世界。因此,对潜意识这个广阔而又未知的领域的探索任务,还需要借助于科学的其他分支和其他研究人的起源的方法。心理分析学接触到了儿童心理的秘密。它有一个最惊人的发现:精神病可能源于幼儿期。儿童纯洁的心理状态所遭受的创伤是缓慢而持续的。处于支配地位的成人对儿童自发活动的压制正是造成儿童纯洁的心理状态遭受创伤的原因,而且往往是与对儿童产生最大影响的成人——儿童的母亲有关的。

因此,蒙台梭利高兴地指出:"现在,人们已经认识到,在所有疾病的治疗中,无论身体疾病还是心理疾病,都应该考虑到一个人在幼儿期所发生的事情。"(第7页)所以,对于儿童来说,必需的是观察,而不是分析;然而,这种观察必须从一种心理角度来进行,其目的是为了发现儿童在与成人和社会环境相处时所遭受的冲突。显然,这种方式使我们背离了心理分析学的理论和方法,而进入了对处于社会环境中的儿童进行观察的一个新领域。

"由此，形成了一个科学地研究儿童的新领域。它与心理分析类似，但又不相同。它所关注的是正常的人而不是病态的人，它力求帮助儿童的心理发展和关注正常儿童的教育。所以，其目的在于促进人们对至今尚未知晓的儿童心理活动的了解，同时唤醒成人关爱儿童的意识，并使他们认识到对儿童的错误态度源于他们自己的潜意识。"（第9页）

蒙台梭利特别指出，当儿童在发展过程中受到成人压抑时，他就不能得到发展。因此，对过去被当作人类卫士和恩人的那些成人提出了控告。无论父母、教师，还是儿童的监护人，以及对儿童关爱负有责任的社会都受到了控告。但是，"现在，如果要用一种与当今截然不同的态度来对待儿童，如果要把儿童从危及他们的心理活动的冲突中解放出来，那首先就必须进行一次变革，迈出基本的和必要的一步，即成人态度的改变。这是一切变革的基础"。（第11页）

为了探究儿童的秘密，蒙台梭利强调指出，我们确实需要发现儿童、观察儿童、了解儿童。"我们必须以牺牲的精神和满怀的激情去探究儿童，就像那些人远涉重洋和翻山越岭去寻找隐藏的黄金一样。这就是那些企图寻觅隐藏在儿童心灵深处的秘密的成人必须做的事情。这就是所有的人，不管是什么国家、民族和社会地位的人，都必须共同去做的事情，因为这将意味着产生对人类道德进步所必不可少的要素。"（第12页）反之就会使成人处于与儿童的不断冲突之中。因为成人把自己看作儿童的创造者，总是以自己为参照看待影响儿童心理的一切，所以，把儿童看作心灵里什么也没有的人，必须由他们尽力去填塞；把儿童看作孤弱无力的人，必须由他们为儿童做所有的事情；把儿童看作缺乏内在指导的人，必须由他们不断地给予指导。

2. 幼儿的生理发展

蒙台梭利认为，新生儿是一个幼弱的人。她用以下的一段文字对新生儿进行了外观的描述："儿童从诞生起就立即能运用他的感觉器官对光线、触摸、声音等有所反应，但他的运动力量是很小的。他既不能站立，也不能行走或说话。新生儿在很长的一段时间里比任何其他动物更表现出一种孤弱无助的样子。他经过巨大的努力，在一岁后开始学走路。直到两岁的时候，他才学会行走。他的说话就像他的运动一样，在很长的一段时间里不能发音；在六个月时，他开始学习发一些音节。他是一个不能自助的人，能够哭喊而不能够说话。"（第34页）

但是，蒙台梭利又指出，新生儿将在与环境的关系之中有意识地发展他自己的所有功能。儿童将是他自己的创造者。因此，儿童运动器官的活力就是个人功能的实体化，并具有他自己的特征。这时，新生儿所需要的帮助，并不是病人需要的帮助，而是一个迫切想使自己在身体上和心理上适应一个新的和陌生的环境的人所需要的帮助，因为他的感觉是敏锐的。因此，"我们面对新生儿的感觉，不应该是我们对待病人或弱者的怜悯，而应该是对造物的神奇的崇敬，应该是对一种无限的秘密的崇敬"。（第28页）

3. 幼儿的心理发展

相比幼儿的生理发展，蒙台梭利在幼儿的心理发展方面论述得更多、更详细。由生物学序曲出发，她明确指出，从意识和潜意识之间的区别中，可以发现儿童从诞生的那个时刻起就有一种真正的心理活动。因此，"新生儿不仅具有作为一个机体所特有的机能，而且具有作为一个精神胚胎所特有的心理能量"。（第19页）蒙台梭利对幼儿心理发展的阐述，具体包括："幼儿是一个'精神的胚胎'"；"幼儿心理发展中的'敏感期'"。

（1）幼儿是一个"精神的胚胎"

蒙台梭利认为，作为精神的胚胎，新生儿不仅仅是一个物质的机体。它像生殖细胞一样，自身也具有预定形式的心理机能。实际上，当一个新的生命诞生时，它就像一个精神之卵，自身含有一种神秘的主导本能，这将是它的活动、特征和适应环境的源泉，总之，表现在对它的外部环境产生作用的本能上。令人难以理解是，最幼小的婴儿也有他自己的心理活动。那是因为"婴儿具有一种创造的能力、一种潜在的能量，因此，他能建构一个与他周围环境不同的心理世界"。（第39页）

当然，幼儿的心理发展既有一定的进程，又有隐藏的特点。因此，蒙台梭利强调指出："儿童的心理是如此深地隐藏着，不会立即表现出来。……它是独特的和无法预知的。在儿童的心理中，有着一种难以探究的秘密，随着心理的发展它才会逐渐展现出来。这种隐藏的秘密就像生殖细胞的分裂过程遵循着某种图式一样，只有在发育的过程中才能被发现。"（第19页）在她看来，如果个人的实体化就是指儿童的心理发展，那儿童肯定具有一种先于生理活动的心理活动。这种心理活动不仅早就存在了，而且没有任何外部迹象会引起人们的注意。

尽管处于孤弱状态的幼儿开始一无所有，但经过适宜环境的刺激，逐渐表现出令人惊叹和不可思议的心理活动，并呈现出自己的特性。尽管幼儿缺乏经验，但他内部具有生机勃勃的冲动力，他所拥有的丰富的潜能以及敏锐的感受能力，使他积极而有选择地从外界进行吸收，成为他的心理的一部分，并会保持下去，甚至影响他的一生。因此，蒙台梭利把幼儿的心理称为"有吸收力的心理"。

蒙台梭利还指出，在儿童关爱方面已采取具有进步意义的一步是：不仅重视他的身体发育，而且重视他的心理活动。但是，成人发现自己不知道如何去帮助他，甚至可能会阻碍他。在成人看来，从无到有的创造奇迹，显然是由一个没有心理活动的人所完成的。成人只知道儿童心理的疾病，而不知道儿童心理的健康。儿童的心理仍被隐藏着，就像所有的宇宙力量还没有被发现一样。

（2）幼儿心理发展中的"敏感期"

蒙台梭利认为，荷兰植物学家和遗传学家、生物变异理论的奠基人德佛里斯（Hugo de Vries）在一些动物的生活中最早发现了敏感期的存在，并于1902年第一次提出"敏感期"这一观念。

通过对儿童的观察，蒙台梭利第一次发现了幼儿心理发展中的敏感期，不仅通过正反面的证据对它们进行了详细的阐述，而且从教育的角度来运用它们。她强调指出："生物在进化过程中的那些敏感期是大自然的最伟大的奇迹之一。它们仅仅是在幼年时期所发现的本能，表现为一种引导去获得物种特征的内在指导。"（第252页）因此，对敏感期的研究，不仅使蒙台梭利对儿童心理的发展有了更多的了解，而且成为蒙台梭利幼儿教育思想中一个颇有特色的方面。

第一，敏感期是一个最重要的和最神秘的时期。

蒙台梭利认为，敏感期是跟幼儿的发展密切相关的，并在不同的年龄阶段表现出一种特殊的敏感性。正是这种敏感性，使幼儿用一种特别强烈的方式去接触外部世界。所以，在敏感期，幼儿对每样事情都容易学会，对一切都充满了活力和激情，因而有很多的收获。可以说，人的智力发展也正是建立在幼儿在敏感期所打下的基础上的。由此，蒙台梭利强调指出："这些敏感期是与某些特殊的敏感性相一致的，这些敏感性可以在生物的发展过程中被发现。它们是暂时的，其目的是获得一种明确的特性。一旦获得这种特性后，相关的敏感性也就消失了。因此，每一种特性都是借助一种刺激而获得的，一种短暂的敏感性只能在一个特定的发展时期出现，也就是说，在相关的敏感期出现。"（第41页）"当一些心理激情耗竭时，另一些心理激情又被激起。所以，幼儿以一种持续的生气勃勃的节律，从一种征服到另一种征服，我们称之为儿童的'欢乐'和'天真'。正是通过这种纯洁的心灵，火焰不断地燃烧着而没有被浪费，人也就开始了创造自己的心理世界的工作。因此，儿童越来越强的生命力就是他实现一个个奇迹般自然征服的动因，这在他的心理发展中可以观察到。"（第43页）

　　蒙台梭利还认为，儿童心理的发展不是偶然发生的，也不是由来自外部世界的刺激所引起的，而是受短暂的敏感性，即与获得某种特性相关的暂时性本能指导的。当儿童处在工作的敏感期，一种神奇的力量会使他孤弱无助的状态消失，并用其精神去激发他。因此，她强调指出："我们更多和更系统地注重儿童的感觉活动。但是，在那种认为儿童仅仅是一个被动的人的旧观念和现实做法之间，存在着细微的差别。这种差别就在于儿童的内在敏感性的存在。儿童具有一个时间较长的敏感期，几乎持续到五岁，使他具有一种真正惊人的能力从环境中吸收印象。儿童是一个积极的观察者，通过感官来吸收印象，但这并不意味着他像镜子一样接纳它们。一个真正的观察者是根据一种自身的内在冲动、感觉或特殊兴趣而行动的，因而使他有选择地吸收印象。"（第71—72页）在蒙台梭利看来，"敏感期"这一观念带来了一种对待婴儿的新方式。所以，在对儿童的照管中，必须不仅考虑存在着什么，而且考虑能发展成什么。我们必须跟随儿童的早期发展，并对儿童给以激励；必须显示出对婴儿心理活动的重视，提供婴儿心理发展所需要的东西；必须为精神胚胎提供一种适宜的环境，就像母亲的子宫为生理胚胎提供一种适宜的环境一样。

　　第二，幼儿心理发展中的五种敏感期。

　　蒙台梭利对幼儿心理发展中的五种"敏感期"进行了较为详细的论述。

　　一是秩序的敏感期。蒙台梭利认为，对秩序的爱是幼儿的一个特点。具体来说，"秩序——就是把东西放在规定的地方。儿童具有秩序感意味着他已知道那些东西在环境中所应有的位置，并清楚地记得它们的位置。这也意味着他能够适应自己的环境，并熟悉所有的细节"。（第61页）幼儿对秩序的敏感从出生第一年就出现，并一直持续到第二年，甚至在他出生后的第一个月就可以感觉到。这是幼儿的一种内部的感觉，以区别各种物体之间的关系而不是物体本身。他们需要自己周围的环境有秩序。因此，蒙台梭利强调指出："儿童具有两种秩序感：一种是外部的秩序感，属于儿童对自身和环境之间的关系的感知。另一种是内部的秩序感，属于儿童对自己身体的各个部分及它们的相对位置的感知。我们把后一种感知称为'内部定向'。"（第66页）

对于幼儿来说，秩序就像陆栖动物行走的大地或鱼儿遨游的水域。但应该注意到，儿童对秩序的爱不同于成人对秩序的爱。因为对儿童来说，这是一个生与死的问题；但对成人来说，它仅仅是一个有关是否快乐、是否舒适的问题。

二是细节的敏感期。蒙台梭利认为，幼儿在一岁至两岁时会表现出对细节的敏感，往往把其注意力集中在最小的细节上。例如，一块肥皂应该放在肥皂盒里但却被放在肥皂架上，一把椅子被放歪了或被放在不恰当的地方。从出生后的第二年开始，儿童不再被一些漂亮的物体和鲜艳的色彩所吸引；与此同时，他对我们不注意的小物体感兴趣了，他对不显眼的东西或者至少是意识边缘的东西感兴趣了。例如，一个小女孩独自观看一只实际上跟砖块颜色一样、小得几乎看不出的昆虫正在迅速地移动。

从幼儿对细节的敏感，可以看到他们的精神生活的存在。但是，这表明儿童和成人具有两种不同的智力视野。因此，蒙台梭利强调指出："在儿童的眼中，我们成人的感觉不仅很不精确，而且忽视那些在儿童看来是有趣的事情，因而就认为我们成人是麻木的或迟钝的。……成人和儿童各自

关注事物的方式和视野是不同的。这就是成人和儿童之间不能相互理解的原因。"（第82—83页）

三是行走的敏感期。蒙台梭利认为，这是在幼儿心理发展中最容易观察到的一个敏感期。幼儿迈出的第一步实际上是对自然的一种征服，通常标志着他从一岁进入了两岁。这时，似乎有一种无法抗拒的冲动驱使幼儿去行走。幼儿通过个人努力学会行走，逐渐取得平衡和获得稳健的步伐。因此，蒙台梭利强调指出："对儿童来说，学会行走是他的第二次诞生，他从一个不能自助的人变成一个能行动的人。从心理学观点来看，这种功能的出现是儿童正常发展的主要标志之一。但是，在迈出第一步之后，儿童仍然需要经常实践。"（第92页）

儿童喜欢行走是为了完善自己的行走功能，其行走步伐也是缓慢的。因此，儿童和成人不仅在行走目的上是不同的，而且在行走步伐上也是不同的。

四是手的敏感期。蒙台梭利认为，与人的心理相关的真正的运动特征是手的运动。大约在一岁半至三岁之间，幼儿会经常抓住外界物体，特别喜欢把东西打开，随后再把东西关上。正是通过手的活动，幼儿才能发展自我，发展自己的心灵。随着年龄的增大，幼儿的手就能够按照他所看到的成人那样，以一种合乎逻辑的方式行动。因此，蒙台梭利强调指出："人的手成为表达心理的器官。……手的结构是那么精巧和复杂，不仅能使人的心理展现出来，而且能使人与他的环境建立特殊的关系。我们可以说，人是通过手来占有他的环境的，并在他的思想指导下去改变他的环境，进而去完成他在世上的那个重要阶段的使命。"（第96页）

五是语言的敏感期。蒙台梭利认为，幼儿开始学习说话，他所获得的语言是从周围听到的。当他说第一句话时，并不需要为他准备任何特殊的东西。他开始先是牙牙学语，然后是说单词，接着是将两个单词组成句子。再后是模仿更复杂的句子。这些阶段以连续的方式出现，而不会截然分开。因此，蒙台梭利指出，语言能力的获得和运用是幼儿智力发展的外部表现之一。

4. 成人对儿童发展的阻碍

蒙台梭利认为，在儿童的生理和心理发展过程中，尽管成人充满着激情和爱，甚至愿意为儿童做出自己的牺牲，但他们往往无意识地压抑儿童个性的发展，因而实际上成为儿童发展的阻碍。所以，"当儿童成长发展到自己能够独立做事的阶段时，儿童与成人之间的冲突也就开始了"。（第84页）"对成人来说，儿童的心灵实际上是一个深奥难解的谜。这个谜之所以使成人感到困惑不解，是因为他们仅仅是根据它的外在表现而不是根据它的内在的心理能量来做出判断的。我们必须考虑到，在儿童活动的背后隐藏着一个可以破解的原因。没有某个原因，没有某种动机，就不会存在某种现象。"（第80页）

于是，蒙台梭利在睡眠、行走、做事、自由行动、意志以及身体运动等方面指出了成人对儿童发展的阻碍。

在睡眠上，成人总是习惯于让儿童晚上很早就去睡觉，哄他们长时间地睡觉，以给自己自由。蒙台梭利指出："成人担心他的安宁被打扰，然而，这种担心在'为了维护儿童的身体健康，要让儿童多休息'的幌子下被掩盖了。"（第85页）"一个迫使儿童睡眠时间超过他自己需求的成人，就是在通过暗示的力量潜意识地强迫儿童去睡觉。"（第87页）

在行走上，尽管儿童的下肢已经强有力了，但成人还是喜欢把他们关在游戏围栏里练习行走或外出时把他们放在手推童车里。蒙台梭利指出，尽管儿童行走的步伐比成人的步伐小很多，但是，"儿童必须使自己去适应

保姆的步速，而不是保姆去适应儿童的步速"。（第93页）

在做事上，面对儿童喜欢伸出小手触碰外界物体或喜欢自己搬东西和做某件事情，成人总是从自我出发立即阻止或进行干涉。蒙台梭利指出："儿童周围的东西都属于成人所有，并为成人所用。对儿童来说，这些东西是禁忌之物。'不许碰！'就是对幼儿发展这个极其重要的问题的唯一回答。如果儿童触碰了一些被禁止触碰的东西，他就要受到体罚或责骂。"（第98页）

在自由行动上，面对儿童开始为自己的目的而行动，成人心里存在着根深蒂固的障碍，因而使这个观念在实践中很难实现。蒙台梭利指出，儿童的自由行动常常让成人感到不可理解，因此，"只有当成人不在场或没有注意他的时候，儿童才能够去做"。（第106页）

在意志上，成人会通过暗示来支配儿童，从而微妙地把自己的意志强加于儿童，替代儿童自己的意志。蒙台梭利指出："当这种情况发生在儿童身上时，儿童就失去了依据他自己的天性来发展的机会。几乎可以把这种儿童比作这样的一个人：他乘坐热气球降落在沙漠里，突然他发现热气球被风刮走了，他一个人被抛下了；他已不能做任何事情来引导热气球，他发现周围也没有一样东西能替代热气球。"（第114页）

在身体运动上，成人并没有意识到运动对儿童的重要性，因而一直在阻止儿童身体的运动。蒙台梭利指出："**失去身体自由的人将比聋哑人和盲人遭受到更大和更明显的痛苦。**……身体运动是人的个性的一部分，没有任何东西可以替代它。一个身体不运动的人实际上就是伤害了自己的生命，也远离了生活。"（第116页）

蒙台梭利最后强调指出，成人之所以会成为儿童发展的阻碍，其关键原因是不了解儿童和不理解儿童。实际上，在儿童的意识中充满着爱，正是通过爱，儿童才实现了自我。因此，"没有儿童的帮助，成人将会变得颓废。如果成人不一点一点地自我更新的话，一层硬壳就开始在他的周围形成，最终将会使自己变得麻木不仁和冷漠无情"。（第123页）

（二）第二部分　新教育

第二部分共四章，其中包括："第一章　教师的任务"，"第二章　教育的方法"，"第三章　正常化发展"，"第四章　心理畸变"。在这一部分中，蒙台梭利主要阐述了七个方面：（1）回顾"儿童之家"的创办与第一批儿童；（2）环境是整个教育体系的中心；（3）幼儿教育的两个原则；（4）幼儿教育方法的三个基本要素；（5）"儿童之家"的幼儿表现；（6）幼儿的心理畸变；（7）教师的任务。

1. 回顾"儿童之家"的创办与第一批儿童

从1907年第一所"儿童之家"的创办到1936年《童年的秘密》的出版，其间相距的时间正好是30年。因此，蒙台梭利也对第一所"儿童之家"的创办以及她见到的第一批儿童进行了简要的回顾。

第一所"儿童之家"创办于1907年1月6日，招收三岁至六岁的正常儿童。蒙台梭利的教育方法很快就在这所"儿童之家"中付诸实践。那时，除了50多个贫困家庭儿童之外，她一无所有。这些儿童衣衫褴褛，胆怯害羞，不少人在流泪。几乎所有委托给她照管的儿童的父母都是文盲。最初的计划是把在工人公寓里生活的那些年幼儿童聚集在一起，这样，这些儿童就不会被扔在楼梯上玩耍，弄脏公寓的墙壁或产生令人烦恼的混乱。为此目的，在公寓里为他们提供了一个房间。由于资金有限，"儿童之家"的整个设施条件非常简陋。

蒙台梭利被邀请来负责这个教育机构。她本人期望其能有一个美好的未来。当时，她深有感触地指出："我有一种奇妙的感觉，正是这种感觉使

我在这所'儿童之家'开幕的时候满怀信心地宣布：整个世界总有一天会说这是一项'崇高的'事业。"（第143页）

所有出席"儿童之家"开幕式的人都感到很惊讶，相互问道：为什么蒙台梭利会认为一个贫困家庭儿童的教育机构在地球上具有如此大的重要性。对此，蒙台梭利自己这样写道："我开始工作的心情就像一个不重视好的玉米种子的女农夫一样，她找到了一块肥沃的土地，随意地把种子撒在那里。但是，我的想法是错的。当我挖开泥土时，发现的是金子而不是小麦，泥土下面隐藏着珍宝。我并不认为自己就是那个女农夫。更确切地说，我就像愚蠢的阿拉丁一样，手里拿着一把钥匙，但却不知道这就是打开隐藏着珍宝的大门钥匙。"（第144页）

运用在心智缺陷儿童教育中已获得很大成功的那些教育方法，也是正常儿童更好发展的一个真正的关键。其中一些心理卫生原则可以有效地帮助正常儿童发展得更快和更好。令人感兴趣的是，对儿童进行系统的感官训练。尽管最初并没有取得所期望的效果，但这仍然使蒙台梭利感到惊讶，而且常常是难以置信的。当一个儿童被一种教具所吸引时，他把全部注意力集中于这个教具，始终以一种惊人的专注态度连续工作。在完成这样的工作后，他脸上露出满足、轻松和高兴的表情。这是蒙台梭利从那些儿童平静的小脸上和闪烁着自主完成工作后满足的眼神中看到的。儿童在运用教具后，他的心理比以前更健康和更有活力。这样的工作是一种真正的心理滋养。在相当长的一段时间里，蒙台梭利仍然不敢相信这个事实，但同时她内心又感到激动和惊讶。她这样写道："于是，我手里拿着真理的火炬，继续走我自己的道路。"（第146页）

当蒙台梭利在"儿童之家"见到第一批儿童时，这些儿童眼泪汪汪，十分惊恐，他们是那么胆怯以致无法说话；他们的脸上毫无表情，眼神显得迷茫，仿佛在他们生活中从未见过任何东西。事实上，他们是未得到照管的贫困家庭儿童，在光线昏暗的破旧小屋里长大，缺乏激励他们心灵的东西，缺乏对他们的关爱。显而易见，他们是营养不良的，需要很好的养育，需要新鲜的空气和阳光。他们是一些闭合的花朵，花蕾并没有含苞待放，花蕊被隐藏在一个封闭的壳之中。因此，在蒙台梭利看来，"儿童之家"的环境必须是很适宜儿童的，没有压抑儿童心理发展的障碍，才能促使儿童心灵的解放。她强调指出："了解这种新颖的环境能使这些儿童产生多么惊人的转变，更确切地说，了解所出现的新儿童的心灵闪烁着这样的光辉并使其光芒照亮整个世界，那是令人感兴趣的。"（第146页）就这样，蒙台梭利和这批儿童开始了平静而孤独的生活。在很长的一段时间里，没有人知道他们正在做什么事情。

但是，蒙台梭利十分兴奋地指出："第一所'儿童之家'这样的一个教育机构并不是为既定的实验或科学研究而安排的。它提供了一个范例，首次发现了一个'未知'的人在他被认识之前自身所表现的所有特点，以及一个能够打开无限视野的平常的事实。"（第142页）

2. 环境是整个教育体系的中心

蒙台梭利十分强调环境的问题。她认为，环境的准备是教育科学的一部分，也是新教育的一个基础。如果没有一种适宜的环境，那么，儿童的这些有趣表现就可能变成令人痛苦的、难以理解的和没有礼貌的事情。如果没有一个人帮助他，如果没有一种环境准备接纳他，那么，他的心理活动就会处于连续不断的危险之中。因此,在第一部分第三节"形成中的心理"中，蒙台梭利就强调指出："我们自己的经验肯定不会让我们忽视儿童的环境对他的智力发展的重要性。众所周知，我们的教育体系那么注重儿童的环境，并使这种环境成为整个教育体系的中心。"（第71页）在第一部分第四节"成人对儿童的阻碍"中，她还指出："成人应该尽可能了解儿童的需要，尽可能给儿童提供一个适宜的环境，以使他们的需要得到满足。这也许是一个教育的新纪元的开始，人们将考虑如何给儿童的生活带来帮助。"（第90页）

因为儿童处于弱势的社会地位，所以，在成人的支配下，儿童那些与成人环境不相协调的行为将不可避免地被制止。为了解决儿童和成人的冲突，我们就要为儿童准备一个适宜的环境，以使他可以更好地展现自己。蒙台梭利强调指出："要帮助一个儿童，就必须给他提供一个能够使他自己工作并自由地表现他自己的环境。……通过准备一个自由的环境，一个适宜生命发展的环境，儿童的心理就能自然地得到发展和表现，由此他的秘密也就自主地展现出来。"（第128—129页）她还指出："儿童的周围必须有一个生气勃勃的而不是死气沉沉的环境。他不仅需要一个自己能支配和享有欢乐的环境，而且需要一个将帮助他去展现自己能量的环境。"（第255页）

蒙台梭利还认为，儿童必须生活在一个适宜的环境中，即一个他能够实现自我的环境中。在这个适宜的环境中，整个环境必须适合儿童的成长，尽可能使障碍物减到最少；必须为儿童能力的自由发展提供空间，为儿童的活动开展提供必要的条件。就环境的设施而言，这个环境中一切设施都要适合儿童身体。在那些干净明亮的教室里，有装饰着鲜花的低矮窗户、仿制现代家庭家具的各种微型家具、小桌子、小扶手椅、漂亮的窗帘、儿童可以自己开门的矮柜以及柜内有儿童自己可以随意使用的各种教具。总之，所有这一切是对儿童生活的一种真正的和实际的改进。

在蒙台梭利看来，儿童需要在一个适宜的环境中，找到发展自身功能所必需的工具。这如同给婴儿断奶。我们为婴儿准备的包括谷物、果汁和蔬菜在内的食物将成为母乳的替代品，也就是说，婴儿不再从母亲那里吮吸乳汁，而是从外部世界中摄取食物。

值得注意的是，儿童会表现出对自己生活和发展的环境的热爱。因此，蒙台梭利指出："通过儿童对环境的爱而提供的这种动力，驱使他不断地活动。这是一种永不熄灭的火焰，就像空气中的氧气为人体提供必需的能量，以维持他的自然生命。"（第205页）

更值得注意的是，蒙台梭利还强调指出，成人自己也是儿童环境的一部分。因此，他在儿童环境中，必须使自己适应儿童的需要，而不要成为儿童发展的障碍，也不要代替儿童去进行他们成长发展所必需的活动。

所以，为儿童准备一个适宜的环境，必定能促进儿童天性的发展，有利于儿童的成长发展。可以说，一个适宜的环境实际上为幼儿开拓了一条自然的生活道路。在蒙台梭利看来，"如果儿童没有这种活动的环境，那他的一切都是脆弱的、偏离的和封闭的。他会变成一个难以理解和不可思议的人，表现出空虚、无能、任性、令人讨厌和脱离社会"。（第205—206页）

正因为环境对儿童的发展如此重要，所以，在对第一所"儿童之家"进行回顾时，蒙台梭利明确指出："我们的教育方法的最重要特征，就是对环境的强调。"（第139页）她还指出："在讨论教育发展之前，必须创造一个适宜的环境，这个环境将有助于儿童那些正常的和隐藏的特征的展现。要实现这一目的，最需要的是在儿童的环境中消除障碍，这是教育的出发点和基础。"（第176页）

3.幼儿教育的两个原则

蒙台梭利指出，为了促使儿童正常发展，儿童的教育应该始于诞生时。在幼儿教育中，需要注意"重复练习"和"自由选择"这两个原则。

（1）重复练习原则

蒙台梭利认为，在敏感期，只要给幼儿提供满足他们内心需要的条件，他们就能够聚精会神地专注于自己的工作，并独自反复地进行练习。这个过程就是儿童正常化的过程。她举了这样一个例子：有一个大约三岁的小女孩在进行圆柱体嵌入物练习时，尽管她周围有不少干扰，但她专心致志地一遍一遍地重复取出和放入的动作，处于一种忘却外部世界的状态，一直重复到42遍时才停下来，仿佛从梦中醒来并愉悦地微笑着。对此，蒙台梭利指出："这是我们第一次洞察到儿童那尚未被探索的心灵深处。"这种重复练习的现象在幼儿所有的活动中经常不断地发生，而且一个练习的各种细节越详细，越可能成为幼儿不断重复练习的一种刺激物。因此，在蒙台梭利看来，重复练习对幼儿的正常发展是极有帮助的，不仅能够使他发现自己的潜力，而且能够使他在自己的生命力不断展现的神秘世界中练习自己和进一步完善自己。"当儿童每一次经历这种体验之后，他就像一个经过休整的人，充满着活力，看起来似乎感受到很大的欣喜。"（第151页）由此，重复练习实际上构成了"儿童之家"的幼儿在所有活动中都遵循的原则。

（2）自由选择原则

蒙台梭利认为，在活动中，幼儿会根据自己的心理发展需要和倾向而自由地选择教具和物体，会根据自己的特殊爱好选择工作。她举了这样一个例子：有一天，"儿童之家"的教师到校稍迟了一点，之前她离开学校时也忘记把橱柜锁起来。到校后，她发现许多儿童已经把橱柜的门打开了，并围着它。其中，有一些儿童正在取出教具进行工作。蒙台梭利认为，这件事说明幼儿已能识别这些教具和物体，以至于他们已经能够做出自己的选择。为了使儿童能够这样做，我们后来制作了漂亮的矮柜，矮柜里放着的教具任由儿童使用，这样儿童就可以选择一些适合他们的内在需要的教具。由此，蒙台梭利强调指出，应该允许幼儿自由选择教具和工作，以满足他们的内心需要。于是，"在'重复练习'的原则上又加上了'自由选择'的原则"。（第154页）

4. 幼儿教育方法的三个基本要素

蒙台梭利认为，在"儿童之家"中，儿童所喜欢的事情是：个人工作、重复练习、自由选择、控制错误、运动分析、安静练习、社会交往的良好行为、环境秩序、个人整洁、感官训练、书写、阅读、复述、自由活动中的纪律；他们所抵制的事情是：奖励和惩罚、识字课本、共同的课程、教学计划和考试、玩具和糖果、教师的讲台。从儿童喜欢的事情和拒绝的事情中，蒙台梭利明确指出："我们可以发现一种教育方法的轮廓。总之，儿童自己已为一种教育方法的构建提供了实际和明确的甚至可以说已得到实验证明的路线。在这种教育方法中，儿童自己的选择是教育方法形成的指导，他对行动的强烈渴望可以控制错误。"（第179页）

在蒙台梭利看来，对于儿童正常特征的展现来说，一个适宜的环境、谦卑的教师和科学的教具既是教育方法的三个重要条件，也是教育方法的三个基本要素，还是教育方法的三个重要特征。

一是为儿童提供一个适宜的环境，在那里儿童没有任何压抑。儿童会发现，他们的新环境是令人愉悦的——整洁白色的教室，特地为他们制作的新的小桌子、小凳子和小扶手椅，以及阳光明媚的院子里的小草坪。

二是成人的被动角色。这些儿童的父母都是文盲，他们的教师也没有通常学校教师的傲慢和偏见。这样的情况就导致了一种"理智的镇静"。这种更深沉的镇静是一种无杂念的、完美的和无阻碍的状态，它产生一种内在的清晰、一种来自理智感情的自由。与这相似的精神谦卑也许是理解儿童所必不可少的条件，所以，这应该是教师准备的最必要的部分。

三是给儿童提供合适的、有吸引力的和科学的感官教具，以便进行感官训练。儿童能够运用这种具有严密结构的教具，并能够进行分析和改进。所有这些教具达到了这样的程度，以至于能够激起儿童集中他们的注意力。这绝不是通过教师的口头讲授就能做到的，因为教师的口头讲授只是从外部激发儿童的力量。

蒙台梭利最后指出："这种教育方法非常迅速地被应用于为所有社会条件的儿童甚至所有种族的儿童所设立的学校，从而扩展了我们的经验，使我们能够看到在共同特征和普遍趋势之外所存在的所有问题。因此，我们可以说，**自然法则**应该作为教育的首要基础。"（第180页）

5. "儿童之家"的幼儿表现

蒙台梭利认为，就"儿童之家"的幼儿表现而言，这些表现实际上是他们进入"儿童之家"后就开始的故事。

在秩序感上，原来儿童所使用的帮助他们发展的感官教具是由教师分发的，在使用完之后再由教师把教具放回到原处。现在，儿童自己可以把各种感官教具放回原处。蒙台梭利指出："对于儿童来说，一种新的生活从此开始了。把一些东西放整齐就成为一种对儿童很有吸引力的工作。如果一个儿童手中拿着的水杯掉在地板上并把玻璃杯摔碎了，其他儿童就会跑过去，捡起玻璃杯碎片，并把地板擦干净。"（第153页）

在安静练习上，儿童可以专心致志地体验着这种安静，并保持这种安静。所有儿童都安静地坐着，尽可能地控制自己的呼吸，就像那些正在沉思的人一样脸上露出一种宁静和专注的神态。在这种令人感动的安静中，教师渐渐地能听到非常轻微的声音，诸如远处滴水和鸟鸣的声音。蒙台梭利指出："所有儿童都想这样做。这不是出于一种激情，因为激情意味着一种冲动的和外在表现的东西。它是一种来自内心愿望的表现。"（第157页）

在拒绝糖果上，儿童普遍都是这样做的，但这是令人不可思议的，这是一种自发的和自然的心理现象。蒙台梭利指出："我们需要花很长的时间才使自己相信，儿童拒绝糖果有其内在原因，那就是，糖果往往被作为奖品而给予儿童，实际上它并不是必要的和规定的食物。"（第158页）

在尊严感上，儿童具有强烈的个人尊严感。接待来访者时，他们会比平时更勤奋地进行他们的工作，每一个儿童都在进行不同的工作，所有工作都进行得很平静。他们总是乐意在他们的小世界中接待来访的客人，而不愿意去休息。蒙台梭利指出："在他们的心灵与他们的周围环境之间，已不存在任何障碍。他们的生命得到了充分和自然的展现，就像莲花伸展开白色花瓣接受阳光的哺育，散发出芬芳的花香。"（第163页）

在纪律上，尽管儿童在行为举止上是自由自在的，但总的看来，他们给人的印象是非常有纪律性的。他们安静地工作，每个人都专注于自己的工作。秩序和自律结合在一起，这就是最吸引来访者的地方。蒙台梭利指出："儿童在极为安静中表现出这种自律，同时这种服从使儿童准备去做告诉他们要做的工作……没有人强迫儿童形成这种安静的气氛，更没有人能通过外在手段获得这种安静的气氛。"（第165页）

在书写上，儿童开始学习字母，既可以用手指在上面顺着字形写，又可以感知它们的形状。后来学习书写，就像一次爆炸一样。这种不知疲倦的书写活动就像一股洪流那样势不可挡。他们到处写——门上，墙上，甚至面包上。蒙台梭利指出："所发生的那些令人惊讶的事情完全出乎我的意料，在这之前我从未想到过。"（第168页）

在阅读上，儿童把阅读和书写结合起来，开始理解所阅读的词的含义。不久，他们就能阅读含有复杂命令的长句子。最后儿童理解了书的重要意义，书也就成为他们迫切需要的东西。蒙台梭利指出："这些儿童似乎仅仅把书

面语言理解成表达自己思想的另一种方式，就像口头语言一样，意味着人与人之间直接进行交流的一种方式。"（第170页）

在身体健康上，儿童的脸蛋是红润的，他们的眼神是机灵的。没有一个人会想到他们曾经是那么迫切需要食物、滋养以及医疗护理的营养不良和贫血的儿童。蒙台梭利指出："他们的身体健康，好像是通过呼吸新鲜空气和晒日光浴而得到的。事实上，如果说心理的压抑会影响一个人的新陈代谢并因而降低了其活力的话，那可以肯定，也会发生相反的情况，那就是，富有激励作用的心理体验能够增强新陈代谢的机能，并因而促进一个人的身体健康。"（第173页）

蒙台梭利还结合遭受不幸的儿童的转变以及富裕家庭儿童的变化，论述了正常化发展的儿童。在正常化发展的儿童身上，所有不正常的心理特征都消失了，而正常的心理特征就可以很容易地显现出来。她强调指出："一个真正的儿童，充满朝气、天真、欢乐、可爱，高兴时呼喊着、拍着手到处奔跑，热情地迎接客人，用呼唤和追随来表示感谢。他友善地对待所有人，爱好所有事物，使他自己适应一切。"（第178页）"正常儿童是一个智慧早熟、已学会克制自我、平静地生活以及希望有序地工作而不愿无所事事的儿童。"（第191页）

6. 幼儿的心理畸变

蒙台梭利对幼儿的心理畸变的产生、表现以及影响进行了深入而具体的分析。无疑，这是她的幼儿教育思想中一个很有特色的部分。蒙台梭利对幼儿心理畸变的阐述，具体包括："幼儿心理畸变的产生原因"；"幼儿的八种心理畸变现象"；"心理畸变对幼儿的影响"。

（1）幼儿心理畸变的产生原因

蒙台梭利认为，心理畸变的起因源于人的生命早期。在这一时期，儿童在发展道路上遇到阻碍就会引起心理畸变，但这些心理畸变最初是难以察觉的。因此，如果幼儿在他的心理发展过程中，遇到了一个有敌意的和不相容的环境，加上成人的盲目和压抑以及不适当的干涉，幼儿就不能实现他自己的原始计划，而会在毫不知觉的情况下产生各种心理畸变。儿童所有的心理畸变都源于一个事实，那就是儿童所采取有独创性的发展形式遇到了阻碍。蒙台梭利指出："它意指对创造精神的一种偏离，对在创造中所制定的规则的一种偏离。在这之后，人就像一只船漫无目的地到处漂流，受他的环境和他自己的心理幻觉所支配，因此，人就迷途了。"（第193页）

幼儿心理畸变的产生归结于一个独特的、清晰的和简明的原因。正如蒙台梭利所指出的："儿童可能会被某个很微小的东西引入歧途。在成人关爱和帮助的伪装下，在成人毫不察觉的情况下，这种东西产生了作用。但是，它实际上归咎于成人的盲目，成人潜意识的自我中心确实对儿童产生一种恶魔般的影响。"（第194页）在她看来，它证明了这样的一个事实：这些心理畸变肯定是源于人的生命的最初时期，人在那时还只是一个精神的胚胎。这个唯一的和难以察觉的原因会导致整个人类的心理畸变。这恰恰表明，"幼儿在生命早期不断形成的一些错误将会改变人的自然的心理类型，成为**各种心理偏离**的一个根源"。（第191页）

（2）幼儿的八种心理畸变现象

结合实际的例子，蒙台梭利对幼儿心理畸变的八种现象进行了较为具体的论述。

一是心灵神游。蒙台梭利认为，产生心灵神游这种心理畸变的幼儿会坐立不安地乱动，尽管他们充满活力和不可压抑，但毫无目的。他们刚开始做某件事情，还未完成就把它丢下了。他们的心理能量失去了终极点，因而毫无目标地漫游，人就会处于空虚、呆滞和混乱的状态之中。这时，幼儿的心理能量和运动这两种东西就会各自发展,其结果是一个"人格分裂"的人。这种儿童被看作十分聪明的人,但他们的外在表现是任性和不遵守秩序。因此,蒙台梭利指出:"心灵神游是一种逃避,一种心烦意乱的逃避,常常是一种掩盖已与自然天性分离的心理能量的方式。心灵神游还代表了逃离苦难或危险的儿童自我的一种潜意识防御,而把自己隐藏在一个面具之后。"(第197页)

二是心理障碍。蒙台梭利认为,有心理障碍的幼儿往往不能控制自己的思想或正常地发展自己的智力。它像一堵封闭精神并隐藏起来的墙,阻碍幼儿接受和理解来自外界的观念。它也像罩在儿童心理上的一层帘子,使得幼儿的心理反应越来越不敏锐。这种缓慢和持续的防御,使得一个儿童的行为看起来好像他已经失去了自己的天赋能力。一些心理障碍是很难克服的,即使幼儿的心理障碍也是如此。因此,蒙台梭利指出:"这种防御并不是我们通常所看到的、其外部表现为违抗或固执的那种心理防御。相反,这是一种意志完全无法控制的心理防御,它会潜意识地阻碍儿童接受和理解来自外界的观念。"(第198页)

针对"心灵神游"与"心理障碍"这两种心理畸变,蒙台梭利明确指出,事实证明,像上述提到的那些与游戏或幻想相关的心灵神游是最容易消除的。她还进行了这样的分析:"具有心理障碍的人都避免接触新鲜空气、水和阳光,而把自己关闭在密不透光的大墙背后。无论白天还是黑夜,他们都紧闭着窗户,以至于无法使一丝空气流通。他们用厚厚的衣服把自己的身体包裹起来,就像洋葱那样一层紧裹一层,不愿使身体接触到水,不愿使皮肤毛孔接触到干净的空气。因此,人的生理环境成为人的生命发展的障碍。"(第202页)

三是依附成人。蒙台梭利认为,依附成人的幼儿的心理能量太弱,不足以抵制成人的影响，所以，他们就把自己依附于一个用他自己的活动来替代儿童活动的成人。"他们请求成人帮助自己，请求成人与他们一起玩耍、给他们讲故事、给他们唱歌，而且央求成人不离开他们。与这样的儿童在一起，成人变成了奴隶。"（第203—204页）在蒙台梭利看来，产生依附成人这种心理畸变的幼儿缺乏充满活力的心理能量。似乎他们的整个生命都依附于成人。他们很容易放弃自己的活动，服从他人的意志。他们很容易掉泪，总是抱怨和愁眉苦脸的，被认为总是神经过敏和感情脆弱的。对于这些幼儿来说，成人轻易地就能以自己的意志代替他们的意志，他们在每一件事情上都会顺从地让步。但是，蒙台梭利指出："这里存在着一种巨大的危险，它将导致儿童陷入一种冷漠的状态，这种冷漠被称为'懒散'或'懒惰'。"（第204页）虽然成人很高兴这样的儿童绝不会成为他们自己活动的障碍，但实际上他们并没有意识到自己的帮助和暗示吹灭了儿童心灵之灯。

四是占有欲。蒙台梭利认为，表现出占有欲的幼儿往往会渴望拥有他们急不可待想要的东西，运用自己的力量牢牢地抓住这些东西并把它藏起来。他们保卫某件东西就像保卫自己的生命一样。儿童的活力使他像章鱼的触须一样伸展出去，抓住并毁坏他迫不及待想占有的东西。有时，为了占有大家都想要的东西，他们相互之间甚至会发生争吵或打架，甚至是毁坏东西。有时，他们所依附的许多东西不是自己所需要的，但他们又不愿意放弃这些东西，因此，蒙台梭利指出："因为出现了一种不协调情况，一种应该存在的天性被蒙蔽了，一种心理能量被偏离了，所以，占有欲的根源在于一种内在的心理缺陷，而不在于那些引起占有欲的东西本身。"（第207页）但令人遗憾的是，很多父母很乐意看到他们的孩子保卫自己的财产。他们把这看作人类自然天性的一部分，并把它与社会生活联系起来。

五是权力欲。蒙台梭利认为，权力欲是与占有欲相关的另一种特有的心理畸变，就是希望对权力的占有。表现出权力欲的儿童开始觉得有能支配所有事情的强大的成人在场时，他们的自我感觉很好，进而想利用成人来获得比独自努力获得的更多的东西。他们觉得能通过成人而行动，他们自己的力量就会强大。而且，他们会通过各种方式提出越来越多的不合理要求，以满足自己无止境的和变化无常的欲望。因为所有儿童都是这样被潜移默化的，以至于认为这是最普通的情况，也是最难以纠正的情况。因此，蒙台梭利指出："儿童在得到了第一次胜利之后，就期待着第二次胜利。于是，成人就做出更多的让步，儿童也就越渴望得到更多的东西。最后，成人满足儿童欲望的这种错觉结成了苦果。因为物质世界是极为有限的，而幻想却是漫无边际的，结果产生了与现实的抵触和剧烈的冲突。儿童的任性就成了对成人的惩罚。实际上，成人立即就认识到自己的错误，并会说：'我宠坏了我的孩子。'"她还特别指出："即使一个顺从的儿童，他也有自己征服成人的方法。他通过一些富于情感的方式来征服成人，例如，他的眼泪、他的恳求、他的忧郁的眼神、他的惹人喜爱的行为。成人也肯定会屈服于这种儿童，直到他无法给予更多的东西，于是儿童不高兴了。这将导致原来处于正常状态的儿童产生心理畸变。"（第210页）

六是自卑情结。蒙台梭利认为，在成人的藐视、暴虐和干涉下，不断受到挫折的儿童会产生一种自卑感。他们会认为自己是低劣的、无能的、顽皮的和笨拙的，是必须服从所有人的。成人并不满足于仅仅阻止儿童的行动，他还不断地对儿童说："你不能做那件事情，你没有必要去尝试。"或者，如果这个成人是粗暴的，他甚至会说："傻瓜，你为什么要去做那件事情？你难道不知道你不能做那件事情吗？"儿童会觉得自己的活动是毫无价值的，自己的行为是惹麻烦的根源，从而产生沮丧和缺乏信心的情绪，压抑了他自己努力去行动的欲望，甚至陷入冷漠和恐慌的状态之中。这种自卑情结几乎使儿童认为他自己比那些物品还不值钱，导致儿童产生了胆怯、在做决定时迟疑不定、面临困难或批评就退缩、遭受压抑就流泪等表现。这些表现与儿童的这种痛苦状态又是形影相随的。因此，蒙台梭利指出："在成人的一些模糊倾向中，表现出贪婪和专制的感觉。因此，在家庭中，在父亲权威的伪装下，成人的贪婪、专制和暴虐不断地砸碎了儿童的自我。例如，如果一个成人看到儿童端着一杯水，他就害怕这只杯子可能会被摔碎。在那时，贪婪使他把这只杯子看作一件珍宝，为了保护它就不许儿童端着杯子行走。"（第211页）

七是恐惧。蒙台梭利认为，恐惧这种心理畸变在依附成人的儿童身上特别容易发现。当人们说到一个胆怯的儿童时，他们会说这是由于一些根深蒂固的心理困扰而引起他的恐惧，这几乎是与他的环境条件无关的。那些表现出勇敢、富有活力和无所畏惧的儿童，甚至也会被神秘的、难以解释的和无法克服的恐惧所支配。例如，夜晚雷雨时引起的恐惧。又如，成人为了使儿童服从他，就利用儿童意识的脆弱状态，人为地用对在黑暗里模糊存在的人的恐惧来恐吓他。成人利用儿童的无知，借助于到处存在的可怕形象，使得儿童的恐惧加剧了。

但是，在蒙台梭利看来，上面所说的恐惧不同于面临危险时出于自我保护本能所产生的一种正常的恐惧。这种正常的恐惧在儿童身上比在成人身上出现得少。人们甚至可以这样说，那是儿童面对危险时的一个普遍特征。因此，蒙台梭利指出："使儿童接触现实生活，并使他体验和理解他的环境中的任何东西，都将有助于他摆脱这种恐惧心态的困扰。"（第217页）

八是说谎。蒙台梭利认为，说谎这种心理畸变在儿童身上常常能够发现，表明了儿童心理的紊乱。但是，存在着各种各样的说谎，也有着不同的原因。有些儿童实际上是真诚的，他们的谎言是由一种心理紊乱引起的，他们一时的情绪加剧了这种心理紊乱。有些儿童的可怕的谎言隐藏在他们潜意识心灵的最深处。有些谎言可以是一种虚假代替真实的谎言，无论经常的还是偶尔的，都是与儿童有意识用来自我防御的正常谎言截然不同的，纯粹是为了编造故事的乐趣。有些儿童因懒惰和对发现真理不感兴趣而说谎，这种说谎有时候可能是巧妙推理的产物。有些儿童往往是出于一时的冲动而编造谎言，并没有经过仔细的推敲，只是一种防御性反射。这种说谎是未加修饰的、没有条理的和临时编造的，也是很幼稚的，通常是很容易识别出来的。因此，蒙台梭利指出："说谎就像一件隐藏心灵的外套——由许多不同的衣服组成的一整套嫁妆，因为存在着那么多不同的说谎，每一种说谎都有一个不同的含义。既有正常的谎言，也有病态的谎言。"（第225页）

蒙台梭利还特别指出："说谎是儿童在幼儿时期出现的一种心理现象。它一直会在儿童的发展过程中存在，并随着年龄的增长把它组织起来。说谎逐渐构成人类社会生活中重要的一部分，就像身上的服装一样是必需的、合适的，甚至是美丽的。"然而，她也指出："说谎并不是一种可以奇迹般地消失的心理畸变。它需要的与其说是一种皈依，不如说是一种重塑，它需要思想的清晰、与现实的接触、精神的自由以及对崇高目标的积极兴趣，这一切构成了一个有利于重塑儿童真诚心灵的环境。"（第228页）

在论述分析幼儿的八种心理畸变现象后，蒙台梭利特别强调指出，幼儿的这些心理畸变并不是孤立存在的，而是相互联系的。随着一种心理畸变的产生，往往又会产生另一种相关的心理畸变。因此，在一个幼儿身上可能会同时出现几种心理畸变的情况。正如她所指出的："尽管心理畸变会表现出个别的特征，但它就像一棵繁茂大树的分枝，永远会朝四面八方伸展出去，它们都来自同一个深层的根部。只有在那里，才能找到正常化所展现的独特秘密。在普通心理学和现行的教育方法中，一个常见的错误就是在研究和论述中把这些心理畸变看作互不相连的和孤立存在的，尽管它们实际上是相互依赖的。"（第225页）

（3）心理畸变对幼儿的影响

蒙台梭利认为，心理畸变作为一种功能性的失调，不仅会使幼儿的心理处于紊乱的状态，而且会引起幼儿身体的失调，因而失去了保证自己处于健康状态的敏感性。所以，"对所有儿童来说，对每一个社会环境中的儿童来说，发展已受到抑制，或者可以说，发展已被引入了一个错误的方向"。（第191页）

首先，已发生心理畸变的儿童最明显的标志就是智力降低，因为他不能控制自己的心理，也不能引导自己的心理得到充分的发展。这不仅使他的心理逃避到一个幻想世界之中，而且他在其他很多情况下的表现是智力或多或少受到压抑以及信心也丧失了，因而逃避到封闭的自我之中。

其次，所有疾病都会有一种心理因素，因为人的心理活动和生理现象是紧密相连的。儿童的身体不适会产生于心理原因，甚至某些似乎主要是与身体密切相关的缺陷的最终根源也都在于心理领域。因此，蒙台梭利指出："伴随着心理的畸变，会出现各种各样的特征。有些特征看起来是不相关的，但它们影响了人的身体功能的发挥。"（第219页）例如，儿童在饮食上的偏食，他仅仅是根据自己的味觉来对待所见到的食物，但内在的重要因素，即起保护作用的敏感性被削弱了或消失了。又如，儿童拒绝吃东西，可能是由一些心理原因造成的，或由于一种防御性冲动使他拒绝吃东西，或由于成人用自己的节奏强迫他吃得快一点。

在蒙台梭利看来，有时候，一个人可能仅仅在外表上有病，实际上这只是一种想象出来的病，而不是实际存在的病，其纯粹是由心理原因所造成的。例如，体温升高和身体功能紊乱，有时其症状显得很严重。但这样的病并不是身体上的，而是能够支配生理规律的潜意识的心理紊乱造成的。对于这些病症，所有的治疗都无法消除。只有当儿童离开了他应该逃离的境地时，或者被安排在一个自由的环境和被允许参加正常化活动时，许多疾病和病态才会消失。

在谈到心理畸变的严重影响时，蒙台梭利甚至这样指出："我们不如这样说，每一种心理畸变都在引导人走上死亡之路，并使人尽力摧残自己的生命。在最早的幼儿时期，就可以看到这种可怕倾向的隐隐约约的和几乎难以察觉的形态。"（第224页）因此，对幼儿心理畸变这种功能性疾病，必须进行精心的治疗。蒙台梭利也明确指出："如果这样的心理畸变没有在童年时期被矫正，那么这些心理畸变将伴随他的一生。"（第200—201页）

7. 教师的任务

儿童的心灵是一个深奥难解的谜，也是一个有待探索和解答的谜。蒙台梭利强调指出："很明显，所有这些伪装把儿童的真实心灵都隐藏起来了。……在这些外在表现下面，有一个被隐藏的人、一个尚未被认识的儿童、一个被埋没的但必须*获得解放*的有活力的人。这就是教育所面临的最紧迫的任务。"（第128页）蒙台梭利对教师任务的阐述，具体包括："发现真实的儿童"；"做好精神的准备。"

（1）发现真实的儿童

蒙台梭利认为，成人的环境不是一种适宜儿童生活的环境，存在着一群障碍物，因而导致儿童不得不进行防御，甚至为了尽力去适应它而扭曲自己，否则就会成为成人暗示的牺牲品。儿童发脾气、抗争和执拗等所有的表现，掩盖了他们去实现自己生命的不断努力，使他们不能展现自己的个性。发脾气就像一场暴风雨，是儿童心灵中隐藏的秘密在向外显露时受到阻碍的一种无奈表示。

在蒙台梭利看来，教师必须去发现真实的儿童。新教育的真正目的首先是发现儿童和解放儿童。因此，她强调指出："我们必须面对这个最重要的事实：儿童具有一种心理活动，但这种心理活动的微妙表现尚未被察觉，它的发展方式往往可能受到成人潜意识的阻碍和破坏。"她还指出："在儿童的每一个令人惊讶的反应后面，都有着一个需要破解的谜；儿童的每一次发脾气，都是一些深层原因的外在表现。这些原因并不能简单地解释为对一个不相容的环境进行防御的表面冲突，而应该理解为一种更高的基本特性正在寻求展现。"（第127页）

教师必须知道儿童正处在一个创造和发展的时期，并为他的创造和发展敞开大门。因此，蒙台梭利指出："事实上，儿童正在创造，也就是说，正处在从无到有、从潜在性到现实性的过程之中。在从一无所有走出来的时候，儿童不可能是复杂的。儿童具有日益增强的能力，他在展现自我时也不会有很大的困难。"（第128页）与此同时，教师还必须给儿童提供必要的帮助。他们应该对儿童进行观察，对儿童的困境进行反思。因此，蒙台梭利指出："在儿童发展到成人的整个时期，给儿童提供必不可少的帮助……他必须使自己适应儿童的需要，而不要成为儿童发展的障碍，也不要代替儿童去进行他们成长发展所必需的活动。"（第129页）

（2）做好精神的准备

蒙台梭利认为，为了能够实现自己的使命，教师必须做好精神的准备。具体来说，教师应该使自己摒弃专制，应该消除内心潜意识地用硬壳包住的发怒和傲慢，应该使自己变得谦逊和慈爱。这是教师应该具有的心理倾向。蒙台梭利强调指出："缺乏主动精神的教师强调自己的活动和原有的权威，因而成为儿童活动的障碍。然而，具有主动精神的教师在看到儿童如

此活跃并取得进步时，不仅感到高兴，而且表示赞美。"（第139页）

教师的精神准备主要体现在三个方面：

首先，教师必须使自己的内心做好准备。他必须系统地研究自己，以便发现某些具体的缺点，因为这些缺点会成为他对待儿童时的障碍。例如，发怒和傲慢。发怒是主要的罪恶；傲慢随之给它提供一个漂亮的伪装，具有一个合法的借口。又如，当我们由于自己的缺点而遭受指责时，我们甚至会潜意识地掩饰它们。但实际上，我们并不是在保护自己的生命，而是在为自己的罪恶辩护。蒙台梭利强调指出："教师应该先研究自己的缺点和坏脾性。首先让教师清除自己眼睛中的沙粒，然后他才能更清楚地知道如何消除儿童眼睛中的尘埃。教师的内心准备与宗教信徒所追求的完美是不同的。成为一位教师，未必是变成'完美无瑕的'，也未必是没有过失和缺点的。"（第130页）

其次，教师必须努力使自己理解儿童。教师必须使自己的内心发生一次根本的变化，防止从成人的角度去理解儿童。蒙台梭利强调指出："真正的教师不仅是一个不断努力使自己变得更好的人，而且还是一个使自己消除不能理解儿童的内心障碍的人。我们应该对一些教师指出什么是他们需要克服的一些内在脾性，正如一位医生会向病人指出某种具体的疾病是一种身体器官正在变得衰弱或出现凶兆一样。因此，这是一些确实有益的帮助。"（第131页）

最后，教师必须受到教育和指导，受到成为幼儿教师的训练，具有关于儿童天性或教学方法和矫正方法的理论知识，掌握对待儿童的方式。教师应该是谦逊的，并根除潜藏在我们内心的偏见。他们应该用科学的方法观察和研究儿童，了解儿童的生理和心理的发展。蒙台梭利强调指出："在许多情况下，这种外部提醒会使我们去反省自己。因此，它对我们内心的

纯洁起了强有力的和重要的作用。"（第132页）

在蒙台梭利看来，教师作为一位指导者，其主要作用是指导儿童的身体发育和心理发展。但是，"这并不意味着，我们必须赞成儿童所做的每一件事情，或者我们必须避免去评判儿童，或者我们可以忽视儿童的智力和情感的发展。完全相反，教师必须牢记他的使命就是教育儿童，并成为儿童的一位真正教师"。（第137—138页）

（三）第三部分　儿童与社会

第三部分共两章，其中包括："第一章　人的工作"，"第二章　作为教师的儿童"。在这一部分中，蒙台梭利主要阐述了五个方面：（1）儿童的内在本能；（2）成人的工作和儿童的工作；（3）儿童与成人的冲突；（4）儿童的权利；（5）社会的职责和父母的使命。

1. 儿童的内在本能

蒙台梭利认为，没有一种生物是作为一个成年个体开始其生命的。所有生物充满着惊人的现实和无限的可能。对于幼儿来说，他具有内在的本能，即隐藏在他身上的个人能量，正是这种本能的自发冲动赋予他积极的生命力，促使他不断成长发展。在儿童身上，具有两种本能。

（1）主导本能

一个新的生命诞生时，它自身就包含了神秘的主导本能，这是其活动、特性和适应环境的源泉。主导本能是生物内在指导的本能。这些主导本能以知识和智慧为特征，引导生物航行在时空的大海（个体）中，并穿越永恒（物种）。其中，一类是为了个体的保存，一类是为了物种的保存。蒙台梭利强调指出："这些主导本能是特别令人不可思议的，因为它们对生命刚开始的婴儿提供直接的指导和保护。这时，婴儿几乎还很不成熟，但他仍然走上趋于充分发展的道路。在这样的一个阶段，婴儿还没有这个物种的特征，既没有力量，没有耐力，也没有生物竞争的武器，甚至没有为了保证其生存而获得最终胜利的希望。……这样的主导本能给它自身带来了安全。"（第259页）她还指出："事实上，自然界最辉煌的奇迹之一是，尽管新生儿完全缺乏经验，但其所具有的力量能使他们发现自己的道路和防御外界的伤害。通过在**敏感期**部分和短暂的本能的指导，他们能够做到这一点。确实，这种本能真正地引导他们克服接连不断的困难，以不可阻挡的力量不断地激发他们。"（第263页）在蒙台梭利看来，这种主导本能是人和其他动物都有的本能。

（2）工作本能

人是他自己的环境的设计师、建设者、生产者和改造者。"人天生就具有一种工作本能。"（第237页）对于人来说，工作是一种天赋倾向，既是人类这一物种所特有的本能，也是他的一种显著特征。正是通过工作，人塑造了他自己。无论身体健康还是慈爱，任何东西都不能替代工作。因此，蒙台梭利强调指出："在儿童给我们带来的那些惊人发现中，通过工作来实现正常化的现象是最重要的展现之一。……儿童的工作愿望体现了一种重要的本能，因为没有工作他就不可能形成他自己的个性，就会违背他自己的正常发展路线。……工作应该是使人得到充分满足的一个源泉，是健康和新生的一个关键。"（第234页）

对于人类的发展和人类文明进步来说，工作是十分重要的。因为大自然敦促人依靠自己构筑某些东西来表现自己的存在，并进而表现出创造这些东西的目的。所以，人在工作时，他们被赋有这样的一种非凡力量，使他们能够用自己的个性方式重新发现他们物种的本能。因此，这种本能像从地球中猛烈喷射出来的一股强有力的激流，能够使人类得到更新。通过这种强烈的欲望，产生了人类文明的真正进步。蒙台梭利指出："人的如此完美的工作不一定是由他的需要激发的，而应该是由他的工作本能的神秘设计激发的。"（第238页）因此，正是工作本能使儿童通过不断地工作来进行创造，满足自己的需求，并趋于正常的发展。

蒙台梭利最后还强调指出，儿童的内在本能会按照自然的规律发展并展现出来。但是，如果这种内在本能不能得到发展和展现，那么儿童就会受到心理畸变的折磨，而使自己处于不正常的状态。

2. 成人的工作和儿童的工作

蒙台梭利认为，成人的工作和儿童的工作都是人类生活所必需的工作，但它们是两种不同类型的工作。这是因为成人和儿童有着各自的生活方式。

（1）成人的工作

因为成人在社会生活中有一个复杂和强烈的使命要完成，以完成自己的任务，所以，他们的工作性质是社会的、共同的和有组织的。蒙台梭利强调指出："成人的任务就是构筑一个超自然的环境。他必须用他的活动和智慧努力进行一种外部工作，我们称之为'生产劳动'。"（第242页）成人在工作时要遵循适用于工作的社会和自然的"有效法则"，例如，劳动分工法则、劳动效益法则等。

但是，蒙台梭利也指出："因为人能支配来用于工作和创造财富的资源是有限的，所以，人处于生存竞争的斗争之中，结果发生了这些'有效法则'运用的退化。于是，人的恶习出现了，剥削他人的劳动取代了劳动的自然分工。"（第243页）此外，成人的工作还会被某些外在的目标所迷惑，以致不惜任何代价去追求它们，有时达到损害身体健康乃至丧失生命的地步。

（2）儿童的工作

虽然儿童的工作也是由自己的行动和外界的物体所组成，但它与成人的工作有着不同的目的。儿童工作的目的就是工作本身，他们在工作中消耗了大量精力，并运用了自己所有的潜能，但并没有未来的目的。他们通过自己的工作来得到成长发展。因此，蒙台梭利强调指出："相比成人，儿童也是一个工作者和生产者。……他有自己的工作，一种伟大的、重要的和困难的工作，这实际上就是造就人的工作。从诞生起，新生儿孤弱无助，没有意识，不能说话，不能站立，但他以完美的形式最终成长发展为一个成人，他的心理活动通过所获得的一切而变得丰富起来，并闪烁出精神的光芒，这就是儿童工作的结果。因此，完全是儿童自己造就了人。在这个工作中，成人是无法替代儿童的。"（第245页）

但是，必须看到，儿童的工作是潜意识完成的，因为他还没有使一种神秘的心理能量主动地参与创造。然而，它实际上是一种创造的工作，也许它是人的创造的奇观景象。这种工作的所有细节，我们可以在每一个儿童身上看到。因此，蒙台梭利指出："为了使自己处于一个真正的工作者的地位，儿童不满足仅仅通过冥想和休息来创造人的模式。相反，他通过活动进行工作，通过不断的活动进行创造。我们必须清楚地意识到，儿童也是为了他的工作而利用他的外部环境，即成人利用和改造的相同的外部环境。儿童通过活动得到发展。他的建构活动实质上是一种进入外部环境的真正的工作。"（第246页）在她看来，儿童通过自己不断的活动、不懈的努力、获得的经验、遇到的挫折以及他自己克服困难的尝试和斗争，不仅一步步地完成了艰难而崇高的任务，而且总是具有一种新的完善的形式。

（3）两种工作的比较

在儿童的工作与成人的工作进行比较时，蒙台梭利认为，这是两种不同种类的和具有不同目的的活动，成人在完善其环境，而儿童在完善人自身。但是，这两种工作又是同样真实的活动，两者之间有着相似的方面。

其相似的三个方面在于：一是儿童和成人都在他们的环境中进行一种直接的、有意识的和自主的活动；二是他们各自的工作都有一个要达到的目的；三是他们各自的工作都意味着要利用环境进行工作。

然而，蒙台梭利又认为，因为儿童和成人是两个不同的劳动者，所以，儿童的工作和成人的工作之间存在着明显的差异，这是更值得注意的。儿童的工作与成人的工作是截然不同的，它属于另一种秩序。甚至可以说，这两种工作事实上是相互对立的。在蒙台梭利看来，儿童的工作和成人的工作的不同主要体现在四个方面。

首先，两者工作目的不同。儿童的工作目的就是工作本身，而成人的工作有着外在的目的。蒙台梭利强调指出："儿童工作时，他并不是为了实现一个外在目的而这样做的。他的工作目的就是工作本身。当他重复一个练习时，他就使自己的活动达到一个目的，这个目的是不受外界因素所支配的。就儿童的个人特征而言，他工作结束后甚至不会有劳累的感觉，因为他的特征在自己的工作中得到更新并充满活力。于是，我们可以说，儿童的工作是对一种内在需要的满足，这是一种心理成熟的表现。"（第249页）这表明，儿童的工作不遵循劳动效益法则，而且正好是相反。儿童在工作中觉得需要重复这个练习，不是为了完善他的操作，而是为了建构他的内在生命。

其次，两者工作时间不同。儿童的工作不允许剥削他人和缩短时间，而成人的工作是相反的。蒙台梭利强调指出："儿童必须独自地进行工作，直到完成全部的工作。没有人能够承担儿童的工作，代替他长大。要成为一个二十岁的人，他就必须过上二十年。事实上，正在成长发展的儿童的特征是，他必须遵循一个计划和进程表，既不许犯错误，也不许加快速度。大自然是严厉的，对由于功能的偏离，即我们称之为"反常"或"迟钝"

所引起的任何不服从的行为，它会给予惩罚。"（第250—251页）这表明儿童对大自然的忠诚。他完全依据一种自然能量而工作，这种自然能量对他进行指导，并给他安排一个自己将完成的任务。

第三，两者工作动机不同。儿童是在奇妙的敏感性的推动下工作的，而成人是在一种外在动机的推动下工作的。蒙台梭利强调指出："如果儿童厌烦工作，他就得不到成长发展，也就不能增强自己的力量。他通过工作得到成长发展，这是工作会增强他的能力的原因。他从来不要求减轻自己的工作；相反，他会要求允许自己去工作和允许他独自去工作。儿童成长发展的任务就是他的生命，他必须真正地工作或休息。"（第254页）

第四，两者工作过程不同。儿童的工作过程是变化的，而成人的工作过程是稳定的。蒙台梭利强调指出："成人在达到他的完美境界和他身体的充分发展的同时，也使他的物种的本能实体化，这将引导他以一种稳定的方式在外部世界中行动。然而，儿童通常缺乏与他的本质有关的一些不再变化的本能，而具有大量易变的和连续的本能，这将引导他获得成人状态的特征。"（第252页）

蒙台梭利最后指出，正因为儿童的工作和成人的工作之间存在着这么多差异，所以，成人可以对儿童的工作提供帮助和指导，但这绝不表明他能够替代儿童去工作，改变儿童的发展方式，加快儿童的发展速度。从某种意义上说，成人是儿童创造性活动的产物。成人始终应该记住，他曾经是个儿童。

3. 儿童与成人的冲突

蒙台梭利认为，由于儿童生活的环境中充满着障碍以及成人因不理解儿童而进行干涉，因此，在儿童和成人之间产生了冲突。对于成人社会来说，儿童甚至就是一件没有价值的东西。成人是儿童的主人，儿童必须无条件地服从成人的命令。成人是儿童的创造者、恩赐者、监护者和执法者，于是，成人需要拼命去压抑儿童，教导儿童不要干扰或烦恼他们，直到被驯服为止。没有意识到这种秘密的成人是不能理解儿童工作的。其实，成人从来就没有理解过儿童的工作。正如蒙台梭利所指出的："如果成人以对待自己生活的同样逻辑来看待儿童的生活，那他就会把儿童看作一个不同的人、一个无用的人，并远远地避开他；或者，通过所谓的'教育'，成人试图尽早地直接把儿童引入自己的生活方式之中。如果可能的话，他会像蝴蝶那样弄破幼虫的茧，命令它飞翔；或者像青蛙那样，把蝌蚪拉出水域，尽力要它在陆地上呼吸，并把它难看的黑皮肤变成绿色。"（第265页）

在儿童与成人之间冲突所造成的后果下，儿童变成了一个有原罪的人，一个避难的人，一个社会外的人，一个孤立无助的人，一个受到奴役的人，一个必须依赖成人的人。从来没有人想到需要为儿童的生活创设一个专门的环境，也没有人考虑到儿童的活动和工作的需要。因此，蒙台梭利以一种比喻的方式来描述儿童与成人之间冲突的后果："儿童与成人之间的冲突所造成的后果几乎无限地扩展到人的一生，就像一块石子扔进平静的湖面时所引起的水波一样。其结果是，在它以一种同心圆形式向四面八方扩散时产生了涟漪。"（第238页）

因为成人根本就没有意识到要寻找儿童与成人冲突的原因，所以，这种冲突在人们看来成了一个谜。蒙台梭利也这样指出："在人类生活的基础上所存在的冲突中，我们可以找到错误的原因，但这种冲突的巨大后果从未被探究过。虽然要求儿童和成人相互友好地生活在一起，但他们却常常是处于不断的冲突之中，因为他们不能相互理解，所以，破坏了他们和谐生活的基础。于是，产生了一种难解之谜。"（第240页）实际上，解开这个谜的关键在成人。因为"儿童是成人之父"（第246页），所以，成人的完善取决于儿童，成人的所有权力都来自这位"成人之父"达到完全实现其秘密使命的可能性。难怪蒙台梭利强调指出："我们成人依赖于儿童。在儿童的工作领域中我们是他的孩子和侍从，就如同在我们的工作领域中儿童是我们的孩子和侍从一样。在某一个领域中，成人是主人；而在另一个领域中，儿童是主人。因此，儿童和成人是相互依赖的，他们都是国王，但都有各自的王国。这是人类达到和谐的基本结构。"（第247页）

最后，蒙台梭利大声疾呼："可以毫不夸张地说，人直到现在仅仅建立了一个为了成人的世界，因此，人必须认真开始为建立一个为了儿童的世界而工作。……对儿童需要的反应必须是教育理念的一种革新，直到最圆满的结果的出现。这将是许多与之相关的科学的中心，将是一种新的生命哲学。"（第256页）

4. 儿童的权利

蒙台梭利认为，儿童在他的发展过程中，不仅是一个热切的观察者，而且更是一个发现者、工作者和探究者。儿童总是期望自己的权利，例如，独立的权利，自由的权利，活动的权利，工作的权利，探究的权利，以及要求适宜环境的权利，等等。

但是，在过去，社会对儿童一直是忽视的。在如此漫长的一个时期里，人类文明已经取得了进步，对服务于成人的法律也做了改进，但儿童仍然没有得到任何的社会保护。儿童被认为是不属于人类社会的，并一直处于被流放和被遗忘的状态。他们是社会之外的、孤立的，既没有任何沟通手段，也没有任何社会地位。儿童的痛苦不仅是身体上的，而且是精神上的。无疑，儿童的权利在社会生活中没有得到承认和维护。因此，蒙台梭利强调指出："如果我们回顾这个最初的觉醒并追随整个历史的进程，我们无法找到揭示人们承认儿童权利或敏锐意识到儿童重要性的明显事例。""事实上,从古至今,在每一种教育理想中,在我们时代的所有教育学中,'教育'(education)一词始终与'惩罚'(punishment)一词具有相同的含义。教育的目的总是把儿童隶属于成人,成人使他自己代替了大自然,使他自己的意图和目的代替了生命的法则。"(第278页)在她看来,儿童就是受害者。他们是多么不幸的儿童,多么受压抑的儿童!然而,社会和家庭并没有意识到所有这一切,也没有感到他们对此有任何职责。

直到20世纪初,社会才开始关爱儿童。当人们开始认识到这些事实时,一场旨在用一种新的责任感唤醒人们意识的运动广泛地开展起来了。例如,医生和教师一起为学生的健康进行工作。在蒙台梭利看来,这是社会第一次对原来在人的天性上的潜意识错误的改正,标志着对儿童做出社会性补偿的第一步。但是,她又强调指出:"事实上,人们忽视和遗忘了儿童,甚至折磨和扼杀儿童。也就是说,人们并没有认识到儿童的价值以及他的力量和他的基本特征。这个事实应该被认识到,这种感觉应该以强烈的方式唤起人类的觉醒。"(第273页)

5. 社会的职责和父母的使命

面对儿童及儿童权利的问题,蒙台梭利向社会和父母们呼吁:"人类必须具有崇高的情感,具有超越他们所面对的日常生活的伟大抱负。这是一种使所有人为之振奋的神圣的声音,大声召唤人们一起聚集在儿童的周围。"(第268页)

(1)社会的职责

蒙台梭利认为,社会应该承认儿童的权利,给予他们最大的关怀,反过来也可以从儿童那里获得新的能量。但是,社会并没有意识到它在对待儿童上的问题和错误,也没有在保护儿童生理和心理上采取措施。实际情况表明，不仅教育问题变得难以解决，而且儿童实际上也失去了自我。值得注意的是，这种结果并不是人们所期望的，而是使人们感到不可思议的。此外，社会也从未要求家庭应该在任何方面做好准备，以便恰当地关怀自己孩子的成长发展；国家也没有为父母们承担自己的职责提供任何准备或教育。因此，产生了儿童的社会悲剧。这就是，社会把儿童交给他的家庭去照管，而放弃社会的责任；家庭又尽量把儿童交给社会，而使他脱离家庭的照管。

所以，社会必须进行改革。走向社会改革的第一步也是最困难的一步，就是唤醒正在沉睡的和毫无知觉的人类，强迫他去倾听正在召唤自己的声音。为此，蒙台梭利大声疾呼："现今所需要的是，社会应该全面意识到儿童及儿童的重要性，并真诚地努力把儿童从他所处的巨大危险的深渊中拉出来。为了填掉这个深渊，人们必须建设一个适宜于儿童需要的世界，并承认儿童的社会权利。"（第281页）她还指出："我们必须把儿童作为我们自己未来生活的灯塔。任何希望为了社会利益而实现某些目标的人，必须毫不犹豫地关注儿童，不仅使他摆脱心理畸变，而且从他那里了解我们自己生命的实际秘密。"（第272页）

针对人们仍然只是想着去改变儿童的现象，蒙台梭利颇具形象化地强调指出："社会就像一列长长的火车，以令人眩晕的高速度朝着某个遥远的目的地前进，构成这个社会的个人可以比作在车厢中熟睡的旅客。我们发现，对任何帮助或救助生命的法则来讲，处于睡眠状态的心灵是社会进步的最大障碍。如果情况不是这样的话，那么，在运输工具日益加快的速度与人的精神日益增强的冷漠之间就不存在这种危险的反差，社会就能迅速地进步。"（第281页）

总之，在蒙台梭利看来，为了使未来社会的人从儿童那里获得更大的力量和更大的益处，社会应该给予儿童最周到和最好的关爱。如果社会忽视儿童的应有权利，阻碍儿童的正常发展，那么实际上就是"既毁灭了儿童，也毁灭了社会本身"。（第282页）

（2）父母的使命

蒙台梭利认为，就父母和儿童的关系而言，父母仅仅给子女生命是不够的，他们还必须保全子女的生命。她强调指出："儿童的父母不是他的创造者，而只是他的守护者。他们必须保护和关爱儿童，在最深刻的意义上，把这看作一种神圣的使命，并远远高于对物质生活的兴趣和观念。……为了这样的使命，儿童的父母必须净化大自然已赋予他们心中的爱，他们必须理解这种爱是一种有意识的和带有深切感情的指导，不应该被自私或懒散所污染。对父母来说，他们应该关心今天所面对的这个社会问题，关心世界上为承认儿童权利而进行的斗争。"（第272页）在蒙台梭利看来，父母不仅应该关注儿童身体发育的需要，而且更应该关心儿童心理发展的需要。他们应该净化自然已转移到其心中的爱，以完成自己的崇高使命。他们应该深切地保护儿童。为此，父母必须获得新的知识，受到恰当地关爱子女健康所必需的教育。

但是，现实情况是令人遗憾的，父母唯一关心的是看到他们的孩子通过考试，尽可能快地学习功课，这样就可以节约时间和费用。他们认为，重要的是子女应该用尽可能短的时间获得进入社会生活的通行证。因此，为了改变这样的情况，蒙台梭利在《童年的秘密》的最后明确指出："所有父母都肩负着一个伟大的使命。他们是唯一能够和必须拯救自己孩子的人，因为他们具有在社会中组织起来的力量，并能在共同生活的实践中采取行动。他们必须意识到大自然托付给他们的使命的意义，这个使命使他们高于社会，并使他们能够支配所有物质环境，因为他们的手中确实掌握着人

类生命的未来。"（第283页）

三、《童年的秘密》的世界影响

潜心探索童年的秘密，是蒙台梭利一生所追求的崇高理想。从1907年起，蒙台梭利始终以一种革新的精神、顽强的意志、坚定的信念和信徒般的热情从事"儿童之家"教育实验活动，为探索和解答"幼儿之谜"而坚持不懈地努力。可以说，《童年的秘密》就是蒙台梭利探索和解答"幼儿之谜"的一本代表作。

在《童年的秘密》这本著作中，蒙台梭利对六岁以下儿童的生理和心理发展及其特点进行了深入而具体的探讨，列举了大量富有启发性的例子，还对幼儿的各种敏感期进行了很有创意的阐述，对幼儿心理畸变的各种现象以及儿童与成人的冲突做了精辟的分析，同时对幼儿教育环境、教育原则以及教师的准备、儿童的权利以及社会的职责和父母的使命进行了深入的论述。正因为蒙台梭利的幼儿教育实践和理论对现代幼儿教育发展做出了如此卓越的贡献，所以，当她1949年春结束在巴基斯坦的访问和演讲时，人们在送给她的一只大蛋糕上用奶油裱成一本书的形状，并写着："感谢您发现了童年的秘密！"

作为在幼儿教育实践和理论领域提出独创性见解的现代西方幼儿教育大师，蒙台梭利的《童年的秘密》一书在世界上产生了很大的影响。该书虽然不如她的成名作《科学的幼儿教育方法》的影响那么广，但仍然受到了广大幼儿教师和父母的热烈欢迎，其原因就在于它对"幼儿之谜"的探索和解答。应该说，这也是蒙台梭利在幼儿教育上的最有魅力的发现。作为集中阐述她的儿童观和儿童教育观的一本著作，《童年的秘密》成为蒙台梭利1914年以后出版的著作中被人们最广泛阅读的一本著作。因为在蒙台梭利给我们揭示"幼儿之谜"的深远和神圣的含义及其重要性之前，儿童心理发展的秘密一直还是尚未被认识的东西。

在科斯特洛耶翻译的《童年的秘密》1977年英文译本的"序"中，时任美国国际蒙台梭利协会教育委员会主席斯蒂芬森曾这样指出："儿童是永恒的。在每个时代里，都有儿童的存在，并将不断地诞生，直至死亡；而且，没有史前时代的儿童、中世纪的儿童、维多利亚时代的儿童和现代的儿童之分。事实上，只有所有时代和所有种族的儿童。他们是传统的继承者、历史的承受者、文化的融合者和通向和平之路的使者。……如果我们将刚出生的儿童和三岁儿童进行比较的话，就会发现他们之间有着巨大的差异，已经发生了那么剧烈的变化。这种剧烈的变化就是'童年的秘密'。蒙台梭利博士所做的，就是要证实在幼儿身上存在着这种变化的力量，而这一点似乎尚未被人们所认识。她毕生所追求的，就是帮助儿童发展，并使儿童的个体潜能最充分地得以实现。"

英国著名的蒙台梭利传记作家斯坦丁（E. M. Standing）1957年在他所著的《玛丽亚·蒙台梭利：她的生平与工作》一书中这样指出："每一个希望理解蒙台梭利教育方法的起源和教育方法本身的人，都不能不读蒙台梭利在《童年的秘密》中进行的所有生动而深刻的论述。"

值得注意的是，由于蒙台梭利强调探索儿童的心灵秘密，重视儿童的早期教育，促使儿童生理和心理的正常发展，在很多方面符合现代幼儿心理发展和教育理论，因此，从20世纪中期起，在一些国家，尤其是美国，又重新激起幼儿教育学者和普通民众对儿童心灵秘密的广泛关注。这也在很大程度上说明了《童年的秘密》一书所阐述的幼儿教育理论的科学性和合理性。

当然，我们也要注意到，在《童年的秘密》一书中，蒙台梭利在论述儿童游戏和玩具时的观点也有一些片面性。例如，在对游戏的看法上，她认为："在儿童的生活中，玩玩具也许只是次要的事情，由于儿童心里没有更好的事情要做，因此他们才去玩玩具。当儿童感到他有一些重要的事情要做时，他是不会去玩玩具的。"（第154页）① 又如，在对玩具的看法上，她认为："玩具给儿童提供的环境并没有实用的目的，除了产生幻觉外，它并不能使儿童在精神上全神贯注，反而会使儿童的心理走上幻觉的歧途。玩具能激起儿童的活动，就像隐藏在余烬之下的微火冒出来的烟雾。但是，这种火焰不久就熄灭了，那个玩具很快也被扔掉了。"（第196页）

但是，蒙台梭利在《童年的秘密》一书中结合其儿童观和儿童教育观的阐述所列举的很多例子，显然可以在我们的现实生活中看到，也可以在我们身旁的孩子中看到，似乎它们就发生在今天，其确实是发人深省的。这也深刻表明，蒙台梭利的幼儿教育理论具有重要的现实意义。正因为如此，在对"幼儿之谜"的探索和解答上，广大的幼儿教师和父母们无疑可以从《童年的秘密》一书中得到诸多启迪。

---

① 在《有吸收力的心理》（1949）一书中，蒙台梭利把童年时期称为"神圣的游戏时期"，指出游戏、想象和提问是这一年龄阶段的儿童的三个基本特征。这表明蒙台梭利原来对儿童游戏的看法已有了改变。——著者注

儿童正在建构人类

——《有吸收力的心理》导读

《有吸收力的心理》(*The Absorbent Mind*)是一本在世界上产生极为广泛影响的幼儿教育经典著作。这是现代西方幼儿教育大师、意大利幼儿教育家玛丽亚·蒙台梭利生前最后一本幼儿教育著作。在这本幼儿教育代表作中,蒙台梭利通过对幼儿的独特心理能力的详细探究,精确、简洁和通俗地对幼儿心理发展进行了科学阐释。

一、《有吸收力的心理》的出版背景

当1940年意大利卷入第二次世界大战时,正在印度的蒙台梭利和她儿子马里奥·M.蒙台梭利被在印度的英国殖民政府限制离境,一直到1945年第二次世界大战结束。之后,玛丽亚·蒙台梭利又于1948年重返印度,在印度西部的历史名城艾哈迈达巴德开办了第一次培训课程班。《有吸收力的

---

① Maria Montessori, *The Absorbent Mind*, Translated by Claude A.Claremont, Madras: Kalakshetra Press, 1958. 本文中的引文均摘自该英文本。

心理》一书正是源于蒙台梭利在第二次世界大战后重返印度艾哈迈达巴德开办培训课程班的讲演稿，1949年第一次在印度卡纳塔克邦的阿迪亚尔出版。后来，她又用意大利文对《有吸收力的心理》这本书进行重写，应该说，这是一个具有独创见解和几乎是经过全面修订的文本。蒙台梭利自己在该书"第一版前言"中这样指出："我曾在印度被羁押到第二次世界大战结束。在这之后，我又重返印度在艾哈迈达巴德开办了第一个培训课程班。本书就是以我在这个培训课程班上的讲演稿为基础的。"其中的"第二十七章 教师的准备"，是蒙台梭利应印度读者的要求而撰写的，其内容与前一章（即"第二十六章 纪律与教师"）略有一点重复。

1958年，英国心理学会会员、蒙台梭利最早的英国学生克洛德·A. 克莱蒙特（Claude A. Claremont）所翻译的《有吸收力的心理》英文本由印度马德拉斯的卡拉克谢特拉出版公司出版。

从整体内容来看，《有吸收力的心理》一书反映了蒙台梭利后期对幼儿心理发展及其教育问题的总体思考。她在深入观察和精确评价儿童的第一个时期（即童年时期）各种现象的基础上，指出了成人所应负的责任。蒙台梭利在该书"第一章 儿童在世界重建中的作用"开头这样写道："本书是打破我们思想枷锁的一种努力，也是我们致力于保护儿童拥有的巨大内在潜能的运动。"（第1页）应该看到，这段话明确指出了蒙台梭利撰写这本书的目的。

作为现代西方幼儿教育大师，蒙台梭利在《有吸收力的心理》的"第一版前言"中明确指出："在本书中，我对幼儿的独特心理能力进行了详细的论述。……这些心理能力使儿童能够建构并牢固地形成人的个性的所有特点。……不到六年时间，新生儿的能力早已超过其他所有的物种，他所创造的这种成就确实是人的生命的最大秘密之一。"她还在本书"第三章儿童的发展时期"中提道："本书所论述的就是儿童的第一个时期。……正是在这一时期，儿童最需要一种明智的帮助，因为阻碍其创造性工作的任何障碍都将减少他充分发展的机会。所以，我们应该帮助儿童，因为我们不再把儿童看作一个弱小的生物，而把儿童看作具有巨大创造力的人，但他们的天性又是如此脆弱而需要得到爱和正确的保护。我们要帮助的是儿童的这些能力，而不是他的弱点。"（第23页）确实，蒙台梭利在本书中对幼儿独特的心理能力进行了十分详细而精辟的论述。

克洛德·A. 克莱蒙特在"英文本译者说明"中对《有吸收力的心理》英文本的翻译过程进行了这样的阐述："取代蒙台梭利博士讲演稿的英文译本第一版，是直接从她的意大利文讲演稿翻译而成的。对于意大利民众来说，蒙台梭利博士曾用她的母语为他们写了一本几乎是具有独创见解的和经过全面修订的文本。这里所呈现的是这个意大利文本的英文译本，那些熟悉本书第一版的人不会不注意到其中的各种变化和增删。但是，它们都是由蒙台梭利博士本人完成的。蒙台梭利博士这本著作的意大利文本是精确的、简洁的、科学的和通俗的——就其文字风格而言，它从来就不是难以理解的、含糊不清的或模棱两可的。在翻译本书时，不仅因为它的风格，而且因为对它内容的精确而恰当的每一个细腻表述和措辞特点，使我怀有赞美、惊讶和荣幸的心情。……因此，虽然那些译文是我翻译的，但读者可以确信这就是蒙台梭利博士所说的话。"

英国著名的蒙台梭利传记作家斯坦丁（E. M. Standing）1957年在他所著的《玛丽亚·蒙台梭利：她的生平与工作》一书中明确指出："蒙台梭利对儿童早期发展的研究成果大多已在《童年的秘密》中得到了记录。她的有关早期儿童发展的最后研究成果也出版了，其书名是《有吸收力的心理》。"20年之后，美国《纽约时报》专栏作家克雷默（Rita Kramer）1977

年在他撰写的《玛丽亚·蒙台梭利：传记》一书中也这样写道："蒙台梭利在印度被羁押的那些年里所形成的幼儿教育理念，在二战后她出版的一些著作，尤其是在《有吸收力的心理》这本著作中得到了阐述。"

二、《有吸收力的心理》的主要内容

除蒙台梭利本人的"第一版前言"和英文本译者克洛德·A. 克莱蒙特的"英文本译者说明"外，《有吸收力的心理》全书共二十八章。在该书中，蒙台梭利主要论述了七个方面：

（一）适应人的生命的教育（第一、二章）；

（二）童年时期的重要性和主要特点（第三至九章）；

（三）儿童语言、运动和智力的发展（第十至十七章）；

（四）儿童的性格形成和正常化（第十八至二十一章）；

（五）社会发展与儿童发展（第二十二、二十三章）；

（六）儿童的服从和纪律（第二十四至二十六章）；

（七）"蒙台梭利式教师"的准备（第二十七、二十八章）。

在《有吸收力的心理》的"第一版前言"中，蒙台梭利在简要说明该书成稿的背景之后，明确提出了两个十分重要的观点。

一是，在人的生命中，童年时期是最早和最有决定意义的一个时期。蒙台梭利强调指出："在没有教师、没有通常的教育帮助，而且在几乎被抛弃和常常受到阻碍的情况下，这些心理能力使儿童能够建构并牢固地形成人的个性的所有特点。这种成就是由具有巨大潜能的新生儿所创造的，然而，新生儿的身体是如此虚弱，他所有的心理能力通常又是如此缺乏，以致其几乎可以被称为'零'。但是，不到六年时间，新生儿的能力早已超过其他所有的物种，他所创造的这种成就确实是人的生命的最大秘密之一。"

二是，"教育始于诞生时"。蒙台梭利对这一观点的必要性赋予了实际的含义，并强调指出："只有当教育成为一种'对生活的帮助'以及不受教学和直接传递各种知识或思想的狭隘限制时，才能够被赋予这种实际的含义。蒙台梭利方法的最著名的原则之一就是'环境准备'。在生命的这一时期，即在儿童进入学校之前，这个原则提供了'教育始于诞生时'的钥匙，以及人类个体从最初开始的真正'培养'。"她还指出："今天，人类在其形成时期被抛弃，正是对其自身生存和发展的最大威胁。"

（一）适应人的生命的教育

在这一部分，蒙台梭利主要阐述了儿童对世界重建的重要作用、儿童身上蕴藏的财富仍在被浪费、儿童具有一种能吸收知识的心理、生命教育始于诞生之时、作为成人创造者的儿童五个方面。

1. 儿童对世界重建的重要作用

蒙台梭利认为，第二次世界大战结束后，整个世界面临着重建的任务。面对世界的矛盾冲突，许多为未来重建做准备的计划也正在酝酿之中。教育被广泛地看作一种实现未来重建目标的最佳手段。虽然幼儿的心理天性是不寻常的和至今仍未被认识的东西，但它对人类却会产生极其重要的影响。因此，蒙台梭利强调指出："如果想帮助和拯救世界的话，那么我们只能依靠儿童，因为儿童是人类的创造者。儿童具有各种尚未被了解的能力，这些能力能引导我们走向一个绚丽多彩的未来。如果我们确实想要一个新世界，那么，教育必须把这些潜在的能力发展作为其目的。"（第2页）

在蒙台梭利看来，儿童正在进行一种伟大的工作，他也是一个劳动者，其工作目的就是创造成人。儿童正在塑造的人类本身——不仅是一个种族、一个阶层或一个社会集团，而且是整个人类。当然，这并不意味着削弱教师和父母的权威，他们仅仅是儿童的建造过程中的合作者。如果教师和父母以一种适宜的方式给儿童提供帮助，那他才能很好地得到发展。所以，在人的早期，教育必须被理解为对儿童的天赋心理能力发展的一种帮助。因此，蒙台梭利指出："从这一点来看，其结论必然是：社会必须关注儿童，承认他的权利，并满足他的需求。……我们应该保护的是人类的正常发展。……包括母亲、父亲、政治家在内的所有人都必须联合起来，尊重和帮助这个棘手的形成工作。"（第13—14页）

2. 儿童身上蕴藏的财富仍在被浪费

蒙台梭利认为，虽然儿童被赋予各种未知的天赋能力，但几千年来一直被忽视。这就是儿童身上被浪费的财富，犹如没有注意到幼儿精神世界中的宝藏一样。尽管教育已被承认是提升人类素质的方法之一，但教育仍然被认为仅仅是一种智力教育。因此，人们仍然同样按照陈旧的方法训练学生，从不试图采取任何富有活力的和积极的新举措。

在蒙台梭利看来，在所有不同的国家法定所使用的许多方法中，没有一种方法是旨在从诞生起就帮助和保护儿童个体的发展。现今教育所做的一些事情就是把个体生活和社会生活两者分离开来。所有进入教育界的人都是趋于与社会隔离的，学校机构与社会生活是隔离的。教育界就像是一个孤岛，岛上与世隔绝的人们是通过与生活隔离来为生活做准备的。

值得注意的是，蒙台梭利强调指出："几千年来，儿童真正的建构力量，即能动性，一直被人们所忽视。正像人类在地球上生活和耕作却没有注意到地球深处埋藏着巨大的宝藏一样，当今时代的人们在文明生活中取得不断进步却没有注意到在幼儿的精神世界中所隐藏着的财富。从人类在地球上生活之时起，儿童的这些心理能量一直是受到压抑和被忽视的。"但是，必须认识到，儿童的这些心理能量"比金子还要珍贵，因为它们是人类自己的精神财富"。（第2—3页）

3. 儿童具有一种能吸收知识的心理

蒙台梭利认为，通过对儿童的研究，我们了解到儿童的一种与成人心理完全不同的心理生活。儿童具有一种能吸收知识的心理。他具有教自己的能力。例如，在儿童的语言发展中，遵循着大自然所规定的一个严格的程序，它比任何组织严密的旧学校更可靠和更守时。遵循着这一程序，儿童十分勤奋地学会了语言的所有不规则变化和语法结构。可以说，每一个儿童都有一位辛勤的教师，其教学技能之熟练使世界各地的儿童都获得了完全相同的成就。因为肯定有一种特殊的心理能量在起作用，对幼儿的发展提供着帮助。

所以，蒙台梭利强调指出："儿童承担着内部形成的重要工作。总之，我们自己都是由儿童成长发展而来的，经历过生命的最初两年。儿童不仅要认识他从周围所看到的东西，以了解并适应我们的生活方式，而且要在还不能接受教育时由他自己构建那些复杂的智力结构，这是我们的宗教情感以及特殊的民族和社会情感的基础。这仿佛是大自然保护每一个儿童免受成人观念的影响，以便给促使儿童发展的那位内在教师以优先权。在成人的智力能够影响儿童的精神和改变儿童的行为之前，儿童已有机会构建一个完整的心理结构。到三岁时，儿童早已打好作为一个人的天性基础。"（第4页）她还明确指出："所有儿童都天生具有一种'吸收'文化的能力。……儿童的'吸收'远远超出阅读和书写，他们还'吸收'植物学、动物学、数学和地理知识——同样是自发地和毫不疲倦地'吸收'。"（第5页）

4. 生命教育始于诞生之时

蒙台梭利认为，教育不能远离生活，而必须适合人的生活实际。人的个性发展始于诞生之时，教育也必须从诞生时开始。根据教育必须适应于人的实际生活这一信念，新生儿的教育就变成了一件最重要的事情。的确，新生儿不能做任何的事情，从通常意义上讲，我们也不能对新生儿进行教育，但是，我们必须通过观察和研究去发现新生儿的生命需求，去发现生命的法则。当然，我们还必须具有幼儿心理发展的知识。只有这样，我们才能走得更远，也才能成为教育者。

因此，如果生命教育始于诞生之时，那就只能有一种教育、一种方法，即遵循人的自然发展法则。蒙台梭利强调指出："自诞生起他的心理就开始得到发展，而且在他生命的最初三年中发展最为迅速。对这一阶段给予积极主动的关注，其必要性超过其他任何阶段。如果我们遵循这些原则，儿童自己就会以自然奇迹中最伟大和最感人的形象出现在我们面前，而不会成为我们的一种负担！我们发现自己所面对的是一个不再被看作不能自立的生命，不再是一个等着用我们的智慧去填塞的容器，而是一个越来越有尊严并被看作我们自己心灵建构者的人，一个在他的内在教师的指引下按照精确的时间表在愉悦和欢乐之中坚持不懈地工作的人，以创造宇宙中最伟大的奇迹——人类。我们教师只能对这个正在进行的工作提供帮助，就像仆人服侍主人一样。"（第6页）

5. 作为成人创造者的儿童

蒙台梭利认为，新生儿在诞生时是一无所有的，他什么事情都不能做。这不仅表现在他的心理上，而且表现在他不能协调地运动上。然而，随着时间的推移，儿童开始行走和说话，并不断地取得一个又一个成就，直到用他的身体和心智上的全部天赋形成一个人。这打开了通往一个永恒真理的道路。儿童并不是一个应该把他所能做的任何事情都归因于我们成人的无生命力的人，好像他是一个需要我们成人去填塞的容器。实际上，正是儿童创造了成人，而且，没有人能够不经过儿童就成为成人。儿童具有巨大的建构能力，他从周围的世界中吸收了材料，并用这些材料塑造了未来的成人。

因此，蒙台梭利强调指出："儿童是在一种内在指导的监护下，在秘密的心灵深处进行这个形成工作的。这就是人类新的美好希望。人类心灵要求我们去做的和去实现的事情就是对这个建造工作提供帮助，但并不是重新建造。这是在儿童——成人之子身上显现出巨大潜能的一种形成工作，而这些潜能正是自然赋予他们的。"（第14页）

（二）童年时期的重要性和主要特点

在这一部分，蒙台梭利主要阐述了童年时期的重要性、童年时期的主要特点两个方面。

1. 童年时期的重要性

蒙台梭利认为，儿童发展的最主要时期是自诞生至六岁这个时期，即人生的第一个时期。新生儿必须做一项形成的工作。到三岁时，儿童已经打下了一个人的智力和人格基础。但是，人的生命初期将会影响人的一生。因此，蒙台梭利明确指出："在这些阶段中，人刚诞生的那个阶段是最重要的。迄今为止，很少有人对这一阶段进行观察，因为它只是一个时间很短的阶段，所以，他们甚至怀疑儿童诞生后的最初两年中会有心理需求。然而，现在人们已知道，如果仍然如此专横地忽视儿童生命初期这些心理需求，那么以后就会产生对儿童有伤害的后果。"（第85页）蒙台梭利对童年时期的重要性的阐述，具体包括："儿童成长发展的三个时期"；"童年时期是一个创造的时期"；"关爱、唤醒和引导每一个儿童"。

（1）儿童成长发展的三个时期

蒙台梭利认为，儿童从诞生到大学的成长发展过程会分成一些不同的独特阶段。当一种心理个性阶段结束时，另一种心理个性阶段就开始了。

具体来讲，儿童的成长发展过程可以分为三个时期。

第一个时期是从诞生至六岁。尽管这一时期与后一个时期有极大的不同，但在这一时期心理的类型是基本保持不变的。这一时期可以分为两个阶段，即诞生至三岁和三岁至六岁两个阶段。在诞生至三岁的阶段，儿童具有一种成人无法接近的心理类型，也就是说，成人不能对其施加任何直接的影响。在三岁至六岁的阶段，儿童的心理类型仍然是相同的，但他们开始变得在某些方面接受成人的影响。在这一阶段，儿童的个性已发生了很大的变化。到六岁时，儿童已具有充分的心智而可以参与学校生活。

第二个时期是六岁至十二岁。这是一个没有其他变化伴随的发展时期。儿童是平静和欢乐的。在精神上，他确实是健康的、强壮的和具有稳定性的。各种迹象表明，在身体方面，在从诞生至六岁和六岁至十二岁这两个心理阶段之间似乎存在着一条固定的分界线，各种变化是非常明显的。

第三个时期是十二岁至十八岁。这是一个变化多端的时期。这一时期也可以分为两个阶段，即十二岁至十五岁和十五岁至十八岁两个阶段。在这一时期，儿童身体上已有很多变化，整个身体达到了完全成熟。

因此，蒙台梭利强调指出，区分和认识成长发展的阶段是重要的。实际上，"教育所做的一切就是认识到个体在生命的各个阶段有着不同的发展形式"。（第18页）在蒙台梭利看来，我们从未能预言这种后来的发展以及这些不同的终极目标，我们也不能在胚胎的形成时期和诞生后的形成时期就对将出现的人的形成情况进行预估。我们所能做的事情只能是对生命的发展提供帮助。只有大自然才能规定应该遵循的教育方法，因为它已建立起某些法则和决定人类在其发展过程中的各种需要。这是由自然的目的所确定的——即适合于生命发展的各种需要和法则。

（2）童年时期是一个创造的时期

蒙台梭利认为，对于人来说，"生命的最重要时期并不是大学学习阶段，而是生命的第一个阶段，即诞生至六岁时期。因为在这一时期人的智力本身（其最重要的工具）正在形成。但是，这不仅仅是他的智力形成期，还是整个心理能力建构期"。（第19页）儿童刚出生时是一无所知的，没有记忆力和意志力，只是随着时间的推延这种状况才得以改变。然而，人自身存在着一种创造力量。婴儿所采取的奇妙步骤就是从无到有，但要理解这个人类之谜是很难的。

在蒙台梭利看来，儿童具有与我们不同的能力，他所完成的创造是很大的，也就是创造一切。他不仅创造了他的语言，而且形成了能使他说话的器官。他必须构筑一切活动的生理基础，创造我们智力的一切要素以及人所具有的一切。由于这一令人惊讶的创造工作并不是有意识的产物，因此，我们必须把儿童的心理称为"无意识心理"。但是，这种无意识心理并不必然是低劣的，而可以是最有才智的。儿童具有这种无意识类型的智力，正是他之所以获得惊人发展的原因。

但是，蒙台梭利还认为，儿童的发展是从他对周围环境的认识开始的。他是借助于强烈而又奇特的敏感性去吸收的。正是由于这种敏感性，儿童周围的事物激起他如此大的兴趣和如此高的热情，以至于他周围的事物与他的生命结合起来了。儿童并不是依靠其心理，而是依靠其生命本身去吸收这些印象的。人所具有的是创造敏感性，而不是遗传的行为习惯模式。如果这归因于对环境的适应，那个体的整个心理生活显然依赖于儿童在幼儿时期所打下的基础。例如，语言习得在这一方面提供了一个最明显的例子。

基于童年时期的重要性，蒙台梭利强调指出："要影响社会，我们就必须使自己的注意力转向儿童。幼儿学校的重要性就源于这一真理，因为儿童正在建构人类，他们只能运用我们所给予的材料来进行工作。教育之所以能够对儿童产生巨大的影响，那是因为环境是它的手段，因为儿童能够从环境中吸收一切，并在他自己身上显现出来。带着发展的无限可能性，儿童能够很好地成为人类的改造者，就像他是人类的创造者一样。儿童给我们带来了崇高的希望和新的愿景。要把人类带向更深入的理解、更高的水平和更大的希望，我们教师所要做的事情还有很多。"（第58页）

（3）关爱、唤醒和引导每一个儿童

蒙台梭利认为，在母亲的特殊关爱下，经历过第一阶段后，儿童使自己平静而轻易地适应了其环境，并开始走上我们所说的那条独立道路。他从其周围世界中吸收那些行为习惯，并把它们变成他自己的行为习惯。他在这条独立道路上的第一个活动，我们称之为"一种征服"，就是使用自己的感官。因为他还是惰性的，四肢还不能活动，所以，儿童的生活还不可能是活跃的。只有他的心理是活跃的，正在吸收通过其感官而获得的印象。毫无疑问，在吸收各种印象时，儿童是其周围世界的一个积极活跃的探寻者，正在寻找着各种印象。

在蒙台梭利看来，儿童受到了特殊的恩惠。通过他自己的感官，儿童对其视野中的一切事物进行观察，他平等地吸收一切事物。进而说，他并不仅仅通过自己眼睛这一机械照相机手段进行吸收，而是在自己身上产生了一种心理-化学反应，因而这些印象成为其个性的一个组成部分。其结果是，他的心理与环境本身融为一体。

而且，儿童用他自己接受的那些深刻印象来建构其内心深处的自我，尤其是在他的生命初期。这就是说，儿童在婴儿期只是通过其幼稚的能力获得个性特征，这将永远是他的标记——他的语言，他的宗教，他的种族，等等。这是他适应世界的方式，并在世界中发现自我。在这样做的过程中，儿童是欢乐的，其心理也渐渐地变得成熟。

蒙台梭利还认为，儿童护理学最终必将成为关系到每一个文明社会所关注的最永恒而又最深刻的问题。实际上，儿童的抚育是一件具有社会意义的重要事情。一旦儿童能够走到户外去，我们就可以带着他外出，并尽可能多地让他四处看看。虽然儿童不能有意识地理解正在发生的事情，但他将无意识地保存与此相关的印象。这种印象会被他所吸收，并帮助他成长发展。当儿童被带到户外时，我们必须对他进行观察。如果看到儿童对某些事情有特殊的兴趣，那就应该允许他近距离地观看，他愿意观看多长时间就观看多长时间。

因此，蒙台梭利强调指出："最重要的一件事情就是，关爱每一个儿童，不断地唤醒每一个儿童，并引导每一个儿童。"（第89页）她还指出："我们必须把自己摆在儿童的位置上。因此，所有的旧观念都必须颠倒过来，这种具有革命性的观念必须在成人中间得到传播。"（第91页）

2.童年时期的主要特点

在强调童年时期的重要性的同时，蒙台梭利详细阐述了童年时期的十个主要特点。具体包括："人的生命形成是人创造的奇迹"；"诞生时刻在人的心理生活中的重要性"；"新生儿是一个精神的胚胎"；"儿童具有依靠自己进行吸收的心理"；"儿童必须自己建构所有这一切"；"儿童的生命就是工作"；"独立的获得是儿童自然生长的基础"；"'星云'概念的构想"；"环境在儿童成长过程中起着主导作用"；"儿童在幼年时期所形成的一切是难以消除的"。

（1）人的生命形成是人创造的奇迹

蒙台梭利认为，与"预成说"不同，在人的生命形成上，对生命的形成过程进行研究的胚胎学无疑是最令人感到惊讶的科学之一。它告诉我们，

129

每一种动物，每一种哺乳动物，甚至人这个最为神奇的生物，都是从一个最初的单细胞发育到各种简单的形态，就像大多数原始细胞一样没有差别，呈现圆形。这些生殖细胞因其非常微小而令人十分惊讶。这个生殖细胞独立于它的祖先而发展。它所形成的生物是生殖细胞自身的产物。归因于这些不同基因的组合，每个人与其他人都是不相同的。这个开始形成肌体的生物过程就是一个生殖细胞的分裂过程。无论什么器官，其形成过程是相同的。各种器官都源自活性增长中枢，尽管它是无法触及和互不相同的。

在蒙台梭利看来，就胚胎而言，每一个器官都是由一些专门化的细胞形成的，具有它自己起作用的功能，与其他器官的功能是不同的。然而，每一种功能都是人体的健康所必需的。所以，每一个器官的存在和工作都是为了整个身体的正常发展。正在发展的细胞不仅产生了那些器官，而且提供了器官之间发生的内在联系。这是由两个重要的系统，即循环系统和神经系统来完成的。它们比所有的器官都更为复杂，也是与其他器官联系的唯一系统。

因此，蒙台梭利明确指出："胚胎学能够为我们指明一个方向。它成为灵感的一个源泉。……如果我们自己仔细思考这些事实，那么我们就会认识到这些器官——联络器官、肌肉以及与肌体中每一个最微小的细胞接触的神经是多么复杂；如果我们记住所有这一切都源自一个单细胞，那么我们就会使自己体会到自然的所有奇迹和奥秘的魅力。"(第39页)在她看来，从英国博物学家达尔文（Darwin）的进化论学说到荷兰植物学家和遗传学家德佛里斯（H. De Vries）有关细胞的遗传结构改变的"突变理论"，其所出现的真正重要的事情是：胚胎学已能够从抽象的理论阶段走出来，不仅提出了新的观念，而且为实验研究开辟了一条道路。

（2）诞生时刻在人的心理生活中的重要性

蒙台梭利认为，医学心理学从所遵循的儿童发展时期中划出一个短暂而有决定性的阶段,即诞生时刻。这时,正在发生的是一种潜在能量的唤醒。这些潜在能量将承担指引儿童这个"精神的胚胎"去完成巨大的创造工作的任务。对于儿童的发育成长来说,这个最初的阶段是最为重要的,因为在这一阶段所有的神秘力量都已做好了准备。

在蒙台梭利看来,在诞生时刻,心理学家们所说的"诞生的艰难冒险",不是指母亲,而是指儿童。儿童忍受着痛苦但又不能抗议,只是在痛苦和艰难的挣扎结束之后他才能哭出声来。在生命的最初时刻,当新生儿被迅速地浸入一个澡盆时,我们常常看到他的手脚乱动乱抓的情况,仿佛他感受到自己正在下坠。这就是一种典型的恐惧反应。

因此,"诞生恐惧"或"诞生创伤"导致了一些比儿童哭喊和抗议更为糟糕的事情,使得儿童以不正常的方式发展。其结果是一种心理变化,或者宁可说是一种心理能量偏离。这将导致儿童的发展不是沿着我们所说的正常道路,而是偏向一个不幸的方向。由此,蒙台梭利强调指出,诞生时刻"不仅仅是一个艰难时刻,而是关系到整个未来的一个关键时刻"。(第61页)

(3)新生儿是一个精神的胚胎

对于儿童是"精神的胚胎"这一观点,蒙台梭利早在《童年的秘密》一书中就列出一章(即"第二章 精神的胚胎")进行过一定的论述。这里,她又对这一观点进行了更为深入的阐述。

蒙台梭利认为,人在地球上的出现是生命的一个飞跃,是新的生命路程的起点。从诞生起,儿童就必须被看作一个具有重要的心理生活的生命。新生儿在心理领域进行的这项形成工作,恰恰是与胚胎在生理领域所做的工作相关联的。新生儿是一个"精神的胚胎",他面前存在着一个生活阶段,其既不同于他待在子宫里的生活,也不同于他要长大成人的生活。这项诞生后的工作是一种建构活动，是在我们称为的"形成阶段"中进行的。

在蒙台梭利看来，所有的社会和道德习惯都是人在幼儿时期通过神秘的心理力量而形成的，心理学家们把这种心理力量称为"记忆基质"。正是这些社会和道德习惯，形成了一个人的个性、等级情感以及其他各种情感。从这个"精神的胚胎"中，后来可以产生一位天才的艺术家、一位民众领袖、一个圣徒或一个十分普通的人。而且，这些人会具有不同的兴趣爱好，并由此引导他们在社会结构中获得不同的地位。

因此，蒙台梭利强调指出："给予新生儿的最重要的关爱——优于其他所有的事情——必须是对他精神生活的关爱，而不仅仅是对他身体生活的关爱。"（第53页）

（4）儿童具有依靠自己进行吸收的心理

蒙台梭利认为，儿童具有一种特殊的敏感性和好奇性，具有一种吸收文化的能力。人的发展自诞生起已经开始，在生命的最初三年中发展尤为迅速。儿童吸收知识就要直接进入他的心理生活。在吸收的过程中，儿童经历了一次转换，一些印象不仅进入他的心理，而且形成他的心理。这些印象本身在儿童身上得以具体化。儿童创造了他自己的"心理肌肉"，用于吸收在他周围世界中所发现的东西。如果这归因于对环境的适应，那个体的整个心理生活显然依赖于儿童在幼儿时期所打下的基础。

在蒙台梭利看来，儿童的心理能力是一种特殊的心理能力。因此，儿童的学习方式是，他学习一切但并不知道他自己正在学习，并一点一点地从无意识转为有意识；但是，在这个过程中总是充满着欢乐和爱。在某种意义上，儿童的每一种运动都来自某个特定的发展时期。当儿童开始运动时，他那能吸收的心理早已从其周围环境中吸收了。由于直接受一种神秘的、巨大的和奇特的力量的支配，因此，他逐渐实体化。儿童诞生后就开始了他自己的神秘工作，渐渐地形成了个人适应其社会的奇特能力。他一步一步地建构自己的心理，直到具有记忆力、理解力和思考力。当然，儿童在幼儿时期的心理是与我们的心理不同的。

因此，蒙台梭利强调指出："儿童具有一种能够依靠自己进行吸收的心理，这个发现在教育界引起了一场革命。……教育的任务也就变成对儿童的生活和人的心理发展提供帮助……这是为教育所提出的一条新道路，旨在对儿童发展过程中形成心理能量提供帮助，并促使其许多能力得到更大的发展。"（第24页）她甚至十分感慨地写道："如果我们能保持自己在童年时期曾拥有过的这种奇特能力，那该多好啊！那时，我们欢乐地嬉闹、蹦跳和游戏，同时又完整地学习一种新的复杂的语言。如果所有知识进入我们的心理仅仅是作为生活的结果，就像吃喝或呼吸那样不需要做任何更大的努力，那该多么奇妙啊！"（第22页）

（5）儿童必须自己建构所有这一切

蒙台梭利认为，今天的科学成就所带来的每一种新成果都有助于我们对生命秘密的理解。在世界上任何地方，从外观上看，每一个婴儿都是一样的，都是不能行动的、缺乏力量的和毫无用处的。然而，在这个不能行动的生物身上存在着一种综合力量，即"人的创造力"，驱使他自己去形成他那个时代的人、他那个文明社会的人。在利用他所具有的这种有吸收力的器官时，他遵循着整个人类成长发展的普遍规律。

在蒙台梭利看来，儿童的心理一直是依靠自己而发展的。像身体发展一样，儿童的心理发展似乎是遵循自然界的相同的创造计划。人的心理也从一无所有开始或者从看似是一无所有开始。这一过程是通过我们称之为"有吸收力的心理"来完成的。在儿童身上的这些力量中，每一种力量都有它自己的特殊兴趣以及它自己如此活跃的感受形式，因而引导儿童去完成一系列特定动作。在儿童的这些感受性中，任何一种感受性都不能占据整个发展时期。每一种感受性都会为了一种心理器官的构建而尽可能延续。一旦这种心理器官形成了，这种感受性也就消失了。

而且，对于儿童来说，他的"生命力"似乎并不是为了在一系列改进形式中始终不断地达到更大的完善。生物的目的似乎是与环境所需要进行的工作密切相关的。这好像生物就是创造的力量，每一种生物都承担了一种特定的任务。在这个意义上，生物的功能是有关其最感人和最有决定性的东西。在地球上出现的生命，并不是仅仅表现为保护其自身的存在，而是要经历一个对所有创造都必不可少的过程，因而也是一个对所有生物都必需的过程。因此，在儿童身上，除了创造自我和使自己趋于完善的极其重要的冲动力外，肯定还存在着另一种目的，即一种去实现和谐的责任，因而必须做一些为整个生物群体服务的事情。

因此，蒙台梭利强调指出："儿童具有双重职责。如果我们只是考虑其中一个方面——成长发展的职责，那就存在着一种抑制儿童发挥其最大潜能的危险。……儿童诞生时是一无所有的，在这个意义上，他既没有心理特质，也没有先天的运动能力；但是，他本身具有一些决定其发展的潜能，这将使他能够在其周围世界中形成自己的特点。"（第49页）

（6）儿童的生命就是工作

蒙台梭利认为，儿童是与成人不同的，他自己并不是在走向死亡的道路上，而是在走向生活的道路上。儿童的工作就是要形成一个充分健全的人，但是，到了成年时期，那个儿童就消失了。所以，儿童的整个生命就是走向完善，走向更加完美。由此我们可以推断，儿童乐意做完善自我所需要的工作。儿童的生命就是工作——尽到他自己的责任——带来欢乐和幸福。

而且，对于儿童来说，生活的过程就是他自己的一种延伸和扩展。他逐渐长大，也变得更有力量和更有智慧。他的工作和活动帮助自己获得这种力量和智慧。事实上，没有人能够代替儿童做他自己应该做的建构正在形成的人的那个工作，也就是说，没有人能够代替儿童的成长发展。

因此，蒙台梭利强调指出："儿童是与成人相关联的。……儿童的生命是连接两代成人的分界线。儿童所创造的和正在创造的生命开始于一个成人而结束于另一个成人。这就是儿童走过的道路，但这条道路紧紧地围绕着成人的生活。对这条道路的研究给我们带来了新的兴趣和启迪。"（第26页）当然，自然要求父母把爱给予他们的孩子。这种爱是自然的，是一种不需要任何理由的爱，就像为了团结人类的理性愿望而形成的兄弟般关系。如果我们要想充分地研究人类的生命，那么就必须从人类起源的研究开始，也就是说从儿童的研究开始。

（7）独立的获得是儿童自然生长的基础

在《科学的幼儿教育方法》一书的"第五章 纪律"中，蒙台梭利曾论述过"儿童的独立"问题。在本书中，她又专门列出一章（即"第八章 儿童对独立的获得"）来阐述这个问题。

蒙台梭利认为，对于儿童发展来说，一种生命力量促使他自己去进行许多活动。如果他能正常发展而不受到阻碍，那么这种生命力量自身便表现为我们所说的"生命之欢乐"。儿童总是充满热情的，总是幸福快乐的。儿童对独立的获得被称为"自然发展"中的第一步。他的这种发展正是在连续不断的独立水平上获得的，不仅表现在心理方面，而且也表现在身体方面。这是儿童自然发展的道路。例如，儿童学会说话并能与人进行交流，儿童能够迈出趋于独立的步伐。这是大自然赐予儿童的发展机会，赐予他独立并引导他成功地获得自由。实际上，儿童只有通过运用其所获得的独立才能得到发展。

　　而且，儿童想不断获得独立的目的就是能够渐渐地独立生活。他是通过不断的活动而获得独立的；他是通过不断的努力而获得自由的。任何生命都不会停滞不前。独立并不是一种静止的状态，而是一种不断的获得。儿童要获得的不仅是独立，而且也获得力量以及完善自我的能力，因为他必须沿着这条充满艰辛的道路不断前进。

　　但是，在蒙台梭利看来，儿童必须通过工作来获得独立——身体和心理的独立。他希望获得自己的知识、获得世界的经验以及通过自己的努力去感知世界，他对其他人的知识关心很少。当我们给予儿童自由和独立时，就是正在给予一个早已对活动迅速做好准备的创造者以自由，这个创造者若不工作和不活动就无法生存。这与所有其他生命形式一样，阻碍儿童工作和生活就会使他退化。

　　因此，蒙台梭利强调指出："儿童的天性除具有逆行倾向外，其直接目的就是要获得充分的独立。儿童的发展采取了一种努力趋于更多独立的形式。这种发展犹如离弦之箭笔直、迅速和平稳地向前飞行。随着生命的开始，儿童就努力去获得独立。在发展的同时，他不断完善自己，并克服在其发展道路上所遇到的每一个障碍。"（第73页）在她看来，教育就是帮助儿童正在发展的生命。"大自然在赋予儿童生命本身的同时，也赋予儿童自由和独立。大自然在赋予儿童生命时，遵循着有关个体年龄和需求的永恒法则。大自然使自由成为生命的法则：或是自由，或是死亡！"（第79页）

　　后来，在本书的"第十四章　手与智力"中，蒙台梭利又进一步论述了有关儿童独立的发展哲学观念。她这样指出："人通过努力而获得了独立。没有其他人的帮助就能够做事情，这就是独立。如果儿童获得了独立，他就迅速地得到发展，否则，他的发展将是缓慢的。……在儿童获得独立后，继续提供帮助的成人就成为一种障碍。"（第134页）

（8）"星云"概念的构想

在《童年的教育》（1949）一书中，蒙台梭利曾提出并讨论了"星云"概念。在本书中，她又对"星云"概念进行了一些值得关注的探讨。当然，她所使用的星云比喻仅仅是作为一种描述工具。

蒙台梭利认为，在人的生命初期，某些与自然有关的事情肯定会在儿童身上发生。尽管他并没有可以遵循的遗传的行为模式，但他却具有能够驱使其发展的"潜在能量"，并通过运用于外部世界而表现出来。正是在这个基础上，蒙台梭利构想出"星云"概念，将引导儿童从其环境中吸收智慧的创造性力量比拟成作为天体形成来源的布满星星的"星云"。她这样指出："虽然没有遗传的记忆来指引他，但儿童还是会经历充满着潜在力量的**各种无形的星云状欲望**，这些具有指引责任的欲望会在他身上具体化，人的行为方式正是他自己在其环境中发现的。我们把这些无形的欲望称为'星云'。"（第61页）

以儿童语言发展为例，蒙台梭利指出，儿童从语言星云中接受了使他自己形成其母语的适当刺激和引导，但他的母语并不是天生的，而是他在其环境中发现并根据一些既定规则进行吸收而来的。语言星云并不包括儿童注定要发展的那种特殊语言，但他从语言星云中发现自己诞生时构成其周围的每一种语言，每一种语言本身将会在相同的时间得到发展，并遵循相同的程序。在世界上所有国家的所有儿童中，学习语言都是这样的。儿童通过无意识的吸收活动而遗传了建构语言的能力。这种本能也许可以比作生殖细胞的遗传基因，在对生长组织的控制下这些遗传基因形成了一个精确而复杂的器官——这就是我们所说的"语言星云"。如果语言星云并不起作用或者因为某些未知原因而仍然隐而不见，那么儿童的语言就不会得到发展。

因此，蒙台梭利强调指出："儿童因为缺少适应的敏感性，他就不会从其环境中吸收任何东西，或者进行一种不完美的吸收。……有一个非常重要的事实：引导新生儿心理发展的敏感性星云恰如其身体形成中受精卵的基因条件，所以，让我们给予新生儿同样的特殊关爱，就像那些高等动物在其幼崽出生后的短暂时期里所给予的特殊保护一样，那时物种的心理特性正在被唤醒。"（第71—72页）

（9）环境在儿童成长过程中起着主导作用

从《科学的幼儿教育方法》到《童年的秘密》，环境问题一直是蒙台梭利所思考和论述的一个重要方面。在本书中，她又对环境的作用进行了很好的阐述。

蒙台梭利认为，对于儿童教育来说，首要的事情是给儿童提供一个能使大自然赋予他的力量得到发展的环境。因为儿童是从他周围的环境开始吸收的。儿童创造了自己的"心理肌肉"，用于周围所发现的事物。儿童在诞生后就应该使他自己的生活和他的社会群体的所有这些实践活动结合起来。通过在环境中获得经验和练习，儿童的运动变得协调起来，最后他自己将能有目的地进行运动。因为正在发展的儿童使他自己所建构的生命适应其周围的环境，当然，儿童在与其环境的关系上是与成人不同的。成人羡慕他们自己的环境，能够记住和思考这个环境，但儿童是吸收这个环境。儿童所看到的东西并不恰恰是自己记住的东西，而是使这些东西成为自己心灵的一部分。他能够将自己在周围环境中眼睛看到的和耳朵听到的一切具体化。

在蒙台梭利看来，儿童的自然环境实际上就是我们所生活的世界，就是他周围的一切事物。因此，我们必须关注儿童生活的环境。对一个正在成长发展的人来说，环境原本应该是有吸引力的。但是，如果儿童从幼儿早期就对其发展所依赖的环境感到反感，那就必然会阻碍他的正常发展。对儿童来说，吸收始终是困难的和从未完成的。而且，儿童生来就有"征服世界的心理"。通过吸收其周围环境中所发现的一切，他形成了自己的个性。这就是儿童走进世界的最初阶段的标记。如果儿童感到有一种征服其周围环境的冲动，那周围环境肯定对他有着某种吸引力。因此，可以这样说，儿童肯定与他的世界"相爱了"。

所以，从激发儿童的动机出发，环境必须是丰富多彩的，以使儿童对活动产生兴趣和形成他自己的经验。但是，如果儿童对环境的爱遇到了阻碍，而代之以对环境的恐惧，就会使他在心理上感到害怕。对于儿童发展来说，周围的一切应该尽可能地安排得有吸引力。之所以这样做，其目的在于激起儿童的热情和喜爱，以克服冷漠和厌恶。实际上，只有通过儿童自由和环境经验，人类的发展才有可能得到实现。总之，儿童身体发展和心理发展只有通过在环境中进行的自由活动所获得的经验才能实现。

因此，蒙台梭利强调指出："如果我们应该做的事情是对人的心理生活提供帮助，那么我们必须学习的第一课，就是认识到幼儿的**有吸收力的心理**可以从其环境中发现所有的营养。儿童本身的存在及其成长发展必须依赖于其从环境中所摄入的营养。所以，尤其在人的生命开始之时，我们必须尽可能地使其环境是十分有趣的和富有吸引力的。"（第85页）她还明确指出："对我们所有人来说，最必要的是，相信儿童在他自己身上构建一种对其环境的必需的适应，所以，他必须全面而完整地与其环境进行接触。如果儿童不能与其环境进行接触，那么我们就会发现自己面临着非常严重的社会问题。"（第91页）

（10）儿童在幼儿时期所形成的一切是难以消除的

在《童年的秘密》一书中，蒙台梭利就论述过这一观点，指出："如果这样的心理畸变没有在童年时期被矫正，那么这些心理畸变将伴随他的一生。"在本书中，蒙台梭利又一次明确阐述了这一观点，进一步说明了儿童在幼儿时期正常发展的重要性及其特点。

蒙台梭利认为，当儿童想自己做事情，如搬东西、穿衣服和脱衣服等，这时他的冲动是强烈的。但是，我们成人通常做出的反应却是去阻止他做。应该说，当我们这样做的时候，实际上不仅是阻止儿童的发展，而且是违背了自然本身。无论好的还是不好的，儿童在幼儿时期所形成的一切都是难以消除的和根深蒂固的。因此，蒙台梭利强调指出："每个人在幼儿时期所吸收的个性特征将会永远地牢固保存，尽管后来因为某种原因被抛弃，但一些个性特征仍被保存在潜意识的心理中，那是因为在幼儿时期形成的东西决不会完全被消除。……因此，每个成人都具有一种在其幼年时期所形成的难以消除的个性。"（第56—57页）

在蒙台梭利看来，儿童在幼儿时期应该在一个适宜的环境中得到正常的形成和发展。对于个体来说，其整个心理生活显然依赖于在幼儿时期所打下的基础。如果儿童受到了阻碍和干扰，那么就会影响其正常的形成和发展。因此，成人生活的大多数心理障碍可以追溯到幼年时期。对此，蒙台梭利甚至这样指出："这是人类的巨大危险。如果儿童在他的正常形成中没有得到保护，那他将会使自己在长大成人后采取成人的方法对社会进行报复。"（第68页）

在本书的"第十七章　通过文化和想象的进一步完善"中，蒙台梭利又一次明确指出："六岁以前的那个阶段是一个决定性阶段。无论儿童在这一阶段形成怎样的能力，都将在他的一生中被永久保存下来。……无论多么高层次的教育，都不能消除在幼儿时期所形成的东西。"（第157页）

（三）儿童语言、运动和智力的发展

无论儿童的语言和运动发展，还是儿童的智力发展，都有其发展法则。因此，蒙台梭利强调指出："儿童具有他自己的发展法则，如果我们想帮助他发展，那么关键是遵循这些法则，而不是把我们自己的想法强加于他。"（第141页）在这一部分，蒙台梭利主要阐述了儿童语言的发展、儿童运动的发展、儿童智力的发展三个方面。

1. 儿童语言的发展

蒙台梭利对儿童的语言发展进行了阐述，还附有"儿童语言发展的图表"来帮助人们对儿童语言发展的理解。对于儿童的语言发展来说，第一次爆发是字词的爆发，第二次爆发是从字词到句子的爆发，即思想的爆发。但是，在这些爆发出现之前，儿童肯定会进行某种隐秘的准备。蒙台梭利对儿童语言发展的阐述，具体包括："语言是群体思想的一个工具"；"儿童是吸收语言的"；"儿童学习语言的心理机制"；"语言对儿童的召唤"；"语言发展障碍对儿童的影响"。

（1）语言是群体思想的一个工具

蒙台梭利认为，语言不仅使人融入群体和民族，而且是人类与其他生物之间区别的主要标志，还是我们称之为"文明"的那个环境变化的基础。语音本身是没有意义的，其之所以能够表达意思，那只是因为人们同意给予它们一种特定的含义。所以，词是在人类的某个群体成员之间一致同意的一种表达方式，只有那些"了解这些词"的人才能够理解它们。可以说，一种语言是把某个特定人群聚集在一起的一道围墙，而与其他人群分离开来。从语言的发展来看，语言是与人类思想一起发展的。

因此，蒙台梭利明确指出："语言是群体思想的一个工具。"（第95页）"语言确实是一种超智力的表达方式。……语言是高于自然的和超自然的东

西。语言向所有的方向传播，就像一张没有边际的网，其能够表达一切事物。"（第96页）在她看来，人们必须达成一致；为了达到这一目标，人们需要一种共同的语言。

（2）儿童是吸收语言的

蒙台梭利认为，儿童具有创造语言的机制是人类的标志之一。儿童牙牙学语是他自己独立的一大飞跃，是建造整个语言大厦的最初的砖瓦。儿童语言的自然发展犹如自发的创造。儿童的语言是发展来的，而不是教出来的。而且，语言的发展遵循一些既定法则，这些法则在所有的儿童中是相同的。因此，儿童生命的各个时期都显示出同一阶段所达到的语言水平——因为全世界所有儿童重复说一件事情，而不管其说的语言是简单的还是复杂的。

在蒙台梭利看来，在儿童吸收语言的过程中，阴性和阳性、单数和复数之间的区别，以及时态和语态、前缀和后缀之间的区别，都在儿童的说话中得到了运用。因此，语言也许是相当复杂的，具有许多不规则的用法，然而，吸收语言的儿童是把它作为一个整体来学习的。而且，对于儿童来说，他的语言并不是有意识工作的结果，而是在无意识心理状态中所获得的。它在无意识心理最隐秘的深处开始和展开，当它出现时是一种固定的获得。没有儿童会觉得学习自己的母语是劳累的；他的语言机制把母语作为一个简单的整体，而不管其可能是什么语言。但是，我们成人只能想象有意识地学习一种语言会是什么样子，并使自己有意识地致力于这个任务。

因此，蒙台梭利强调指出："儿童是'吸收'语言的。儿童对语言的吸收实际上是深奥的和难以理解的，但我们对它还没有给予足够的注意。"（第97页）她还指出："母亲和整个社会都不要把婴儿与外部世界隔离开来，而应该让他们生活在与成人的接触之中，让他们经常听到发音最为清晰的

言语。"（第110页）

（3）儿童学习语言的心理机制

通过图画和拍照的类比，蒙台梭利认为，就儿童学习语言的心理机制而言，它的工作开始于无意识心理最深的隐秘处并得到发展，其成果才渐渐地固定下来。然后，它才会公开表现出来。在学习语言上，可以看见的儿童进步并不是渐进式的，而是跳跃式的。例如，在某个特定时间，儿童出现了发单音节的能力，但随后几个月他只是发单音节。表面上看起来没有什么进步，但所有一切突然发生了，他说出了一个词。然后，在很长的时间里又没有什么进步，他只能说出一两个词，其进步之缓慢似乎使人感到沮丧。但是，应该知道，儿童的内部生活正经历着稳定而又激烈的扩展。

在蒙台梭利看来，人类的内部发展事实上是在继续进行的，突然间还会有一系列导致迅速变化的表现。于是，在下一次强有力的爆发之前，又进入一个平静而缓慢的发展阶段。同样的事情恰恰也随着人在童年时期的语言发展而出现了。语言的发展并不是平静而缓慢地、逐字逐句地进行的，也会有我们所发现的爆炸现象。这些爆炸现象的发生和表达能力的突然出现会持续到儿童两岁之后。在那时，儿童形成了心理结构和语言表达机制，这是儿童所属的种族和社会阶层所特有的。在人的心理形成中，两岁半是一条分界线。在这一年龄之后，语言组织开始了一个新阶段，持续得到发展但并不是爆炸式的，带有很多的主动性和自发性。第二个阶段一直持续到大约五岁或六岁，在这一阶段中，环境是非常重要的。然而，不管环境是怎样的，儿童的语言已变得更加丰富了。到六岁时，儿童已学会正确地说话，知道并使用母语的规则。

因此，蒙台梭利强调指出："这就是人，他是语言的创造者。他完全是独自做这件事情的，但如果他缺少这种能力，那就不能自发地掌握语言，人类世界就不能始终进行有效的工作。当然，就不会有文明社会的存在。这就是我们在看待儿童时必须采取的正确观点。这是儿童的重要性之所在。儿童使一切事情成为可能。"（第101页）

（4）语言对儿童的召唤

蒙台梭利认为，在诞生时，儿童既不能听，也不能说，但所有一切都在准备出现。儿童具有使用语言和激起说话所需要的运动力量，它们是语言机制的组成部分，大自然就利用这种语言机制来使语言得到最充分的发展。在语言机制中，耳朵的器官中枢用来接受言语声音，嘴、喉、鼻子等的器官中枢用来表达言语声音。就感觉方面而言，听觉器官在某种程度上是与心理生活的神秘活动中心相关的，儿童的语言在其无意识心理的深处得到了发展。从听觉的复杂性和运动的精确性中，可以推断出语言活动需要产生口语。除神经中枢外，儿童肯定还存在着一种特殊的敏感性和一种行动的准备，所以，儿童诞生后就能够开始为说话做准备。

儿童具有一种特殊的语言机制。对于儿童的说话形成来说，因为大自然已构建和区分了这些语言中枢，儿童才在某个时候完全学会了说话。所以，蒙台梭利强调指出："从本质上讲，不是拥有语言，而是拥有这种语言机制，才使人类把语言变成了自己的东西，这就是人类与其他物种的区别。所以，字词是儿童进行的一种创造，这要感谢他发现了可以任由其使用的器官机制。"（第105页）

在蒙台梭利看来，对于儿童的心灵，只有人类的语言才具有唤醒他的力量。人类的声音是一种音乐，字词就是它的音符。它们本身没有含义，但每一个民族都赋予其特殊的含义。大自然就是教师，在它的命令下，儿童首先掌握那些语音，然后是学习音节，遵循着渐进的学习语言过程；接着是学习字词，最后是进入语法领域。因此，儿童确实是一个能够创造奇迹的人。通过语言的发展，儿童不仅学习了那么多的东西，而且他的内心意识已渐渐地觉醒，也采取了更快的节奏。他变得更多地意识到语言与其环境有关联，他有意识地掌握语言的愿望也变得更加强烈。

有些时候儿童虽然心里有许多想法要与其他人进行交流，但因为缺少表达的手段而不能进行表达。这是儿童生命中给人印象非常深刻的一种表现，也给他自己带来了第一次失望。因此，蒙台梭利感慨地指出："儿童的孤立无助是多么容易引起他自己的内心痛苦！要把儿童从这种痛苦中解救出来以及使其内心平静下来，我们对儿童语言的理解将会起到多么大的帮助作用啊！"（第110页）

（5）语言发展障碍对儿童的影响

蒙台梭利认为，对于儿童来说，有一种巨大的内部资源正等待着具体化，儿童会寻找使其具体化的方法，但他必须克服最大的困难。儿童语言发展的所有障碍都来自环境或他自己能力的限制。这是儿童第二次发现适应环境的困难。儿童第一次发现适应环境的困难是在刚诞生之后，他被要求依靠自己机能的作用。因此，蒙台梭利强调指出："对语言的探索既是一个趋于更为独立的艰难历程，也是一个存在着潜在的退化危险的历程。……正如儿童在这一阶段保存了其所学习的对今后生活有用的东西，同时也保存了某些障碍的不良影响。富于创造性的生命的每一个阶段都会有这种双重特性。……正是在这个形成阶段……恰如这些能力继续得到生长和发展一样，同时产生的那些缺陷和困难也是如此。"（第112—113页）

在蒙台梭利看来，语言发展的障碍使儿童得了"心理失语症"。这完全是由心理原因引起的，是一种心理病态的影响。虽然儿童在自己内心深处早已为语言表达准备好一切，但一些心理障碍阻止了他的表达，造成了语言习得的退化。在语言机制的形成时期，这些障碍使得儿童不能清晰地发音，造成了说话结结巴巴或影响了发音的能力。实际上，在语言习得的每一个阶段，都会存在着退化现象。例如，在词的形成机制获得阶段，相应的退化是发音不准、说话结结巴巴；在句子的形成机制获得（表达思想）阶段，相应的退化是造句时犹豫不决。因此，对于语言发展障碍的影响，蒙台梭利明确指出："这些退化形式是与儿童的敏感性相关的。恰如儿童为了创造和增强自己的能力而特别容易接受一样，他进行了过多的反抗。其结果是，对他以后的生活来说，这种受到阻碍的创造性就会以一种缺陷的形式被固定下来。"（第115页）

2. 儿童运动的发展

蒙台梭利对儿童的运动发展进行了很好的阐述，还附有"儿童运动发展的图表"来帮助人们对儿童运动发展的理解。她强调指出："把生命分成两部分，即用四肢进行运动和用脑进行读书，这并非好事。生命应该是一个不可分割的整体，尤其是在人的生命早期，即儿童正在根据他自己的发展法则而形成自我的时期，更应该如此。"（第142页）在蒙台梭利看来，儿童运动的发展尽管是错综复杂的，但它的每一个发展阶段都是清晰可见的。运动的发展是双重性的：部分是与生物学法则有关，部分是同内在生命相联系。不过，这两者都要依靠肌肉的运动。因此，在对儿童进行研究时，我们必须遵循两条发展路线：一是手的发展，二是行走和保持平衡的发展。这种运动哲学告诉我们，不要提供超出儿童所需要的帮助是至关重要的。蒙台梭利对儿童运动发展的阐述，具体包括："运动哲学"；"手的发展"；"行走的发展"；"手和脚具有不同的功能"；"儿童的模仿"；"儿童的活动周期"。

（1）运动哲学

蒙台梭利对运动哲学进行了阐述。她认为，每一种形式的生命都依赖于有引导的运动。每个生物都有它自己的独特运动以及预先确定的目标，在所有不同的活动中存在着一种和谐的平衡，以便相互协调地实现某种目的。工作和运动是不可分离的。人的生活以及最伟大的人类社会生活和运动也是紧密相连的。运动既有其社会性方面，也有其保健性方面。

一是运动的机制。蒙台梭利认为，人体结构主要有三个部分：大脑、感觉器官和肌肉。运动正是所有这些起导向作用的机制精妙工作的最后结果。实际上，人的个性只有通过自身运动才能表现出来。所有运动都具有一种最复杂而又最精致的机制。儿童正是通过外界活动而形成的，并达到完善。因为人有如此丰富的肌肉，所以能够进行任何运动。当他进行运动时，我们并不说他的肌肉是那样强健，而说他的肌肉是那样协调，以及他所有运动的神经调节都应该通过其心理支配的活动来形成和完善。

在蒙台梭利看来，与动物的运动不同，人只具有一种天赋，那就是他能够学习动物的所有运动，并且学习得比动物更好。但是，这需要进行多次重复"练习"。在这个重复练习过程中，肌肉产生了一致的行动，因为神经联络可以用一种无意识方式去发现所需要的和谐，并通过意志提供一种主动性。当然，所有人并不是都沿着同样的道路发展。即使许多人学习相同的艺术，但每个人都会采用一种稍有不同的方式。

蒙台梭利强调指出，一个人的工作性质是通过他的运动表现出来的。因此，教师和父母们应该"理解儿童的工作，并能够更好地引导儿童的工作"。（第128页）虽然一个人不能使用全部的肌肉力量，但有一个使用肌肉的限度；当肌肉使用低于这个限度时，一个人的整个生命是衰弱的。

二是运动的重要性。对于儿童的发展来说，运动是十分重要的。蒙台梭利认为，运动的重要性体现在两个方面。

首先，运动使儿童和外界联系起来。大自然赋予了儿童很多能力，这些能力必须得到发展，不仅是发展，而且还要得到运用。因此，包含大脑、感觉器官和肌肉在内的这个整体结构组织常常被称为联络系统，意指它使人和他的世界（生物和非生物）联系起来，因而也使他和其他人联系起来。没有这一联络系统的帮助，一个人就不能与其周围环境或同伴保持联系。尽管这个联络系统有三个部分，但其是一个独立的整体。作为一个整体，只有当各个部分作为一个整体而协调工作时，它才能变得完善起来。因此，蒙台梭利强调指出："对任何个人的生命来说，运动是那么必要，不仅使他接触周围环境，而且使他形成与他人的关系。在这个意义上，运动是必须得到发展的。运动的重要性就是服务于人的整体，以及人的生命与外部世界的关系。"（第126—127页）

其次，运动有助于儿童心理的发展。由于我们优先考虑的是智力，因此，运动和正在发展的心理之间的紧密联系被忽略了。其最大错误就是孤立地考虑运动，把肌肉仅仅看作为了健康目的而使用的器官，从而必然是使运动生命和精神生命之间产生了分离。而且，迄今为止，几乎所有教育家都认为运动仅仅是增强体质的一种手段。但是，运动和心理实际上是相互联系的。因为当儿童开始运动时，他将会遵循自己心理的指导。所以，蒙台梭利强调指出："心理发展必须与运动联系起来，而且心理发展依赖于运动。……用我们的新观点来看，运动对心理发展本身是非常重要的，运动的发生是与正在进行的心理活动结合的。运动对心理和精神两方面的发展起着促进作用。没有运动，就既不可能有心理上的最大进展，也不可能有心理上的最大健康。"（第123页）

（2）手的发展

蒙台梭利认为，用手抓握物体是儿童运动的最初迹象，开始是无意识的，后来变成有意识的。最早引起儿童注意的是他自己的手，而不是他自己的脚。一旦儿童注意到自己的手，他就会很快地不断抓握或拿起东西，而且由最初的本能活动变成了有意识的活动。在十个月时，儿童对他周围世界的观察已唤起了他对周围世界的兴趣，并渴望去征服周围世界。由于有意识的抓握动作受到了他的期望的驱使，因此，这时儿童已不再是纯粹的和简单的抓握动作，它已成为真正的手的练习，特别表现在到处搬动东西上。儿童的双手一直没有空闲过，可以做那么多的工作，例如，开关小橱和有盖的箱子、推进和拉出柜子的抽屉、取出和盖好瓶塞等。

在蒙台梭利看来，手的活动是人的智力、精神生活和情感的体现。儿童的手与他的心理生活是相联系的。没有手的帮助，儿童的智力发展仍然可以达到一定的水平；但是，如果能得到手的帮助，那么儿童的智力发展就能达到更高的水平，他的性格也能更加健全。因此，蒙台梭利强调指出："人类环境的一切变化都是由他自己的双手带来的。实际上，智力的整个责任仿佛就是指导双手的活动。因为如果人仅仅利用说话来交流他们的思想，仅仅用字词来表达他们的智慧，那么，先辈们就不会留下任何遗迹。幸亏有了手——心灵的伙伴，文明才得以产生。"（第131页）

（3）行走的发展

蒙台梭利认为，对于儿童来说，行走本身是一种全面的练习。行走是一种使身体更加健美的练习。行走是具有特别重要意义的儿童运动，它不仅拓展了儿童活动的范围，而且使儿童学会了平衡。儿童的双脚会不停地四处走动。儿童带着自己的足迹，会到达更高的经验境界。实际上，两岁儿童自然会有行走的需要，因为他必须为自己的未来做好准备。其自然的逻辑是：第一是给儿童教直立的姿态，第二是使儿童行走并变得强壮起来，第三是使儿童能够参与他周围正在进行的生活。这样，儿童成为伟大的步行者，而且有了长距离步行的需求。但是，人们对这一事实没有给以充分的重视，通常的做法不是把婴儿抱在怀中，就是把他放在童车里。

在蒙台梭利看来，儿童的行走观念与我们的行走观念是截然不同的。我们认为，长距离行走是不适合儿童的，那是因为我们想让儿童按我们的步伐行走。但是，儿童所想要的一切就是行走。因为儿童的双腿比我们的双腿短，我们肯定不能使他跟上我们的步伐；相反，我们必须按他的步伐行走。而且，儿童不仅仅用双腿行走，而且还用眼睛行走。对他起驱策作用的东西正是他所看到的那些有趣的东西。例如，看见一只羊在吃草，或者看到一朵花、一棵树等。儿童的行走是走走停停不连续的，但同时又充满了有趣的发现。如果在他前行的道路上存在着某种障碍，例如，一些石头或一根树干等，他也会因此而感到十分高兴。所以，在行走目的上，成人和儿童就会有完全不同的观念。

因此，蒙台梭利强调指出："到处走动和不断发现是儿童的本能，这是儿童天性的一部分，同时也必然会构成他们教育的一个组成部分。在教育者看来，渴望行走的儿童是一个探究者。……所有这一切开启了整个有趣的领域：儿童知道得越多，他们看到得就越多，因而行走得也就越远。……教育的道路应该跟随着人的发展道路，让儿童去行走，让儿童去享受不断开阔眼界的乐趣。通过这种方法，儿童的生活将会变得越来越丰富多彩。"（第141—142页）

（4）手和脚具有不同的功能

蒙台梭利认为，人的上肢（手）和下肢（脚）是服务于不同目的的。简言之，手和脚是具有不同功能的。对所有人来说，通常都具有行走和保持平衡发展的能力。因此，人一旦诞生后就要行走，而且所有人都会采取颇为相似的行走姿态。但是，没有人能告诉我们，某个特定的人将用他的手做什么。儿童只有一岁半时，手的发展与行走和保持平衡的发展发生了联系。在这个时候，儿童希望用自己的手提起一些重的东西，他的腿也必须支撑他自己。

在蒙台梭利看来，就人的脚而言，人是唯一用两只脚行走的哺乳动物，一旦获得了平衡，他就能只靠两只脚保持这种颇有点困难的直立姿态。但是，这种平衡是一种需要通过长期练习才能掌握的技能。然而，就人的手而言，人的双手能够表达自己的思想。对手的发展的指导只能来自于心理。人的手的技能与他的心理发展有着密切关系。手工技能的发展和心理的发展是同步的。从人类在地球上出现起，每一个伟大的文明时代都留下了有代表性的手工艺术品。

因此，蒙台梭利强调指出，在具有技能的手和具有保持平衡能力的脚之间应该做到协调一致。"人的腿是天然的运输工具，可以把人带到他能够工作的任何地方，但要进行工作就必须使用他的双手。人可以行走很长的距离，而且事实上人已占领了整个地球。"（第132页）

（5）儿童的模仿

蒙台梭利认为，儿童一岁半这一年龄完全有可能成为教育上的一个转折点。因为这时儿童的上肢已准备和下肢协调一致起来，其人格也将得到发展。随着两岁时的"语言爆炸"的到来，他将很快进入一个真正的全面发展阶段。因此，面对儿童发展的这一阶段，我们必须给以特别的关注，以免破坏生命的自然倾向；我们必须做好准备，以对这种努力提供帮助。

在蒙台梭利看来，儿童在生命的这一阶段已开始进行模仿。当然，在儿童能够模仿之前，他首先必须去理解一切。传统的观念认为，儿童只要通过模仿并依样去做就能成长了，这实际上是推卸我们的责任。我们的观念主张，给儿童树立一个好的楷模，并强调所有成人尤其是教师成为好的楷模的重要性。但是，重要的是，儿童在能够模仿之前，他自己必须为这样的模仿做好准备，而这种准备来自他已做出的努力。因为由成人树立的楷模仅仅给儿童提供了模仿的目的或动机，并不会保证模仿的成功。事实上，儿童一旦开始模仿，常常会比给他树立的那些楷模做得更好。

因此，蒙台梭利强调指出："没有一个人能仅仅通过模仿而成为伟人的。楷模可以唤起人们的希望和激起人们的兴趣。模仿的愿望可以驱使人们去努力。但是，在能够到达顶点之前，需要大量的训练是毋庸置疑的。自然本身告诉我们，在教育领域，模仿需要做好准备。儿童的最初努力并不在于模仿，而在于*形成自己的模仿能力*；他们的目的是想把*自己变成所期望的人*。"（第138页）

（6）儿童的活动周期

蒙台梭利认为，童年时期的儿童正在试图做某些目标明确的事情。他试图做的事情在我们看来似乎是荒唐可笑的，但他必须去完成。因为他身体内的生命冲动命令他这样做。例如，来回地搬运重物，不停地上下楼梯，等等。所以，让儿童的活动周期自然地发展是极其重要的。当然，各种间接的准备也是重要的。可以说，我们的全部生活都间接地使我们为自己的未来做好准备。

在蒙台梭利看来，如果儿童的活动周期被打断的话，其后果将是人格偏差、漫无目的和毫无兴趣。所以，不管我们偶然看见儿童在进行什么样的智力活动，即使在我们看来是荒唐可笑的或违背我们意愿的，我们都不要去干扰他。因为儿童始终必须完成他所渴望的活动周期。许多儿童的神经疾病都可以追溯到成人对儿童活动周期的不适当干扰。当然，儿童所进行的活动必须是对他自己没有伤害的。

因此，蒙台梭利强调指出，儿童的"活动周期必须是完整的"。（第139页）她还指出："这种活动并没有任何外在目的，其目的主要是给儿童提供协调他们自己动作所需要的练习。……儿童活动的表面目的并不是他的活动的主要目的。儿童所做的一切都服从于他的内在冲动。只有在做好准备之后，他才能模仿成人。"（第140页）

3. 儿童智力的发展

蒙台梭利指出，智力的发展使得人与动物区别开来。指导双手的活动就是智力的整个职责。儿童通过文化和想象进一步完善了自己。文化能够改变人自身，恰如它能够改变自然界给人提供的环境。所以，人被赋予了一些不可思议的神秘力量。蒙台梭利对儿童智力发展的阐述，具体包括："无意识发展和有意识发展的分界线"；"通过活动进行构建和完善"；"自发的文化活动"；"儿童具有伟大的想象力"；"感官训练的作用"；"胚胎形式是儿童自身发展的基础"。

（1）无意识发展和有意识发展的分界线

蒙台梭利认为，儿童的"心理胚胎期"和"生理胚胎期"两者有着明显的区别。尽管儿童在三岁前是一个无意识的创造者，但他被我们忽视了，似乎从人类的记忆中被抹去了。在儿童生命的初期，他是完全依赖于我们的。他不能照顾自己，除非我们成人或受天性的引导或受科学的启迪而去了解他的心理发展方式，否则我们就可能成为他发展的最大障碍。但是，在三岁时，儿童的生命似乎重新开始了，因为意识这时闪烁出它的全部光芒，辉煌夺目。

在蒙台梭利看来，在无意识发展和有意识发展这两个阶段之间，似乎存在着一条明显的分界线。在前一个阶段，不可能存在有意识记忆。只有在意识产生之后，我们的人格才能够统一，因而才会有记忆力。但是，极为遗憾的是，当三岁儿童向我们走来并对我们致意时，我们发现，他是一个我们无法理解的人。这表明，把我们与儿童联结在一起的纽带被自然地割断了。

因此，蒙台梭利强调指出，从三岁至六岁，儿童开始了一个真正的构建阶段，他能够有思考地和有意识地应付他的环境。他以前所创造的那些被隐藏的能力现在能够展现出来，因为他有机会在他周围世界中有意识地获得经验了。他的手受理智的支配而开始从事人类所特有的工作。儿童过去仿佛通过一种无意识的智力去吸收世界，而现在是"用他的手去占领"世界。正因为如此，蒙台梭利把儿童的发展称为"从无意识的创造者到有意识的工作者"。这确实是一个发人深省的重要观点。在本书中，她还把这句话作为第十六章的标题。

（2）通过活动进行构建和完善

蒙台梭利认为，三岁至六岁阶段是儿童通过活动进行构建和完善的一个阶段。尽管儿童的心理能力一直不断地从世界中进行吸收，但他现在在吸收中得到了活动经验的帮助，使之更加充实。因为吸收已不再纯粹是感觉器官的事情，他的手也参与其中了，成为其"心灵的抓握器官"。儿童表现出一种强烈的倾向，渴望触摸一切事物，并对每个事物注视一下。他的双手一直在做事，他十分忙碌但又十分快乐。他的智力还需要一个给他提供活动动机的世界来促使其发展，因为心理在这个形成时期仍然必须得到进一步发展。在所有这些活动中，儿童也许可以说是在玩耍，但这种玩耍是引导儿童去获得对他未来所需要的各种新的力量。因此，这一时期被蒙台梭利称为"神圣的游戏时期"。在这一点上，蒙台梭利的观点与德国幼儿教育家福禄培尔的观点是颇为相似的。

在蒙台梭利看来，儿童唯一的想法就是参与正在他周围进行的活动。他需要做这些事情以服务于自己的目的，即与自我发展相联系的目的。所以，在"儿童之家"里，给儿童提供他所需要的一切东西，以便儿童能模仿他在家里或在他所生活的国家里所看到的那些行为；此外，还有一些专门为儿童所制作的器具，其大小正好适合于儿童的身材和体力。儿童可以自由行走、说话以及从事一些智力性和建构性的工作。

因此，从美国著名教育家杜威（J. Dewey）教授在纽约城竟然买不到一些专门供儿童使用的小型器具的经历中，蒙台梭利十分感慨地指出："儿童不仅在这方面被遗忘了，而且在其他许多方面被遗忘了。儿童是**被遗忘的公民**，在他所生活的世界中什么都不是为他提供的，而其他人是应有尽有。"但是，看到"儿童之家"在一个真实世界中给儿童提供一些他们真正需要的东西，使得儿童的整个人格改变了，蒙台梭利又高兴地指出："儿童不仅获得了欢乐，而且开始了他创造一个人的工作。"（第147页）

（3）自发的文化活动

蒙台梭利认为，受其本性规律的驱使，这一年龄阶段的儿童会在他们周围世界中去发现一些积极的经验。为此，他们使用了自己的双手，不仅是为了实际的目的，而且是为了知识的获得。在"书写爆发"之后，儿童更加敞开自己的心灵之门，变得对知识更加渴望。当这些现象渐渐展现时，我们要做的首先是给儿童提供适宜的环境，并让儿童自由选择我们所提供的各种活动手段。儿童的心理能够获得文化的年龄要比我们通常假设的年龄早很多，但他吸收知识的方式是通过包括运动在内的某些特定活动。因为只有通过活动，儿童才能够在这一年龄阶段进行自发的吸收。

在蒙台梭利看来，这是一个词汇量增加最迅速的年龄阶段。仿佛儿童渴望一些新词。如果他没有得到帮助，那么他在获得这些新词时将是费力和随意的。所以，为了促进他的工作，我们可以尝试把他将需要的那些字词汇集起来，并有步骤地提供给他。值得注意的是，儿童们不仅热情高涨地把这些字词学会了，而且还要求学更多的词。因此，蒙台梭利指出："确

实，这一年龄阶段的儿童对字词的渴望是无法满足的，他们对字词的学习能力也是无穷无尽的。"（第151页）

（4）儿童具有伟大的想象力

蒙台梭利认为，儿童在有关世界的观念的形成中，也可以借助于一种无形的心理能力，即想象力。她强调指出："儿童具有伟大的想象力。"（第152页）"对三岁至六岁儿童来说，他们的心理不仅能借助理解力来洞察事物之间的关系，而且能通过想象力在心理上对那些不能直接观看到的事物进行想象。……想象力是发现真理的一种力量。儿童的心理并不是一种被动的东西，而是一种正在尽力燃烧的火焰、一种从不熄灭而永远燃烧的火焰。"（第153页）

蒙台梭利还认为，这一年龄阶段的儿童总是那么好奇，不断向我们提出各种问题。如果我们把这些问题看作一种渴望求知的心灵表达，而不看作一种烦恼，那么我们就会发现它们是有启迪作用的。但是，这一年龄阶段的儿童还不能领悟太长的解释，因此，游戏、想象和提问无疑是这一年龄阶段的儿童的三个基本特征。在某种意义上，儿童做事的方式是给予我们无穷无尽启示的一种基础。

（5）感官训练的作用

蒙台梭利认为，感官是人与环境的连接点，凭借这些感觉经验，心灵能够变得十分灵敏。感官是世界的探索者，打开了通往知识的道路。对于儿童来说，感觉材料对他的观察提供了一种引导。感官教具给儿童提供一把引导他去探索世界的钥匙，以拓展他的视野，使他比在无知的或未受教育的状况下能够更仔细地看到更多的东西。作为一种文化形式，感觉在完善人格和丰富天赋能力上的作用并不亚于说话和书写。教一个受过感官训练的儿童与教一个没有受过这种帮助的儿童是截然不同的事情。因此，蒙台梭利强调指出："如果不把感官训练看作某种包含智慧和动作两方面的整体活动，那么就永远不可能有什么感官训练。……儿童运用我们的感官教具进行工作，不仅使他的双手获得了更高的技能，而且使他对外界刺激的感知达到了更高的程度。"（第158页）

蒙台梭利还认为，心理的这两种能力（即想象力和抽象力）超越了对实际上所呈现的事物的简单感知，并在心理内容的建构中共同起着作用。要使字词的无限积累和丰富成为可能，一方面需要一个精确的字母表，另一方面需要一些语法规则。用精确性建构的心理可以称为"精确的心理"。在我们的儿童中，精确性倾向的证据本身是以许多惊人的自发的方式表现出来的。因此，蒙台梭利强调指出："感官教具不仅可以看作对探索环境的一种帮助，而且可以看作精确心理的一种发展。……儿童的数学倾向可能因为缺少发展精确性的机会而受到损害，这对他今后的发展是不利的。所以，我们把感觉材料看作一个*物化的抽象思维体系或一个基础的数学知识体系*。"（第161—162页）

（6）胚胎形式是儿童自身发展的基础

蒙台梭利认为，在儿童发展的最初阶段，他就设计了一种类似织布工所使用的经纱。这是胚胎形式的一个结果。由语言中所发生的情况类推，儿童吸收了一种形式，并成为他的一个组成部分，就像生物结构成为胚胎的一个组成部分一样。这种形式是强有力的和有创造力的，使人格具有某种形式。在他的胚胎生命的产后期（或心理期），儿童从周围世界中吸收了那些与其群体的社会生活相符的独特形式，也就是说，他首先吸收的并不是其种族的实际的精神财富，而仅仅是吸收由精神财富产生的那些形式。一旦这种形式在儿童内部被建立起来，那就成为一些固定的特征，就像他的母语一样。

因此，蒙台梭利强调指出："一个人自身后来的发展是无止境的，但它永远是建立在这个基础上的。……人的心理是在一个本身就富有创造性的基础上形成的，但其形成是在诞生后的那个阶段，因为人的心理自身形成必须以吸收外界为基础。这具体表现为形成一个基础，从而使每个人都成为其种族群体的一员。自古以来，人类的不同群体之间的差别如此连续地保持下去，并逐步形成各自的文明。"（第165—166页）

（四）儿童的性格形成和正常化

在这一部分，蒙台梭利主要阐述了儿童性格的形成和类型、儿童性格的缺陷、儿童性格缺陷的解决和治疗、儿童性格应该趋于完美状态、清除儿童性格建构的阻碍、儿童的专注力和意志力、儿童占有欲的类型七个方面。

1. 儿童性格的形成和类型

（1）性格的形成

蒙台梭利认为，尽管过去的教育学把性格培养放在一个重要的位置，教育者也试图培养重要的人格因素，但对性格的观念仍然是模糊不清的。最近的性格研究发现，它包括身体因素、道德因素、智力因素、意志力、个性、遗传等。现在，性格学已得到了发展，几乎成为性格研究科学的一门新的分支学科。然而，所有人的研究都是从成人而且还是从抽象的成人开始，或者是从被看作一个生物的成人开始的，因而就忽视了幼儿。其结果是，从遗传一下子就跳到了成年时期，从而留下了一个尚未被探究的空白。但是，几乎没有人试图去填补这个空白。

然而，在蒙台梭利看来，她的研究恰恰就是去探究这个空白，把有关性格的一切都看作与人的行为密切相连的表现。每一个时期儿童的典型心理特征是不同的，不同个体的心理特征也是有差别的。她强调指出："第一个时期是一个具有创造性的时期。虽然诞生时儿童是没有性格的，但性格的根基就在这一时期。〇岁至六岁是人的生命最重要的时期，也是性格发展最重要的时期。……尽管每一个时期与其他两个时期基本上是不相同的，但前一个时期为后一个时期打下了基础。一个人要在第二个时期正常发展的话，那他必须在第一个时期得到很好的发展。"（第169页）她还指出："在生命的最初两三年里，儿童可能受到将改变他整个未来的影响。如果他在这一阶段受到伤害，或遭受暴力，或遇到一些严重的障碍，那么其结果就是人格可能产生偏离。随之而来的是，儿童会因遇到的障碍而使其性格发展受到阻碍，或者会因促进他性格发展的自由而得到欢乐。"（第170页）

蒙台梭利还认为，在怀孕和妊娠期间，在诞生和诞生后的阶段，如果儿童得到了科学的养护，那么他在三岁时就应该是一个完美的个体。但这个理想从未实现过，因为除了其他一些原因外，还有许多障碍的干扰。

（2）性格的类型

蒙台梭利认为，几个世纪以来，社会群体对儿童进行了以下分类：一是性格缺陷需要进行矫正的儿童；二是性格好（被动的）并可以作为典范的儿童；三是被认为超群的儿童。后两类儿童属于所谓受人喜爱的类型，父母为他们感到非常自豪，尽管他们（特别是最后一类）在自己的同伴中一点也不受欢迎。但是，在"儿童之家"以及所有那些仿效它的学校里，"一旦儿童从对他们有吸引力的一种工作中进行吸收，他们身上的这些特征也就消失了。所谓坏的特性、好的特性和超群的特性全都消失了，只剩下一种儿童，他没有那些特性。这表明，世人还不能评价儿童性格上好的特性和坏的特性，也不能评价取代它们的那些特性。我们一直在思考的观点被证明原来是错误的"。（第176页）

在蒙台梭利看来，儿童的真正愿望是一直不停地工作。他们遵循着一种内在指导，忙于进行一些给他们带来宁静和欢乐的活动，每一个儿童的活动都是不同的。当儿童置身于一种允许他们得到发展和进行有序活动的环境时，他们渐渐表现出新的面貌。换句话说，他们形成了一种全人类所共有的心理类型。这种变化几乎使儿童的心理类型统一起来。所以，儿童从一种状态到另一种状态的转变始终伴随着一种双手利用真实物体进行的工作，伴随着一种专心致志工作的精神，这可以被称为"正常化"。正常化就是通过专心致志于一种工作而发生的。

2. 儿童性格的缺陷

蒙台梭利对儿童性格缺陷的阐述，具体包括："儿童性格缺陷的分类"；"儿童性格缺陷的产生"；"儿童性格缺陷的影响"。

（1）儿童性格缺陷的分类

蒙台梭利认为，由于儿童性格的缺陷很多，因此，更好的办法是对儿童所有的性格缺陷进行分类。它们可以分成两类。

一类是强势型（反抗和克服所遇到的障碍）儿童表现出来的那些缺陷。其表现为：反复无常、有暴力和易怒倾向、不服从和过分自信。占有欲是常见的，这会导致自私和妒忌。还有，目的不稳定性、不能集中注意力或全神贯注、很难协调双手的动作、心理混乱并充满幻想、爱喧闹、欺负更为弱小的儿童和动物、很贪吃等。

另一类是弱势型（屈服于不利条件）儿童表现出来的那些缺陷。其表现为：天生是被动消极的；懒惰和懒散；总是希望使自己欢乐，但又容易厌倦；依附于成人；常常撒谎（自我保护的一种消极形式）或偷拿一些东西（心理补偿的另一种形式）。还有，明显缺乏食欲、晚上做噩梦、紊乱的睡眠等。

（2）性格缺陷的产生

蒙台梭利认为，儿童的性格缺陷是在不利于其正常和健康发展的条件下产生的。每一种性格缺陷都是由于儿童在他早期受到的某些错误对待而造成的。如果儿童在这一时期被忽视了，那么他们的心理就是空白的，因为他们没有机会去建构其心理内容。许多儿童尤其是那些强势型儿童，在他们的家庭里并不受欢迎。他们是有疾病的，但其身体却是健康的，这不可避免地导致了他们的恶劣行为。一般地，这些性格缺陷是儿童在他早期所遇到的不幸的结果。

但是，那些消极类型或衰退类型的儿童很少引起人们的关注，他们的行为也没有问题。母亲认为自己的孩子是乖巧和顺从的，因为他没有做任何错事。母亲把孩子对她的依附看作喜爱她的表现。但后来她注意到，孩子的动作和说话都是迟钝的，孩子不能用自己的双脚在地上站稳。

（3）性格缺陷的影响

蒙台梭利认为，所有这些性格缺陷都会对儿童的心理生活和智力发展产生影响。因此，一个六岁儿童可能表现出一些并非真正属于他自己的特征，这样他就是一个缺乏个性和不能进行学习的儿童。除这些性格缺陷外，他的自卑情绪将引起其他的缺陷，这样他将会成为一个无用的人。

所以，我们应该对儿童提供积极的帮助，换句话说，我们应该通过自己的教育方法对儿童起作用。但是，在蒙台梭利看来，如果忽视儿童或错误地对待儿童，那他在〇岁至三岁阶段所产生的性格缺陷就不可能得到及时的矫正。因此，这些性格缺陷不仅会保存下来，而且会更加严重。例如，在六岁时，一个儿童可能还带有他三岁之前所产生的一些偏离和三岁之后所产生的其他缺陷；而且，六岁后，这些性格缺陷将会影响对人生具有重要意义的第二个时期。

3.儿童性格缺陷的解决和治疗

蒙台梭利认为，如果我们理解了每个儿童按其本性都要经历的建构性活动周期，那么，所有这些问题都是可以得到解决的。如果使儿童处在一个被允许获得活动经验的环境之中，他们就可以在那里自由地运用自己的能力以促进心理发展。在他们周围的环境里有许多有趣的事情可以做，他们能够自主地重复那些练习，并保持着专注力。一旦儿童达到了这一阶段，他们就能够专心致志地工作，并把注意力集中在自己确实感兴趣的一些事情上，因此他们的性格缺陷就消失了。应该说，对儿童无序状态的治愈，正是他们通向新生活的大门。虽然受到阻碍而未能充分发展的儿童常常表现出某些性格缺陷，但当他们通过工作而变得正常化时，这些性格缺陷就会消失。

因此，蒙台梭利强调指出："这些问题并不是道德教育的问题，而是性格形成的问题。无须成人的任何说教或任何榜样，性格缺乏或性格缺陷本身都将会消失。人们不需要对儿童进行恐吓或哄骗，唯一需要的就是使儿童生活在'正常化环境'之中。"（第175页）当然，在蒙台梭利看来，在诞生后的新生儿阶段（〇岁至三岁）所产生的那些缺陷，可以在三岁至六岁阶段的实践中得到矫正。

此外，蒙台梭利还给母亲们提出了建议：一旦孩子开始明智地进行一些工作，就不应该给他们提供不必要的帮助，也不应该打断他们的工作。如果让孩子沿着一条他能够组织其行为和建构其心理生活的道路发展，那么所有一切都将是美好的。儿童的烦恼将不再会出现，他的噩梦将会消失，他的消化功能将会变得正常，他的贪吃欲望也将会减弱。

4. 儿童性格应该趋于完美状态

蒙台梭利认为，对于儿童来说，没有性格，也就没有"内驱力"。儿童的性格是他们自己在三岁和六岁之间所进行的漫长而又缓慢的连续不断的活动结果。这种对周围世界的适应能力是在人生的头六年里出现的，从中我们可以找到儿童性格的起源。

在蒙台梭利看来，就性格的类型而言，那些非常接近完美状态的人是最强大的人，或者因为他们具有更多活力的能量，或者因为他们是其周围环境条件中更为幸运的人。这类人被认为是具有最坚强性格的人。那些具有较少的能量或者曾遇到过更多的障碍的人被认为是性格较弱的人。前者感到他们自己身上有一种趋于中心（即完美状态）的自然向心力；后者容易走向反社会或成为社会之外的人。尽管太多的人需要得到支持来帮助他们自己提升，但如果世界继续使现今需要革新的教育保持原状，那么人类的水平甚至还会下降得更低。

因此，蒙台梭利强调指出："什么是完美状态呢？完美状态就是具有一切美德，并达到最高的水平。……我们所说的性格是指趋于进步的人的行为（尽管常常是无意识的）。这是一般的趋向。人类和社会必须在进化中得到进步。……一个人在精神上达到了一种高水平，就会推动社会的进步。"（186页）

5.消除儿童性格建构的阻碍

蒙台梭利认为，现今的教育是令人感到羞辱的，那是因为它产生了人的自卑感，并人为地降低人的各种能力。教育机构体制设置一种限制，使得所传授的知识远远低于自然的水平。就如人们可以继续健步疾走时，它却提供拐杖。这是一种基于人的更低能力而不是基于人的更高能力的教育。正是在这个创造时期，儿童的性格建构却受到了阻碍。所以，我们应该做出努力以重新达到人类的真正水平，让儿童运用他们自己的创造力。如果性格遵循其形成的自然方式，那么世界就需要一种完全不同的教育，以消除人为的限制。实际上，受到欢迎的这些品质是在人生的这个创造时期形成的，但是，如果那时这些品质还没有机会形成的话，那么它们后来就永远不会形成了。

因此，蒙台梭利强调指出："儿童是人类精神的建构者，影响他自由发展的障碍就是墙上的石头，人的心灵已被这些墙上的石头禁锢起来了。"（第192页）在新教育中，"我们需要在适当的时间对人的自我完善提供帮助，这样人类就能够去做一些重要的事情。社会已经建起了一些高墙和屏障，但是，新教育必须推倒这些高墙和屏障，恢复自由的视野"。（第187页）

6.儿童的专注力和意志力

蒙台梭利认为，在儿童的发展中，他的专注力形成是其以后所产生的一切的基础。如果专注力不固定下来，那么儿童的形成发展就不会开始。没有专注力，儿童就会被他周围的那些物体所支配。因为他感觉到每一个物体的召唤，他的注意力会从一个物体转到另一个物体。但是，一旦儿童的注意力集中于某个物体，他就成为他自己的主人，并能对他周围的世界进行控制。

而且，应该注意到，在专注力之后的将是意志力。这是现今已逐渐展现的儿童性格的另一个特征。实际上，儿童的重复练习并没有外在目的，在人的性格形成中，这标志着另一个阶段的开始。在这里起作用的意志并不是儿童的意志，而是自然的意志。

因此，蒙台梭利强调指出："儿童是在自然法则的指引下决定自己行动的。……内在力量影响着儿童的选择，如果某些人替代了这种内在力量的指引作用，那么儿童的意志力和专注力两方面的发展就会受到阻碍。所以，如果我们想让儿童获得这些能力，那么我们必须做的第一件事情就是使他不受成人的支配。"（第189—190页）

7.儿童占有欲的类型

对于儿童来说，一个非常普遍的性格特征就是占有欲。在蒙台梭利看来，儿童的占有欲分为以下两个类型。

（1）占有欲的第一种类型

蒙台梭利认为，在正常儿童中，他的自由是对各种各样的事情都感兴趣，从而导致他不把自己的注意力集中在事物本身，而集中在他从这些事物中所获得的知识上。因此，他的占有欲经历了一个转化过程。事实上，儿童的占有欲似乎是与毁坏欲相伴而生的。一个儿童有对占有某个东西的强烈渴望，但一旦占有了这个东西，他就会丢掉它或毁坏它。这表明，这个东西只是一时对儿童有吸引力，接着就被放在一旁了。以得到一块手表为例，儿童会把手表打开，仔细地看着那些使手表转动而连接在一起的齿轮和杠杆。这意味着，他想要的不是物体本身，而是对物体的理解。

（2）占有欲的第二种类型

蒙台梭利认为，这是儿童对了解物体如何工作感兴趣。这种智力占有欲本身表明，当儿童如此强烈地被其环境所吸引时，他"爱上了"自己的环境。这使得儿童极其小心地对待环境，并极其精心地处理环境中的一切。如果占有的渴望被一种智力兴趣所激起，那表明占有欲已提升到更高的水平，这将会引导儿童趋向于求知。在这种更高的兴趣中，替代占有欲的是对理解、热爱和奉献的渴望。同样，好奇心可以在科学研究中得到升华。好奇心是一种探究的动力。一旦儿童感受到一个物体的魅力，他将变得对所有物体的保护具有热情。例如，儿童之前在花园里毁坏植物，而现在他们观看植物的生长，数着它们的叶子，测量它们的高度。因此，蒙台梭利强调指出："只有工作和专注力才能给儿童带来知识和爱，才能产生一种变化，即使那个先前被隐藏的具有理智精神的人展现出来。……儿童是人类精神的真正创造者。"（第192页）

（五）社会发展与儿童发展

在这一部分，蒙台梭利主要阐述了儿童环境的重要性、社会生活的魅力、儿童的社会意识形成、构建一个儿童社会群体四个方面。其中，"构建一个儿童社会群体"显然是她提出的一个有创意的观点。

1. 儿童环境的重要性

蒙台梭利认为，儿童发生变化的原因正是精心为他们准备的环境。对儿童发展来说，他必须学会如何集中注意力，为此他需要能使自己专心致志的物体，这表明了儿童环境的重要性。事实上，"儿童之家"就是儿童能够找到的允许他自己进行这种工作的一个场所。例如，为儿童的环境设置了各种小物体，让儿童根据自己的喜好选择那些物体。大自然为人格和社会生活两者制定了建构计划，但这个计划只有在有利于其实现的环境中并通过儿童的活动才能实现。因此，蒙台梭利强调指出："一旦我们创造了一个所有一切都适合于儿童发展需要的环境，那我们已做了产生这个现象所需要的一切事情。"（第213页）而且，这种环境是体现社会生活的，因为社会依赖于各种和谐活动的结合。因此，在"儿童之家"中，尊重他人和等候轮流的观念已成为日常生活的一部分，并使儿童发展得更为成熟。蒙台梭利甚至这样指出："这样的一种建筑具有更多的保护作用，几乎可以称之为'心理建筑'。"（第193页）

蒙台梭利还认为，儿童在环境中应该能够很好地照料自己和解决所遇到的困难，使自己的需求得到满足。除特殊情况外，应该让儿童自己去解决这样的问题。虽然在每一个阶段都存在着这样的问题，但这给面临这些问题的儿童们带来了极大的欢乐。如果我们进行干预的话，那他们就会感到烦恼；如果让他们自己去解决，那他们就会找到一种方法。然而，令人遗憾的是，教师的通常做法就是进行干预，但由于她的解决方法与儿童的解决方法是不同的，这就破坏了儿童社会群体的和谐。对儿童的生活来说，应该在一个积极活跃的社会群体之中。因此，蒙台梭利强调指出："幼儿的教育是重要的，尤其是三岁至六岁儿童的教育，因为这一阶段正是性格和社会情感形成的胚胎期，就如诞生至三岁时期是心理形成的阶段、诞生前的时期是身体形成的阶段。三岁至六岁儿童所得到的发展并不是取决于说教，而是取决于引导他精神建构的自然天性。这些就是人类行为的最初起源，只有在自由和有秩序的适宜环境中才能得到发展。"（第212页）

2. 社会生活的魅力

蒙台梭利认为，对儿童来说，其更高水平的性格完善是通过社会生活而达到的。社会生活的魅力就在于：一个人遇到了各种类型的人。因此，在儿童中存在着一种明显的集体感。这种集体感是以高尚的情感为基础的，促进了集体的团结。在情感生活达到一个高水平的环境中，儿童的个性就得到了正常的发展，并形成了一种可以使人们感受到的吸引力。儿童们具有一种帮助弱者的本能，激励和安慰弱者，这是一种促进社会进步的本能。儿童们的行动表明，一旦他们实现正常化，就会具有这种情感。正因为如此，蒙台梭利明确指出："理解年龄大的儿童正在做的事情使年龄小的儿童充满了热情。年龄大的儿童很高兴他们能够给年龄小的儿童教自己所知道的东西。这样，儿童不仅不会产生自卑情绪，而且每个儿童都能通过精神能力的相互交流而得到健康的正常发展。"（第198页）

由此，在儿童社会的组成方式上，蒙台梭利提出了混龄分组。因为在儿童教育中，重要的是能够把不同年龄的儿童安排在一起，使他们之间相互帮助。这样，在不同年龄儿童之间存在着一种交流与和谐，存在着一种自然的"心理渗透"。蒙台梭利以"独生子"为例，指出带六个不同年龄孩子的母亲要比带一个孩子的母亲简单得多。所以，她强调指出："依据年龄进行分离是人们能够做的最残忍的和最不人道的事情之一。对儿童来说，确实也是如此。它隔断了儿童与社会生活的联系，剥夺了社会生活给儿童提供营养。……这是一种人为的隔离,阻碍了社会意识的发展。"（第196页）

3. 儿童的社会意识形成

蒙台梭利认为，形成社会意识的第一步使我们回想起"家庭精神或部落精神"，因为在原始社会里，个人热爱、保卫和尊重他自己的群体，这成为其生存的目标和目的。当儿童不仅开始对这个群体产生兴趣，而且尽力为这个群体工作时，可以说他们是全心全意投入的。一旦儿童达到了这一水平，他们就不再是盲目地行动，而是把群体放在首位，并努力实现群体的利益。儿童之间这种团结的产生是自发的需求，是受一种无意识力量所指引的，是受一种社会精神所激发的。蒙台梭利把这种现象称为"社会群体的凝聚力"。

在蒙台梭利看来，对儿童来说，他们的社会意识是大自然所赋予的一个礼物，它既不是通过任何教育进行灌输的，也与任何形式的模仿、竞赛或个人利益完全无关。然而，这是儿童通过他们自己的努力而取得的一个结果。在实现建构计划的过程中，儿童展现了社会生活在其自然发展的过程中必须经历的那些阶段。这种支配和凝聚一个社会群体的团体生活与社会融合是紧密相关的。因此，蒙台梭利强调指出："人类社会也许可以提供一个不缺乏这种社会融合的例子。这就是受到大自然的神奇力量所指引的儿童社会。我们必须尊重和珍惜它，因为无论性格还是社会情感，都不是教师所给予的。性格和社会情感是生活的产物。但是，我们一定不要把这种自然的社会凝聚力与支配人的命运的成人社会组织混淆起来。这种自然的社会凝聚力仅仅是儿童发展的最后阶段，几乎是社会胚胎的神圣而又神秘的创造。"（第205页）

4. 构建一个儿童社会群体

蒙台梭利认为，六岁后不久，儿童就自发地产生另一种生存方式，即群体完全有意识地组织起来了。于是，儿童想了解人们用来指导其行为的习惯和法律，希望有一些领导者来承担管理社会群体的职责。这植根于儿童社会的凝聚力。正沿着这条道路发展的儿童组合为一个社会群体，其比我们成人的群体更为完美。因此，蒙台梭利明确指出："为人类社会的准备就建立在儿童活动的基础之上，儿童正是受其天性需要的驱使而活动的……只是通过个人的目的以及每个人承担他自己的工作，那是不能形成一个社会的。"（第207页）

在蒙台梭利看来，有凝聚力的社会秩序是一种自然现象，其本身必须在自然的创造性刺激下自发地形成。这里应该有两种相互联系的社会，一种社会植根于心理的无意识创造区域，另一种社会来自有意识活动的社会生活。换句话说，一种社会开始于幼儿期，另一种社会是由成人控制的，正是因为儿童有吸收力的心理使他自己吸收了民族的特征。儿童将这些心理特性聚集起来并使之具体化，通过这种方法形成了他自己的个性。所以，他成为一个有某种特定语言、某种特定宗教和某种特定社会习俗的人。因此，蒙台梭利强调指出："我们真正的苦难并不是对死亡的恐惧，而是对我们已失去的乐园的了解。最大的危险在于我们的无知。我们知道，如何从牡蛎的贝壳中发现珍珠，如何从矿山中发现黄金，以及如何从地球的深处发现煤矿，但是，我们并不知道，当儿童进入我们的世界以使人类得到更新时其本身所隐藏的精神胚胎和创造性星云。"（第210页）她还指出："重要的是创造本能，而不是说教，因为创造本能是实在的。儿童依据他们的天性而活动，并不是因为教师的告诫。善行必须源于相互帮助，源于来自精神凝聚力的团结。儿童已给我们展现，这种社会是通过凝聚力而创造的，而凝聚力正是一切社会组织的基础。"（第212页）

（六）儿童的服从和纪律

在《科学的幼儿教育方法》和《童年的秘密》中，蒙台梭利都论述过儿童的纪律和服从问题。但值得注意的是，在《有吸收力的心理》中，她又进一步阐释了儿童的纪律和服从问题。在这一部分，蒙台梭利主要阐述了纠正错误就是改善自己、确立错误控制原则、儿童意志和服从的关系、儿童服从的三个阶段、儿童混乱无序的三种现象及其特征、儿童纪律的形成道路、可以看到的秩序和纪律、奖励和惩罚是多余的八个方面。

1. 纠正错误就是改善自己

蒙台梭利认为，每一个人都会犯错误。这是生活的事实之一。但是，随着我们的生活进程，许多错误本身自然地就得到了纠正。例如，幼儿开始用他的脚左右摇晃地蹒跚学步，有时还会跌倒，但最后他能够很好地行走。他通过成长发展和获得经验纠正了自己的错误。事实上，我们会不断地犯错误，而且我们自己也不会去纠正错误。那是因为我们没有认识到自己的错误，并且生活在一种脱离实际的幻想状态之中。

与此同时，蒙台梭利还认为，自认为是完美无缺的和从不注意自己错误的教师不是一位好教师。如果在严密的科学中对错误的判断是重要的，那么在我们的教育工作中就更为重要。因为对我们来说错误是特别重要的，要纠正错误或消除错误，我们就首先要了解错误。所以，蒙台梭利强调指出："无论我们用什么方法去看，我们总会看到'错误先生'的存在！如果我们追求完美，那么我们必须注意自身的错误，因为只有通过纠正自己的错误，才能使我们自己得到改善。我们应该不时地正视自己的错误，并把这些错误看作我们整个生命中不可避免的事情。"（第215页）

2. 确立错误控制原则

蒙台梭利认为，应该确立错误控制原则。因为错误控制原则是一条科学原则，也是一条趋于完美的路径。在学校里，无论教师、儿童或其他人做什么事情，都必然会出现错误。因此，我们需要把错误控制这条原则作为学校生活的一部分，也就是说，重要的并不是如此多地纠正错误本身，而是每一个人都应该意识到自己的错误。每一个人都应该有一种检查错误的方法，这样他就能知道自己所做的事情是正确的还是错误的。在蒙台梭利看来，"错误控制"原则就如同任何种类的指针，它告诉我们是正在向自己的目标前进还是偏离自己的目标。

蒙台梭利还认为，对于儿童来说，犯错误是他们生活的一种自然现象。但是，如果儿童没有意识到他们正在犯错误，对自己的错误完全不在乎，那么就会觉得纠正错误是教师的事情，而不是他们的事情。所以，儿童应该能认识自己的错误并进行纠正。在蒙台梭利看来，就儿童最初用于圆柱体嵌入练习的那套教具而言，它既适应了改善儿童感觉的需要，也适应了改进儿童对错误控制的需要。通过了解错误和纠正错误，儿童具有了审慎、自信和经验，这对他的整个人生旅程来说确实是一种财富。因此，蒙台梭利强调指出："仅仅告诉一个人他是聪明的或愚笨的、灵敏的或迟钝的、好的或坏的，那只能适得其反。儿童必须自己明白能够做什么，重要的是不仅给予他教育方法，而且给予他一些能够使他知道自己错误的指示物。"（第218页）此外，她还指出："错误把人们分开，但纠正错误又是人们团结的一种手段。……错误本身成了有趣的事情。它成为人和人之间的一条纽带，也成为人和人之间友情的一种黏合剂。这特别有助于儿童和成人之间形成融洽的关系。"（第219页）

3. 儿童意志和服从的关系

蒙台梭利认为，在大多数人看来，儿童意志和服从这两方面是对立的，而且，应该用我们的意志来替代儿童的意志以及强迫儿童服从我们。这表明，人们正在尽一切可能摧毁儿童的意志。因为所制定的纪律是以威胁和恐吓儿童为基础的，所以，人们最后得出结论：不服从的儿童是坏孩子，服从的儿童是好孩子。但是，在蒙台梭利看来，这种观念的根本错误在于：假设一个人在能够服从之前，也就是在他能够接受和遵从另一个人的命令之前，他的意志必须被摧毁。把这一推理运用到智力教育上，那就是在我们能够给予一个人任何知识之前，我们必须抑制他的心理。

蒙台梭利还认为，服从被视为儿童内部发展的东西，其发展在很大程度上采用了与他性格的其他方面的相同方式。首先，它纯粹是受策动力所支配的；其次，它提升到意识水平后就一步一步地发展，直到受有意识的意志控制。在儿童的生命中，一旦他有意识地和主动地做出一个动作，表明这种力量已开始进入他的意识，这时他的意志开始得到发展。因为意志是自然的一部分，所以，意志只能在服从自然法则中得到发展。在适当的情况下，意志是一种有助于激发生命的力量。

在蒙台梭利看来，我们的目的应该是培养意志，而不是压制意志。我们不仅应该给儿童使用其意志的一切机会，而且应该消除直接抑制儿童意志的阻碍。如果教师不能正确认识儿童意志和服从的关系，那么他就会成为一个肤浅的人，甚至成为一个傲慢的人。因此，蒙台梭利强调指出："意志和服从是相辅相成的。具体来说，在发展的次序上，意志是一个居先的重要基础，而服从是在这个基础上得到发展的。……服从是人类生活的一种自然现象，是人类的一个正常特征。"（第224页）

4. 儿童服从的三个阶段

在《科学的幼儿教育方法》一书的"第二十一章　对纪律的一般评论"中，蒙台梭利曾对儿童服从的三个阶段做过一些论述。在本书中，她对儿童的服从又进行了更为详细的阐述。蒙台梭利明确指出，服从一直就意味着：

教师和父母告诉儿童做什么，儿童通过执行他们的命令做出反应。在儿童服从的自然发展中，存在着三个阶段或三个水平。

（1）服从的第一个阶段

蒙台梭利认为，在这一阶段，儿童有时服从，但并不是一直服从。这可能给人们留下儿童是任性的印象，服从并不只是取决于我们习惯上所说的"良好意志"。儿童的服从是与他偶然达到的能力水平密切相连的。三岁之前，儿童是不能服从的，除非他所接受的命令与他的本能冲动相一致。这是因为他还没有形成自我。实际上，如果儿童还不能服从自己的意志，那就更不能服从某些人的意志。这就是儿童可以有时候成功地服从但并不是一直服从的原因。因此，蒙台梭利指出："我们把服从的第一个阶段水平概括为：儿童能够服从，但并不一直服从。这似乎是一个服从和不服从相互交织的阶段。"（第227页）

（2）服从的第二个阶段

蒙台梭利认为，在这一阶段，儿童始终能够服从，或者宁可说，儿童不再有因缺少意志控制而带来的任何障碍。他的能力已得到巩固，不仅受他自己意志的引导，而且也受其他人意志的引导。儿童能够吸收其他人的意愿，并用他自己的行为表现出来。这是现代教育始终追求的最高形式的服从。一般教师所要求的只是儿童的服从；但是，当儿童被允许遵循其天性法则发展时，他肯定远远超出了这一点，远远超出了我们的期望。

（3）服从的第三个阶段

蒙台梭利认为，在这一阶段，儿童并不是停留在运用其新获得的能力上，而是他的服从变成了一种其觉得优越的个性。儿童突然发现自己能够从这种更美好的生活中得到引导，从而激发了新的热情，使自己变得急切地渴望服从。例如，肃静游戏、呼唤游戏就提供了检验儿童意志力的手段。

通过这些游戏,儿童的意志力发展是令人难以置信的。因此,蒙台梭利指出:
"服从力是意志力发展的最后阶段,它反过来又使服从成为可能。在我们的
儿童中,服从所达到的水平是如此之高,也就是说,无论教师提出什么要求,
他们都能立即服从。"(第229页)

5. 儿童混乱无序的三种现象及其特征

蒙台梭利认为,儿童的混乱无序存在着三种现象,并会表现出各自不
同的特征。

(1)随意运动的混乱无序

在蒙台梭利看来,这并不是指隐藏在运动后面的目的,而是指运动本
身。其主要表现为不协调或缺少配合。运动笨拙的儿童在运动中会表现出
其他的特征,例如,行为举止粗鲁、动作忽动忽停、运动摇摇晃晃和大声
乱喊乱叫等。但是,一种使早期运动灵巧协调的教育本身将会减少随意运
动中的混乱无序。

(2)很难或不能把注意力集中在真实事物上

在蒙台梭利看来,这是儿童的随意运动混乱无序的另一个特征。儿童
的心理喜欢在幻想王国中漫无边际地到处游荡。在用卵石或干枯的树叶进
行游戏时,儿童说起来就仿佛他正在巨大的桌子上准备美味可口的盛宴,
他可能想象自己长大后过着最奢侈的生活。但是,心理越是脱离其正常功能,
就变得越是枯竭。其实,儿童的幻想本身是微不足道的,就如阴影、卵石
和干枯的树叶一样。可以肯定的是,脱离现实的漫游的心理不可能得到健
康的正常发展。

(3)模仿的倾向

在蒙台梭利看来,这种现象与前面两种现象是密切相关的。这种模仿
倾向会变得更为敏捷和迅速。这是儿童本身弱点的一种表现,也是两岁儿

童正常特征的一种体现。这种模仿倾向是一种意志的表现，但并没有准备好工具，也没有找到合适的行为方式，而仅仅是仿效其他人。儿童并没有走在趋于完美的道路上，而像一条没有舵的船在海上随风漂流。在一群儿童中间，这种模仿态度扩散和传播了个体的缺陷，因而必然引起退化的产生。这种退化愈加严重，那要使儿童服从某个人呼唤他们朝着美好方向发展就会变得愈加困难。

然而，蒙台梭利最后强调指出，尽管儿童存在着混乱无序的现象，但"一旦使儿童走上正确的道路，那么由这种混乱无序而产生的各种后果很快就会消除"。（第234页）

6. 儿童纪律的形成道路

蒙台梭利对儿童纪律的形成道路进行了探讨，阐述了一些富有独特性的观点，具体包括："自由和纪律的关系"；"纪律通过练习而形成"；"教师对儿童的呼唤"。

（1）自由和纪律的关系

蒙台梭利认为，自由和纪律是相互联系的。在儿童社会群体中出现的纪律是自发形成的。真正的自由是一种发展的结果，而这种发展是在教育帮助下积极主动的发展。因此，蒙台梭利强调指出："自由和纪律是同一枚奖章的两个面，因为科学的自由能导致纪律。"（第250页）她还指出："自由中的纪律似乎解决了一个迄今为止未能解决的问题。其答案就是：通过给予自由而获得纪律。这些拥有自由的儿童集中专注力进行他们的工作，每一个儿童都在完成不同的任务中进行吸收；但是，他们都属于同一个群体，都表现出良好的纪律。"（第177页）但是，蒙台梭利也明确指出："如果自由被理解为'让儿童想做什么就做什么''让他们使用或更像是滥用那些可以得到的东西'，那么结果显然只能是：儿童的'性格偏离'将会无约束地

扩展，他们的心理畸变将会增加。"（第180页）

（2）纪律通过练习而形成

蒙台梭利认为，内在纪律是将要出现的东西，而不是已经存在的东西。当儿童把注意力集中在对自己有吸引力的以及不仅给他提供有益的练习而且帮助他控制错误的某些物体上时，纪律也就形成了。正是通过这些练习，儿童的心灵产生了一种奇妙的整合，因而变得平静、愉悦、幸福和忙碌，从而忘记自我和练习的结果，对奖品或物质奖励不感兴趣。所以，蒙台梭利强调指出："这些征服他们自己和他们周围世界的小征服者是真正的超人，给我们展示了人的心灵的巨大价值。"（第231页）

（3）教师对儿童的呼唤

蒙台梭利认为，当三岁儿童第一次来到学校时，能够引导他达到有纪律的平静状态和非凡智慧的那种高级力量还处于睡眠状态。在儿童内部，智慧和纪律正等待着被唤醒。虽然压制再一次对儿童起作用，但他还没有完全被征服，或者说，他的心理偏离还没有严重到我们的努力将会是徒劳的地步。因此，面对这种情况，教师必须记住，对隐藏在这些十分单纯而又丰富的幼小心灵中的能力提供必要的帮助，并通过自己的声音和思想向他们发出呼唤，使他们振作起来。蒙台梭利强调指出："一种坚定而强有力的呼唤才是对这些幼小心灵的真正的仁慈行为。我们不要害怕摧毁邪恶，我们害怕的只是善行的摧毁。正如我们必须在一个儿童能够回答之前呼唤他的名字，所以，如果我们希望他觉醒的话，那么就必须强有力地呼唤他的心灵。"（第234—235页）当然，在她看来，解决呼唤问题的具体细节必须留给教师自己来做出判断。

7. 可以看到的秩序和纪律

蒙台梭利认为，要使可以看到的秩序和纪律出现，教师就要使儿童进行一系列准备练习，同时能够理解儿童的状况。尽管秩序是不稳定的、纪律是非常脆弱的，但在儿童发展的关键时刻，教师必须起着两种不同的作用：一是对所有儿童进行监督；二是对个别儿童进行指导。所以，正确地进行普遍监督和个别指导是教师能够帮助儿童发展的两种方式。对教师来说，在与个别儿童进行交往时，绝对不要忽视整个班级的儿童；必须让所有这些正在漫游和寻找生活的幼小心灵感受到她的存在。而且，在儿童获得注意力和专注力之前，教师必须学会控制自己，以便使儿童的精神得到自由发展和表现其力量。即使在帮助和服务儿童时，她也必须不停地观察他们，因为在一个儿童身上形成专注力就是像花蕾突然开放一样的微妙现象。因此，蒙台梭利深刻地指出："当儿童的工作是完美的和增加的时候，就如春天里盛开的鲜艳花朵以及准备在秋天里收获味道甜美和营养丰富的果实的时候一样。"（第241页）

8. 奖励和惩罚是多余的

早在《科学的幼儿教育方法》中，蒙台梭利就明确提出取消外在形式的奖励和惩罚。后来在《童年的秘密》中，她又指出奖励和惩罚是无效的。在《有吸收力的心理》中，蒙台梭利再一次强调指出奖励和惩罚是多余的。

大多数教师认为，应该通过奖励和惩罚这两股缰绳来引导儿童的纪律和服从。但是，蒙台梭利明确指出，学校的儿童是自由的，但这并不意味着学校是没有组织的。虽然在教师和儿童之间存在着一种明确的关系，但教师绝对不能通过表扬儿童的工作或者惩罚做错事的儿童来干涉儿童。在过去的时代，教师总是给愚笨的儿童套上驴耳朵，对书写不好的儿童打手心。然而，在蒙台梭利看来，即使教师把世上所有的纸都用来做驴耳朵，即使他们把儿童的小手都打烂，这实际上都是无用的。因此，她强调指出："假设儿童已使自己开始认真工作了，那奖励和惩罚这样的补充措施就是多余的，其只会影响儿童的精神自由，因此，在像我们学校这样致力于保护儿童自发性和以促使儿童自由为目标的学校里，奖励和惩罚显然是没有必要的。而且，自由地寻求工作的儿童也表现出，奖励和惩罚对他来说完全是不重要的。"（第214页）

（七）"蒙台梭利式教师"的准备

尽管在《科学的幼儿教育方法》中蒙台梭利没有列出论述"教师"的专章，但"教师"是她十分关注的一个重要方面。后来，在《童年的秘密》中，她专门列了"教师的任务"一章（第二部分第一章）。在《有吸收力的心理》中，她又专门列了"教师的准备"一章（第二十七章）。在这一部分，蒙台梭利主要阐述了"蒙台梭利式教师"的使命、教师通常要做的三个阶段工作、儿童和教师的关系、儿童是爱的源泉四个方面。

1. "蒙台梭利式教师"的使命

蒙台梭利认为，在旧学校里，教师就是一个独裁者，顽固地坚守一些不合理的规则，并接受错误观念和偏见的引导。与之相比，"蒙台梭利式教师"的使命始终是以永恒和正确的东西为目标的。具体来讲，教师的任务就是给儿童指明趋于完美的道路，给他们提供教具和消除障碍，并从教师自己可能提供的那些工作开始。教师的责任就是随时随地向儿童学习，并竭诚为儿童服务。作为帮助儿童生活的人，教师应该成为儿童的解释者，而不能摧毁儿童的意志。对教师来说，他应该成为一位活跃敏锐的和充满活力的人，努力了解童年的秘密；他应该学会控制自己，不干涉儿童的努力。在蒙台梭利看来，只有当教师学会区分时，她才能成为儿童的观察者和指导者。

谈到教师训练，蒙台梭利认为，这种训练不仅包括知识学习，而且包括人格培养。此外，就教师和医生相比，两者的必要准备并没有什么不同，医生需要实践经验，教师也需要实践经验。因此，蒙台梭利强调指出："打算成为一位'蒙台梭利式教师'，必须采取的第一步就是使自己做好准备。一方面，她必须使自己具有丰富的想象力；另一方面，她必须清楚了解蒙台梭利式教师和传统学校教师之间的主要区别。传统学校教师往往注意学生的直接行为，因为他知道必须照管好他们和教给他们什么；而蒙台梭利式教师不断寻找学生身上潜在的力量。……当教师开始工作时，她必须具有一种信念，即儿童将通过工作展现自己。她必须使自己消除有关儿童可能达到的水平的一切先入之见。"（第242页）

2. 教师通常要做的三个阶段工作

蒙台梭利明确指出，教师通常要做三个阶段工作：第一阶段是注意儿童的环境；第二阶段是注意如何对待儿童，帮助儿童自己行动、决定和思考；第三阶段是注意不干涉正在专心地进行练习的儿童。

（1）第一阶段的工作

蒙台梭利认为，在这一阶段，教师应该成为环境的保护者和管理者。所有教具都要仔细地摆放整齐，使之美丽、有光泽和完美。对于儿童来说，它们看起来总是新鲜的、完整的和随时可用的。同时，教师应该注意自己的角色，不要因儿童坐立不安而造成自己心情纷乱。这意味着，教师也必须是有吸引力的，在仪表上是和蔼可亲的，并保持整洁和干净，镇静而又庄重。因为对于赢得儿童的信任和尊敬来说，教师的仪表是第一步。教师应该注意自己的行为举止，尽可能地文雅和得体。因此，蒙台梭利强调指出："注意儿童的环境是教师的第一个职责，也是她最重要的职责。虽然环境对儿童的影响是间接的，但是，如果教师不很好地注意环境的话，那就不会对儿童的身体、智力和精神产生有持久效果的影响。"（第243页）特别值得注意的是，蒙台梭利还认为，教师的仪表构成了儿童生活环境的一部分，教师本身是儿童世界最重要的一部分。

（2）第二阶段的工作

蒙台梭利认为，在这一阶段，教师应该考虑如何对待儿童的问题。对这些不守秩序的年幼儿童，对这些懵懂无知和变化无常的幼小心灵，教师必须是有魅力的，吸引或"引诱"他们专注于工作。教师必须像火焰一样用其温暖去激励所有儿童，使他们充满生气和受到振奋。但是，蒙台梭利强调指出："当一个儿童专心致志于他的工作时，教师必须克制自己而不要去干扰他，以免打断他的重复活动或阻碍他的自由发展。"（第244页）不过，当一个儿童干扰其他儿童工作时，教师应该采取的正确方法就是马上阻止其干扰活动。还有，在儿童能够集中注意力之前，教师可以或多或少做她认为是最好的事情，可以对儿童的活动进行她认为是必要的干涉。

（3）第三阶段的工作

蒙台梭利认为，在这一阶段，教师必须是最谨慎的。当儿童开始对其中一种教具表现出兴趣时，教师一定不要干扰他，因为儿童的这种兴趣不仅是符合自然法则的，而且儿童开始了一种新的活动周期。不干涉儿童意味着不要以任何方式去干扰他。实际上，教师提供的关爱服务于儿童的内在需要或者当这种内在需要被发现时，它并不是作为一种帮助，而是作为一种自然的和自发的东西。因此，蒙台梭利强调指出："使教师取得成功的那个重要原则正是：一旦儿童开始专注于工作，教师就表现得仿佛儿童不存在似的。"（第245—246页）在她看来，这正是教师最经常犯错误的一个阶段。

3. 儿童和教师的关系

蒙台梭利认为，儿童和教师之间的关系是一种精神上的关系。教师所服务的是儿童的精神，而不是儿童的身体。当儿童的精神表现出它的需要时，教师就必须迅速做出反应，帮助儿童自己去行动、去思考和去决定。这就是教师为儿童精神服务的艺术，一种通过实践而达到完美的艺术。此外，教师通过了解和体验童年的秘密，不仅对儿童有了更深的了解，而且还获得了一种新的爱。这种爱既是对儿童个人的爱，也是对隐藏的儿童秘密的爱。在蒙台梭利看来，为儿童服务，就是意识到为解放人的精神服务。这意味着，对那些为达到这一目的而正在起作用的力量提供帮助。这将是未来社会组织的基础。因此，蒙台梭利强调指出："当人的精神和智力发展达到其应有的水平时，我们所有'无法解决的问题'都将得到解决。"（第250页）

蒙台梭利还认为，教师应该认识到，儿童是真正的成人之父。如果教师满足了委托给他的这群儿童的需要，她就会看到在社会生活中绽开令人惊讶的鲜花，就会看到儿童心灵的这些表现，并使自己心中充满欢乐。当儿童向教师展现出他们的真正天性时，她也许第一次理解了爱的真正含义。因此，蒙台梭利这样写道："了解童年的秘密，以便使我们按照公正的法则和遵从神圣的旨意去理解儿童、热爱儿童和奉献儿童。"（第251页）在她看来，儿童天性的表现也改变着教师，触及教师的心灵，并促使教师慢慢地改变自己的观念。在教师觉得自己已经提升到一个前所未有的高度之前，正是儿童促使了他的成长。

4. 儿童是爱的源泉

在《有吸收力的心理》的最后一章（即"第二十八章　爱及其源泉——儿童"），蒙台梭利论述了儿童是爱的源泉。她强调指出："这种心理吸收所有的东西……并使它们在正在成长的人身上具体化。儿童承担这种具体化工作，以实现与他人的平等和使自己适应同他们一起生活。……**有吸收力的心理**愉悦地接受一切，对所有一切都抱有希望，平等地接纳贫困和富有，接受其同胞的任何宗教信仰、偏见和风俗习惯，并使这一切体现于自身。这就是儿童！如果儿童没有这种有吸收力的心理，那么人类在世界上任何不同的地方都不能达到稳定的发展。……有吸收力的心理构成了人所创造的社会的基础，我们可以在温柔而幼弱的儿童外表上观察到这一点。儿童凭借他的爱的美德解决了人类命运的神秘难题。"（第256页）由此，蒙台梭利向人们大声疾呼：在人类创造的所有奇迹中，必须关注儿童的奇迹。

（1）爱的本质

蒙台梭利认为，爱的伟大情感孕育了所有人的生命。爱的力量觉醒将会触动人的心灵。如果我们想使世界达到和谐，那就应该更多地考虑这种爱。儿童是每个人的温柔和爱的情感的唯一聚合点。只要谈到儿童，人的内心就会变得十分温柔和亲切。整个人类都享受了儿童所唤起的这种深切情感。每当我们接触儿童时，我们就触及了爱。因为聚集在儿童周围，我们会变得温柔和亲切，就会感受到生命之源所燃烧的生命火焰的温暖。爱并不只是一个理想，爱一直是并将永远是一个客观实在。因此，能够激发爱的潜在力量和揭示爱本身的每一个贡献，都应该受到热烈欢迎和高度重视。

（2）爱的力量

蒙台梭利认为，人类的爱是永恒的。人类创造了一切，但如果没有爱，那将会导致一无所有。但是，这种爱是诞生在我们中间的每一个年幼儿童的天赋——如果儿童爱的潜能得到了发展，或者爱的全部价值得到了实现，那么我们所获得的巨大成就将是无法估量的。在所有生物中，只有人类能够使其所接受的这种爱的力量得到升华，并能得到越来越多的发展。珍惜这种爱的力量是人类的义务。因为通过这种爱的力量，人类还能够把用自己的双手和智慧所创造的一切结合起来。因此，蒙台梭利在本书的最后一段这样写道："我们必须研究和利用这种爱的力量，其超过对我们周围的其他任何力量的研究和利用，因为这种爱的力量并不是自然赋予环境的，而是自然赋予我们人类的。对爱的研究和利用将把我们引向爱的源泉——儿童。如果人类如其愿望所指引的，希望达到全人类的拯救和团结，那么，这就是人类在他的痛苦和忧虑中必须遵循的道路。"（第260页）

三、《有吸收力的心理》的世界影响

由于蒙台梭利在《有吸引力的心理》一书中对幼儿的心理发展进行了精确、简洁、通俗和科学的阐释，因此，该书引起了教育界以及社会人士的极大兴趣，对世界各国幼儿教育改革和发展产生了广泛的影响。自1958年《有吸收力的心理》的英文本出版后，仅仅到1982年时，该书就重印了7次（1959、1961、1963、1964、1967、1973、1982）。该书的英文本译者克莱蒙特在"英文本译者说明"中这样指出："如果我把《有吸收力的心理》这本书誉为人类历史上任何时代出现的最重要的一本著作（《圣经》除外），那我会对自己的说法表示怀疑。然而，如果要我说出对人类的未来福祉更重要的一本书，那我确实还说不出有哪本书能超过这本书。"

在1995年重版的《有吸收力的心理》一书的"前言"中，美国蒙台梭利学会（American Montessori Society）主席麦克尼科尔斯（John Chattin McNichols）也强调指出："《有吸收力的心理》是一本人人爱读的颇有趣味的著作，清晰地展示了蒙台梭利的真知灼见，其远远超出了她同时代人的观点。该书把她对儿童发展的创新性见解和关于一种新的教育方法的陈述结合了起来……今天，蒙台梭利教育方法必然会继续发展和有所变化，以体现儿童如何学习和成长的新知识，但人们仍然会忠于她对儿童的尊重和热爱。"

美国《纽约时报》专栏作家克雷默在他撰写的《玛丽亚·蒙台梭利：

传记》一书中也这样指出："蒙台梭利在《有吸收力的心理》一书中所阐述的那些幼儿教育理念至少在该书1949年出版后的几十年里得到了人们的普遍接受。"

通过蒙台梭利对幼儿独特的心理能力的精确、简洁和通俗的阐述，《有吸收力的心理》一书无疑能对那些想了解幼儿心理发展秘密的人提供一些理论指导和帮助。可以相信，所有热爱儿童、渴望探究儿童并献身于幼儿教育工作的教师，关爱自己孩子成长发展的广大父母，以及其他对蒙台梭利幼儿教育理念感兴趣的人，都会从本书中得到不少启迪。

附录一

蒙台梭利幼儿教育心语100则

一、儿童教育

1

我们面对着一个值得重视的问题——儿童的社会问题。……在强迫我们自己深入研究人的形成规律时，儿童的社会问题能够帮助我们寻求一种新的理解，从而给我们新的启迪，并为我们的社会生活提供一个新的方向。

——《童年的秘密》1939年英文版，"序言"，第 vi-vii 页

2

为了重建这个社会，需要完成的最紧迫的任务之一就是重建教育。这一目标必须通过为儿童提供一个适应其生活的环境来实现。最重要的环境就是我们的周围世界和其他的环境，例如，家庭环境和学校环境。这些环境必须与儿童的那些创造性冲动相对应，并能满足这些创造性冲动。

——《童年的教育》1949年英文版，第100页

185

3

这就是新教育和旧教育之间的区别。我们需要在适当的时间对人的自我完善提供帮助，这样人类就能够去做一些重要的事情。社会已经建起了一些高墙和屏障。但是，新教育必须推倒这些高墙和屏障，恢复自由的视野。

——《有吸收力的心理》1958年英文版，第187页

4

就新教育的目的而言，首先是发现儿童和实现儿童的解放。我们可以说，与之有关的首要问题，就是儿童的生存方式，简单地讲，就是儿童的生活。

——《童年的秘密》1939年英文版，第129页

5

我们可以把儿童比作一个钟表，用传统的方法教学就好比我们握住钟表的旋轮不动而用手指来回拨弄钟面的指针。……相反，新的方法是不同的，它也许可以比作给钟表上发条的过程，会使整个机芯转动起来。

——《科学的幼儿教育方法》1912年英文版，第229页

6

事实上，我们还没有认识到，真正成为社会负担的是我们正在忽视人的创造力，正在粗暴地对待自然本身赋予每一个儿童的财富。然而，这些正是能够把整个世界带向一个更高水平的道德价值和智力价值的源泉。

——《有吸收力的心理》1958年英文版，第210页

7

如果教育要进行改革的话，那就必须以儿童为基础。……一些更深入的实验很快就证明：所有儿童都具有这些天赋能力，因为教育仅仅在六岁后才可能的错误观念使得儿童那些最珍贵的时间被浪费了，所以，他们的

发展受到了极大的阻碍。

——《为了新世界的教育》1946年英文版，第4—5页

8

儿童具有一种能够依靠自己进行吸收的心理，这个发现在教育界引起了一场革命。……我们不能通过教学来实现它，也不能直接干涉儿童所经历的从无意识到有意识的过程——形成人的能力的过程。这样，整个教育观念就改变了。教育的任务也就变成对儿童的生活和人的心理发展提供帮助，而不再是一种强迫儿童记住我们的字词及其含义的任务。这是为教育提出的一条新的道路。

——《有吸收力的心理》1958年英文版，第24页

二、童年时期

9

儿童不是按照逻辑来行动的，而是遵循自然来行动的。正是自然规划了他必须走的道路。……自然为他们制定了一条道路，使他们自己通过摆脱成年个体的约束而沿着这条道路发展。因为存在着指引发展和形成的自然法则，如果个体要形成其性格和内在自我，那么他必须遵循这些自然法则。

——《有吸收力的心理》1958年英文版，第190页

10

儿童自身隐藏着一种生气勃勃的生命秘密，而且从这种秘密中能够揭开人类心灵的面纱；儿童自身所具有的某种秘密一旦被发现，就能帮助成人解决他们个人的和社会的一些问题。正是这种秘密，能够为儿童研究这

门新的科学奠定基础，从而能够更大地影响人的整个社会生活。

——《童年的秘密》1939年英文版，第4页

11

儿童存在着一种内在的个性、一种自我，它是自发地发展起来的，而不受我们的支配；我们唯一能做的事情就是帮助他去实现自我，移除他在趋于实现的成长道路上的各种障碍。他是一个潜在的天才，或一个潜在的将军，或一个潜在的艺术家。

——《为了新世界的教育》1946年英文版，第24页

12

无论在教育幼儿方面，还是在其他方面，这条原则都是适用的。儿童具有他自己的发展法则，如果我们想帮助他发展，那么关键是遵循这些法则，而不是把我们自己的想法强加于他。

——《有吸收力的心理》1958年英文版，第141页

13

教育应该始于诞生时。当然，对于"教育"一词，不应该从教学的含义上去理解，而应该从帮助儿童的心理发展上去理解。现在，从意识和潜意识之间的区别中，我们可以发现，从诞生的那个时刻起，儿童就有一种真正的心理活动。

——《童年的秘密》1939年英文版，第33页

14

儿童在心理类型上不同于成人，并具有与成人不同的能量，对实现这种创造来说它是必要的。实际上，儿童的这种创造并不意味着完成！他所创造的不仅是语言，而且是能够使他说话的器官。他创造了所有的身体运动，

创造了所有的智力表达方式。

——《为了新世界的教育》1946年英文版，第16页

15

儿童是与成人不同的，他自己并不是在走向死亡的道路上，而是在走向生活的道路上。儿童的工作就是要形成一个充分健全的人。但是，到了成年时期，那个儿童就消失了。所以，儿童的整个生命就是走向完善，走向更加完美。

——《有吸收力的心理》1958年英文版，第25—26页

16

生命的最初两年是人的一生中最重要的时期。观察表明幼儿是具有独特的心理能量的，并指出通过同儿童天性的合作（确切地说是教育）的新道路把这些心理能量激发出来。

——《为了新世界的教育》，1946年英文版，"导言"，第2页

17

在三岁时，儿童的生命似乎重新开始了。因为意识这时闪耀出它的全部光芒，辉煌夺目。在无意识发展和有意识发展这两个阶段之间，似乎存在着一条明显的分界线。在前一个阶段，不可能存在有意识记忆。只有在意识产生之后，我们的人格才能够统一，因而才会有记忆力。

——《有吸收力的心理》1958年英文版，第143—144页

18

从三岁至六岁，他开始了一个真正的构建阶段，他能够有思考和有意识地应付他的环境。他以前所创造的那些被隐藏的能力现在能够展现出来，因为他有机会在他周围世界中有意识地获得经验了。这样的经验并不仅仅是玩耍或者一些无目的的活动，而是他为了自己发展而必须进行的工作。

他的手受理智的支配而开始从事人类所特有的工作。

——《有吸收力的心理》1958年英文版，第144页

19

儿童内部具有生机勃勃的冲动力，由此使他做出精彩的表演，表现出惊人的行动。如果儿童失去这些冲动力，那就意味着他将是无识别能力的和无活力的。但是，成人并不能从外部对儿童内部的这些不同状态的冲动力产生影响。……儿童越来越强的生命力就是他实现一个个奇迹般自然征服的动因，这在他的心理发展中可以观察到。

——《童年的秘密》1939年英文版，第43页

20

生命是至高无上的女神，总是在发展着，总是在消除环境在她的前进道路上所设下的那些障碍。不管它所涉及的是种类还是个体，胜利者总是在继续前进——这是基本的真理。在这些胜利者身上，这种神秘的生命力量是强大的和充满生机的。显然，对于人类，尤其是我们文明社会的人类来说，重要的和迫切的问题是关爱问题，或许我们可以说，是人类生命的培养问题。

——《科学的幼儿教育方法》1912年英文版，第106页

三、儿童环境

21

我们自己的经验肯定不会让我们忽视儿童的环境对他的智力发展的重要性。众所周知，我们的教育体系那么注重儿童的环境，并使这种环境成为整个教育体系的中心。

——《童年的秘密》1939年英文版，第71页

22

教育的第一个任务就是提供一个环境，在这个环境中将允许儿童和帮助儿童发展自然赋予他的那些功能。这不是一个仅仅让儿童高兴的问题，而是一个与自然命令合作的问题。

——《为了新世界的教育》1946年英文版，第34页

23

教育之所以能够对儿童产生巨大的影响，那是因为环境是它的手段，因为儿童能够从环境中吸收一切，并在他自己身上显现出来。带着发展的无限可能性，儿童能够很好地成为人类的改造者，就像他是人类的创造者一样。儿童给我们带来了崇高的希望和新的愿景。

——《有吸收力的心理》1958年英文版，第58页

24

对实体化过程中乃至新生儿中的心理现象，成人肯定不能再处于一无所知的状态。他必须跟随儿童的早期发展，并对儿童给以激励。……总之，成人必须为精神胚胎提供一种适宜的环境，就像母亲的子宫为生理胚胎提供一种适宜的环境一样。

——《童年的秘密》1939年英文版，第50页

25

环境可以改变，因为它既能促进生命的发展，也能阻碍生命的发展，但它决不能创造生命。……环境对个体生命的作用越大，这种个体生命可能就越活跃和越强大。但是，环境的作用具有两种相反的意义，即促进生命和抑制生命。

——《科学的幼儿教育方法》1912年英文版，第105—106页

26

当我第一次指出以这种方式建立一个专门适应幼儿需要的环境的重要价值时，这一观念引起了建筑师、艺术家和心理学家们的极大兴趣，其中有些人与我开展合作，并对教室的理想面积和高度以及学校里有利于儿童专心致志的适宜装饰进行了讨论。这样的一种建筑具有更多的保护作用，几乎可以称之为"心理建筑"。

——《有吸收力的心理》1958年英文版，第193页

27

如果让儿童在我们所提供的这种新环境中获得自由，那么他们的本性和能力将会给我们留下一种令人完全意想不到的印象。他们看起来是更快乐的，并对其能够进行的工作具有那么大的兴趣，以至于长时间地不知疲倦地工作。其结果是，他们似乎更加敞开自己的心灵之门，变得对知识更加渴望。

——《有吸收力的心理》1958年英文版，第148页

28

人必须使他自己适应环境中的各种条件和状况，决不能让他自己固守在自己的习惯之中，因为他在文明历史的长河中不断地进化。所以，人必须具有一种迅速行动的"适应能力"，以取代心灵里的遗传因素。

——《童年的教育》1949年英文版，第91页

29

注意儿童的环境是教师的第一个职责，也是她最重要的职责。虽然环境对儿童的影响是间接的，但是，如果教师不很好地注意环境的话，那就不会对儿童的身体、智力和精神产生有持久效果的影响。

——《有吸收力的心理》1958年英文版，第243页

30

作为环境的一部分，教师必须使她自己是富有吸引力的，最好是年轻漂亮的，衣着高雅，整洁芳香，快乐端庄。这是理想的教师，但并不总是能够完美地达到的。然而，在儿童面前表现她自己的教师应该记住：儿童是伟大的人，应该理解和尊重他们。

——《为了新世界的教育》1946年英文版，第87页

四、儿童敏感性和敏感期

31

与以前的教育体系相比，我们更多和更系统地注重儿童的感觉活动。但是，在那种认为儿童仅仅是一个被动的人的旧观念和现实做法之间，存在着细微的差别。这种差别就在于儿童的内在敏感性的存在。儿童具有一个时间较长的敏感期，几乎持续到五岁，使他具有一种真正惊人的能力从他的环境中吸收印象。

——《童年的秘密》1939年英文版，第71—72页

32

在人的精神胚胎的形成过程中将会出现许多"内在因素的影响"，正如在人的身体发育过程中会受到各种"内在因素的影响"一样，在这个过程中尤其是依靠基因（即各种荷尔蒙）的影响。然而，在精神的胚胎中，存在着起指导作用的敏感性。

——《童年的教育》1949年英文版，第84页

33

在儿童身上存在着一种特殊的敏感性，正是这种敏感性使他去吸收其周围的一切，正是这种能够独自进行观察和吸收的工作使他自身去适应生

活。他只是借助童年时期存在的无意识力量去进行这项工作。

——《有吸收力的心理》1958年英文版，第54页

34

尤其在儿童诞生后的最初几年里，他具有一种作为精神需求的内在敏感性。但是，一种错误指引或压制的教育使得这种敏感性消失和被取代，从而使儿童成为对他周围各种物体的外部感觉的一个奴隶。……这种敏感性在自由选择的灵敏行为中展现自己，但一位没有受过训练的教师实际上会在观察儿童选择之前就践踏它，就如一头象践踏道路两旁含苞欲放的花朵一样。

——《有吸收力的心理》1958年英文版，第238页

35

那些周期性的敏感性恰恰会在生物的发展过程中出现，我们称之为"敏感期"。这样的敏感期是一个最重要的和最神秘的时期。

——《童年的秘密》1939年英文版，第55页

36

幼儿处在一种无意识的心理状态，但这种心理状态是具有创造性的。我们称之为"有吸收力的心理"。这种"有吸收力的心理"并非自发形成的，而是根据"内在敏感性"的引导形成的。"内在敏感性"又被称为"敏感期"，只能持续一段时间，也就是说，到自然发展实现为止。

——《童年的教育》1949年英文版，第85页

37

儿童在敏感期里会有很多收获，并使他以一种特别强烈的方式与外部世界发生联系。于是，一切都是容易的，一切都是充满渴望和活力的，每一次努力都是力量的增加。当一些心理激情耗竭时，另一些心理激情又被

激起。所以，幼儿以一种持续的生气勃勃的节律，从一种征服到另一种征服，我们称之为儿童的"欢乐"和"天真"。正是通过这种纯洁的心灵，火焰不断地燃烧着而没有被浪费，人也就开始了创造自己的心理世界的工作。

——《童年的秘密》1939年英文版，第43页

38

显然，所有这一切都归因于那个独特的敏感期。在敏感期，处于这个年龄阶段的儿童的心理就像是柔软的蜡，容易接收外界的印象，这在以后的阶段是不能做到的，因为到那时这种独特的敏感性已经消失了。

——《为了新世界的教育》1946年英文版，第6页

39

这些敏感期是与某些特殊的敏感性相一致的，这些敏感性可以在生物的发展过程中被发现。它们是暂时的，其目的是获得一种明确的特性。一旦获得这种特性后，相关的敏感性也就消失了。因此，每一种特性都是借助一种刺激而获得的，一种短暂的敏感性只能在一个特定的发展时期出现，也就是说，在相关的敏感期出现。

——《童年的秘密》1939年英文版，第41页

五、儿童身体和心理发展

40

为了使儿童不仅在身体上而且在心理上可以得到充分发展，运动应该被列入教学计划。确实，精神生活与身体娱乐没有什么联系，但是，如果认为肉体生命和精神生命这两方面是截然分开的，那我们就破坏了这种关系的循环，从而使人的一些行动与大脑分离。有人认为人的运动就是用来帮助进食和呼吸的，但实际上运动应该是服务于整个生命以及服务于人的

精神发展的。

——《为了新世界的教育》1946年英文版，第49页

41

对任何个人的生命来说，运动是那么必要，不仅使他接触周围环境，而且使他形成与他人的关系。在这个意义上，运动是必须得到发展的。运动的重要性就是服务于人的整体，以及人的生命与外部世界的关系。

——《有吸收力的心理》1958年英文版，第126—127页

42

心理和运动是一个单循环的两个部分，运动是更高的表现。……对我们的新教育来说，其本质是：心智发展与运动是联系的，并依赖于运动。没有运动，就没有发展，也就没有心智健康。这个真理不需要任何形式的证明和证据，而只需要观察大自然及其现象，特别是观察儿童的发展就可以获得。

——《为了新世界的教育》1946年英文版，第49页

43

人的特征是用脑思考和用手劳动……在人的环境中，所有的变化都是由人的手造成的。因为手是与文明得以建立的心智相伴的，所以可以这样说，手是把无限财富给予人类的器官。

——《为了新世界的教育》1946年英文版，第52页

44

到处走动和不断发现是儿童的本能，这是儿童天性的一部分，同时必然构成了他们教育的一个组成部分。在教育者看来，渴望行走的儿童是一个探究者。……所有这一切开启了整个有趣的领域：儿童知道得越多，他们看到得就越多，因而行走得也就越远。

——《有吸收力的心理》1958年英文版，第141页

45

儿童的心理是如此深地隐藏着，不会立即表现出来。儿童不受诸如那些动物所具有的既定的主导本能的支配，这正是他有行动自由的标志，这几乎要求每一个个体都应该去创造和发展，因而它是独特的和无法预知的。在儿童的心理中，有着一种难以探究的秘密，随着心理的发展它才会逐渐展现出来。

——《童年的秘密》1939年英文版，第19页

46

幼儿生来就具有一种他们所特有的心理天性。这就为教育者指明了一条新的道路。幼儿的心理天性是不寻常的和至今未被认识的东西，然而，它对人类却会产生极其重要的影响。

——《有吸收力的心理》1958年英文版，第2页

47

这些印象不仅深入到儿童的心智，而且形成了儿童的心理。儿童正处于实体化之中，那是因为儿童利用他周围环境中的事物而形成了他自己的"心理机体"。我们把这种类型的心理称为"有吸收力的心理"。对我们来说，儿童身上的巨大能量是难以想象的。只是儿童的巨大能量可以继续得到发展！其花费的代价就是我们为了获得整个人类的意识而付出的代价。

——《为了新世界的教育》1946年英文版，第17页

48

如果得不到帮助，儿童就会迷途，因为他们错误地把自己的器质性软弱和无能当作一种完美的状态。这种状态容易使人产生真正的心理疾病。它的起因源于人的生命早期。在这个时期，儿童最容易产生混乱。他们在发展道路上遇到阻碍就会引起心理畸变，但这些心理畸变最初是难以

察觉的。

——《童年的秘密》1939年英文版，第201页

49

教育的一个特殊问题就是如何帮助这些心理畸变儿童，如何治疗阻碍或偏离正常发展的心理畸变。因为这样的儿童不热爱环境，对克服抑制他自己发展的障碍感到非常困难，因此，首先需要的是减少那些障碍，其次是使环境具有吸引力。于是，必须使儿童有欢乐的活动，做一些有趣的事情，进而引导他尝试一些其他活动。

——《为了新世界的教育》1946年英文版，第36页

50

在我们的学校里经常可以注意到的一种现象是，心理偏离和行为暴躁的儿童迅速地得到了转变，他们似乎瞬间就从一个遥远的世界回来了。他们不仅在外部表现上改变了无序工作的习惯，而且在心理上发生了更为深刻的变化，表现出平静和满足。儿童的心理畸变自然地消失了，犹如一种自发的结果、一种自然的转变。然而，如果这样的心理畸变没有在童年时期被矫正，那么这些心理畸变将伴随他的一生。

——《童年的秘密》1939年英文版，第200页

六、自由与纪律

51

真正的自由是一种发展的结果，而这种发展是在教育的帮助下一些内在指导的发展。这种发展是积极主动的。它是通过个人的努力和经验而达到的人格建构，也是每一个儿童趋于成熟而必须经历的漫长路程。

——《有吸收力的心理》1958年英文版，第180页

52

自然给予生命就是给予自由和独立，同时给予根据时间及特殊需求而决定的规律。自然使自由成为一条生命规律——或选择自由，或选择死亡。……独立不是一种固定不变的表现，而是一种连续不断的征服。通过不知疲倦的工作，儿童不仅获得了自由，而且增强了力量和完善了自我。在给予儿童自由和独立时，我们就解放了一个受到内在能量驱动而去活动的工作者，他不活动就不能生活，因为活动是一切生物存在的形式。

——《为了新世界的教育》1946年英文版，第35页

53

如果自由被理解为"让儿童想做什么就做什么""让他们使用或更像是滥用那些可以得到的东西"，那么结果显然只能是：儿童的"性格偏离"将会无约束地扩展，他们的心理畸变将会增加。

——《有吸收力的心理》1958年英文版，第180页

54

真正的纪律的第一道曙光是来自工作的。在一个特定的时刻，奇迹出现了：一个儿童对一种工作产生了强烈的兴趣。这种兴趣从他的脸部表情、他的高度注意力和他对同一练习的坚韧态度中表现出来。这个儿童开始走上通向纪律的道路。

——《科学的幼儿教育方法》1912年英文版，第350页

55

内在自律表现为一种有条不紊的外在行动。当缺乏这种内在自律时，个人就不能控制自己的行动，而可能受他人的意志所支配，或者就像一条没有舵而随波逐流的船一样，成为外在目的的牺牲品。……当这种情况发生时，我们可以说，一个人的人格被分裂了。当这种情况发生在儿童身上时，

儿童就失去了依据他自己的天性来发展的机会。

——《童年的秘密》1939年英文版，第114页

56

纪律必须通过自由而获得，这是遵循传统学校教育方法的人难以理解的一条重要原则。……在我们的教育体系中，纪律的概念同普遍公认的概念有很大的区别。如果纪律建立在自由的基础之上，那这种自由本身必须是主动的。我们并不认为，一个由于人为约束而像哑巴一样安静、像瘫痪者一样不能活动的人就是一个遵守纪律的人。其实，他是一个被扼杀了个性的人，而不是一个遵守纪律的人。

——《科学的幼儿教育方法》1912年英文版，第86页

57

所有儿童的真正目的是：在工作中表现出坚定性，在工作的选择上表现出自主性，而无需教师的指导。儿童遵循一些内在指导，进行不同的工作，并使他们自己获得了欢乐和宁静。于是，在儿童中以前从来不为人知的一些事情出现了，这就是自发的纪律。……要获得纪律，就要给予自由。

——《为了新世界的教育》1946年英文版，第78—79页

58

自由和纪律是同一枚奖章的两个面，因为科学的自由能导致纪律。硬币通常有两个面：一个面比较漂亮，雕刻得很好，并带有头像或寓意的图案；另一个面则修饰较少，除了数字或一些文字外就没有什么东西了。我们可以把修饰较少的一个面比作自由，把雕刻得很好的一个面比作纪律。

——《有吸收力的心理》1958年英文版，第250页

59

……奖励和惩罚就是儿童心灵的板凳，就是对儿童精神奴役的工具。

这些并不是用于减少心灵的畸变，而是引起心灵的畸变。奖励和惩罚被用来鼓励不自然的被迫的努力，所以我们肯定不能说儿童的自然发展是与它们联系的。骑手在跳上马鞍之前，给他的马塞了一块糖；马车夫鞭打他的马，以使它可以对缰绳发出的信号做出反应。然而，这绝不会使这些马像草原上自由奔驰的骏马那样快地奔驰。

——《科学的幼儿教育方法》1912年英文版，第21页

七、感官训练和工作

60

感官是人与环境的连接点，心灵能够凭借这些感觉经验变得十分灵敏，恰如一位钢琴家能够学会从同一组琴键上演奏出最优美的旋律。……这些灵敏的感觉是在日常生活中产生的，尽管会有很大的个别差异。但是，如果不把感官训练看作某种包含智慧和动作两方面的整体活动，那么就永远不可能有什么感官训练。

——《有吸收力的心理》1958年英文版，第158页

61

如果我们希望用所要求的训练使这种感觉得到充分发展，那在感觉形成时期就有必要开始进行感官训练。感官训练不仅应该在幼儿时期有序地开始，而且应该在使个体为社会生活做准备的整个教育时期继续进行。

——《科学的幼儿教育方法》1912年英文版，第221页

62

感官是世界的探索者，打开了通往知识的道路。我们的感官教具给儿童提供一把引导他去探索世界的钥匙，以拓展他的视野，使他比在无知的或未受教育的状况下能够更仔细地观看到更多的东西。同时发生的是，与

儿童的高级能力相关的所有一切东西都成了一种刺激，不仅促进他工作的创造力，而且扩展他探索心理的兴趣。

——《有吸收力的心理》1958年英文版，第159页

63

儿童觉得需要重复这个练习，不是为了完善他的操作，而是为了建构他的内在生命，重复练习的次数随花费的时间而定。精神胚胎所固有的隐藏法则正是儿童的秘密之一。

——《童年的秘密》1939年英文版，第250页

64

每一个人都有他自己所遵循的道路，工作是他的精神生命的主要表现。那些不工作的人确实处在精神衰退的巨大危险之中。尽管肌肉系统无法使所有的肌肉都参与训练，因为其数量太多，但没有一定数量的肌肉的参与，那就会使精神生命处于危险之中。

——《为了新世界的教育》1946年英文版，第51页

65

在儿童给我们带来的那些惊人发现中，通过工作来实现正常化的现象是最重要的展现之一。……儿童的工作愿望体现了一种重要的本能，因为没有工作他就不可能形成他自己的个性，就会违背他自己的正常发展路线。"正是通过工作，人塑造了他自己。"无论身体健康还是慈爱，任何东西都不能替代工作。

——《童年的秘密》1939年英文版，第234页

66

这种工作是不能强制的，它恰恰是我们的教育方法的切入点。它必须是人类本能上乐于从事的工作，必须是与生命自然发展的潜在倾向一致或

个人一步一步地朝着顶峰攀登的工作。这就是调整人的个性以及为之开拓广阔的和无限的发展前景的工作。

——《科学的幼儿教育方法》1912年英文版，第351页

67

儿童应该成为这样的人：从来就不知疲倦的工作者。试图做出巨大努力的镇静自若的儿童，乐意尽力帮助弱者和善于尊重他人的独立性，实际上就是真正的儿童。

——《为了新世界的教育》1946年英文版，第89页

68

总之，儿童自然地做出反应，那是因为他在活动。但是，这些活动是指向一个目的的，其不再是混乱的表现，而是在工作。……通过这种方式的训练之后，儿童已不再是起初的儿童。他不仅知道如何做一个被动的乖孩子，而且他是一个自我发展的人、一个克服其年龄阶段的通常界限的人、一个向前迈进一大步的人、一个在他的现在征服他的未来的人。

——《科学的幼儿教育方法》1912年英文版，第352页

69

儿童的工作与成人的工作是截然不同的，属于另一种秩序。人们可以说，它们事实上是相互对立的。儿童的工作是潜意识完成的，因为他还没有使一种神秘的心理能量主动地参与创造。但是，它实际上是一种创造的工作，也许它是人的创造的奇观景象。

——《童年的秘密》1939年英文版，第245页

70

如果他的活动周期被打断的话，那么其后果将是人格偏差、漫无目的和毫无兴趣。现在，人们认为，让这些活动周期自然地发展是极其重要

的。……活动周期必须是完整的。所以，不管我们偶然看见儿童在进行什么样的智力活动，即使在我们看来是荒唐可笑的或违背我们意愿的，我们都不要去干扰他。因为儿童始终必须完成他所渴望的活动周期。当然，儿童所进行的活动必须是对他自己没有伤害的。

——《有吸收力的心理》1958年英文版，第138—139页

八、儿童语言

71

语言是由儿童自己从头发展的。当然，他是在自然状态下发展的，但这仅仅意味着他继承了发展语言的能力。然而，儿童自身内部发展的正是从环境中汲取的。……虽然儿童在很长一段时间里不会表达自己，但其自身内部在发育成长。

——《童年的教育》1949年英文版，第81页

72

语言作为一种自发的创造自然而然地出现了，其发展在很大程度上是遵循一些确定的规律，并在确定的时期达到了确定的高度；而且，这对所有儿童来说都是真实的，无论他们种族的语言是简单的还是复杂的。

——《为了新世界的教育》1946年英文版，第40页

73

儿童是"吸收"语言的。……语言是发展来的，而不是教出来的，因为母亲并没有教她孩子语言。语言是自然发展的，就好像自发的创造。而且，语言的发展遵循一些既定法则，这些法则在所有儿童中是相同的。儿童生命的各个时期都显示出同一阶段所达到的语言水平。

——《有吸收力的心理》1958年英文版，第97页

74

语言一旦出现，儿童就开始喋喋不休，没有人能使他的说话停下来。世界上最困难的事情之一，就是使儿童保持安静。如果既不许儿童走动，也不许儿童说话，那他就不能得到正常发展，他的发展就会受到阻碍。

——《有吸收力的心理》1958年英文版，第77页

75

许多成人在语言上有永久性缺陷，其正是由在童年期语言发展中的机能性错误而造成的。……事实上，在发音上的许多缺陷是由方言的使用引起的，这些缺陷在童年期之后几乎是不可能改正的。然而，通过特别适合于幼儿语言完善的教学方法的使用，这些缺陷是很容易消除的。

——《科学的幼儿教育方法》1912年英文版，第280页

76

语言的习得是一种更大的独立，其结果是自由的表达，但同时会有精神抑制的危险。这时，一些障碍的影响将永久地保持，因为所有印象是永久地铭记在心里的。成人常常因为表达困难而感到痛苦，表现为缺少吞吞吐吐和结结巴巴说话的勇气。

——《为了新世界的教育》1946年英文版，第46页

77

有多少成人觉得说话是困难的！他们要说话就必须做出很大努力，但对说什么好像始终是困惑不定的。……这些隐藏在内部的困难现已变得无法克服了。它们是长期自卑心理的表现形式，而且肯定会伴随人的一生。

——《有吸收力的心理》1958年英文版，第114页

78

如果书写是有助于改进或者更确切地说是有助于引导和完善儿童口头语言的运动机制，那么，阅读则有助于儿童概念的发展，有助于使概念的发展与语言的发展联系起来。事实上，书写有助于儿童的生理语言发展，而阅读有助于儿童的社会语言发展。

——《科学的幼儿教育方法》1912年英文版，第298页

79

这些儿童渴求知识的心理已经进入一个环境之中，在这个环境中他们仅仅靠自己是不能理解或把握的，但一旦给他们提供了获得的方式，他们就会像饥饿的狮子一样扑过去，所获得的任何食物都将帮助他们活下来，并使自己去适应至今已发展和进步的文明。

——《为了新世界的教育》1946年英文版，第12页

九、儿童性格

80

儿童建构他们自己的性格，并在他们自己身上形成我们所称赞的那些品质。这些不是因为我们的榜样或训诫而发生的，而完全是儿童自己在三岁和六岁之间进行的一系列漫长而又缓慢的活动的结果。在这一阶段，没有人能够"教"包括性格在内的各种品质。我们唯一能够做的事情就是把教育置于一个科学的基础之上，使儿童能够不受干扰或没有阻碍地进行有效的工作。

——《有吸收力的心理》1958年英文版，第182页

81

旧时代教育者……的看法是错误的，因为他们认为是成人影响了儿童

的性格，由恶变善是一个永恒问题。但是，三岁到六岁这一时期正是性格发展的时期，每个儿童都是根据他自己的法则发展性格的，只要他没有受到阻碍和压抑。

——《为了新世界的教育》1946年英文版，第71页

82

由于所有这些疾病、畸变、缺陷和缺点的出现，因此，有关道德行为和性格的一般概念变得复杂而难以理解。这些个性缺陷是在不利于其正常和健康发展的条件下产生的。

——《有吸收力的心理》1958年英文版，第172页

83

如果一个人不能独立，那就谈不上自由。因此，必须引导儿童个人自由地尽早地和主动地表现，使他能通过这种活动达到独立。幼儿从断奶那一刻起，就开始了他们走向独立的道路。

——《科学的幼儿教育方法》1912年英文版，第95—96页

84

人通过努力而获得了独立。没有其他人的帮助就能够做事情，这就是独立。如果儿童获得了独立，他就迅速地得到发展，否则，他的发展将是缓慢的。记住这些哲学观念，我们就能懂得如何去对待儿童，我们就能在如何管理儿童上得到很好的指导。……在儿童获得独立后，继续提供帮助的成人就成为一种障碍。

——《有吸收力的心理》1958年英文版，第134页

85

正是因为儿童生长在这样的一种环境中，他的自发表现将慢慢地变得更加明显，并带着对真理的追求去表现他的天性。因此，教育介入的首要

方式必须有助于把儿童引向独立。

——《科学的幼儿教育方法》1912年英文版，第95页

86

在人的发展的连续阶段中，人的个性是一种必不可少的东西。然而，无论我们如何考虑人，无论在什么时代——儿童、少年、青年或成人——所有人都是从幼儿开始的。如果人的个性在人的发展的所有阶段都是一种必不可少的东西，那么我们必须考虑一种涉及所有发展阶段的教育原理。

——《童年的教育》1949年英文版，第8—9页

十、成人与儿童

87

最重要的一件事情就是，关爱每一个儿童，不断地唤醒每一个儿童，并引导每一个儿童。

——《有吸收力的心理》1958年英文版，第89页

88

当儿童成长发展到自己能够独立做事的阶段时，儿童与成人之间的冲突也就开始了。……即使一个成人非常爱儿童，但在他的内心仍然会对儿童产生一种不可抗拒的防御本能。这是一个非理性的人的潜意识的恐惧感，并与一种所有权意识结合起来，总是担心一些东西可能被弄脏或被打碎。这种复杂的和焦急的防御心态与对儿童的爱发生了冲突。

——《童年的秘密》1939年英文版，第84页

89

几千年来，人们对儿童富有活力的和不断发展的建构能量一直是无知的，但它实际上是一种心智财富的矿藏，就如最早在地球上生活的人们并

不知道深埋在地下的巨大的财富宝藏。所以，直到现在，人还不认识儿童精神世界所隐藏着的那些心智宝藏，并从一开始就不断地压制儿童的建构能量并把它们碾成粉末。现今，一些人第一次开始察觉到一种从未开采过的心智宝藏的存在，它比黄金更加珍贵，那就是人的心灵本身。

——《为了新世界的教育》1946年英文版，"导言"，第2页

90

最大的危险在于我们的无知。我们知道，如何从牡蛎的贝壳中发现珍珠，如何从矿山中发现黄金，以及如何从地球的深处发现煤矿，但是，我们并不知道，当儿童进入我们的世界以使人类得到更新时其本身所隐藏的精神胚胎和创造性星云。

——《有吸收力的心理》1958年英文版，第210页

91

傲慢天生就是成人的这种渴望和责任感的一个伴随物。在这种眼光中，儿童应该把无限的尊敬和感激归于他的创造者和他的救星。如果儿童进行反抗的话，那么，他肯定会受到惩罚，肯定会在暴力的帮助下趋于服从（如果需要的话）。于是，为了达到完美，儿童必须唯命是从和绝对服从。

——《童年的教育》1949年英文版，第63—64页

92

我可以肯定地说，儿童得以展现自己并不会那么困难，真正的困难在于成人对儿童的传统偏见。这种传统偏见在于缺乏对儿童的理解并作为一种专横的教育形式的借口，它仅仅是建立在成人的推理基础上的，更多是建立在成人无意识的自我中心和作为一个支配者的傲慢基础上的，进而被编织成美丽的谎言，因此，儿童那聪明天性的价值被隐藏起来了。

——《童年的教育》1949年英文版，第22页

93

一种创造总是处在一个实现的过程之中，一种能力总是充满活力地得到增强，使心理实体化的工作永无止境。因此，就像胚胎的发育一样，人的个性是通过自身的努力而形成的。儿童成为成人的创造者，成为成人之父。

——《童年的秘密》1939年英文版，第38页

94

激发生命——让生命自由地发展和展开，这是教育者的首要任务。在完成这样一个棘手任务时，一种伟大的艺术肯定是提出干预的时机和限度。其目的与其说是使我们不造成儿童的紊乱和引起儿童的偏离，还不如说是使我们依靠儿童的内在力量，帮助趋于充分发展的心灵。这种艺术必须伴随着科学方法。当教师用这种科学方法触及每一个儿童的心灵时，她就像一个无形的神灵唤醒和激励儿童的内在生命。

——《科学的幼儿教育方法》1912年英文版，第115—116页

95

对于人类来说，重要的是应该对儿童生命中的这一时期进行周密的研究。教师应该走在这条发现的道路上，努力探索儿童的心理，就如心理学家探索成人的潜意识一样。对于儿童及他的语言来说，需要一位解释者。……对于儿童来说，解释者是他的一种伟大的希望，正在为他打开已被关闭的通往世界的大门。这样的解释者进入了与儿童最亲密的和更有影响的关系之中，因为他给予儿童的是帮助，而不仅仅是安慰。

——《为了新世界的教育》1946年英文版，第47页

96

众所周知，一位活跃敏锐的教师肯定比一位呆板迟钝的教师更具吸引力。如果我们去尝试的话，那么我们都能成为一位充满活力的教师。……

对于儿童来说，教师的每一个行动都能成为一种召唤、一种"引诱"。

——《有吸收力的心理》1958年英文版，第244页

97

我的理念是：应该使我们的教师得到培养的东西更多的是精神，而不仅仅是科学家的机械技能；也就是说，教师培养的方向趋于精神应该多于趋于技能。

——《科学的幼儿教育方法》1912年英文版，第9页

98

为了适应这种教育方法，对在科学观察方面没有做准备的教师来说，实际的培训和实践是不可或缺的。对那些已经习惯于普通学校那种陈旧而傲慢的教育方法的教师来说，这种培训尤为必要。我在自己的一些学校里开展教师培训的经验，使我确信这两种方法之间的天壤之别。即使一位理解这条教育原则的聪明教师，也会发现将其付诸实践是十分困难的。

——《科学的幼儿教育方法》1912年英文版，第88页

99

自然始终要求我们保护儿童。儿童天生就有爱，爱是他的自然源泉。在诞生时，他就受到其父母的亲切关爱。……父母把爱给予孩子，这种爱是自然的。它是一种不需要任何理由的爱，就像为了团结人类的理性愿望而形成的兄弟般关系。我们发现，幼儿时期的爱表明，这种爱的理想应该来自成人世界的一种爱的能力。……在这种爱的深处，所有父母都会牺牲自己的生活而奉献给孩子。

——《有吸收力的心理》1958年英文版，第26页

100

所有父母都肩负着一个伟大的使命。他们是唯一能够和必须拯救自己

孩子的人，因为他们具有在社会中组织起来的力量，并能在共同生活的实践中采取行动。他们必须意识到大自然托付给他们的使命的意义，这个使命使他们高于社会，并使他们能够支配所有物质环境，因为他们的手中确实掌握着人类生命的未来。

——《童年的秘密》1939年英文版，第283页

附录二

蒙台梭利生平及著作年表

1870年

8月31日，玛丽亚·蒙台梭利诞生于意大利安科纳省的希亚拉瓦莱市马齐尼广场大街10号。她父亲亚历山德罗·蒙台梭利（Alessadro Montessori）是个思想保守的贵族后裔，年轻时从过军，后来是文职人员。她母亲雷尼尔·斯托佩尼（Renilde Stoppani）是个虔诚的天主教徒，心地善良，对蒙台梭利个人的志向一直给予支持和鼓励。尽管蒙台梭利是家里的独生女，但其父母并不溺爱她，而对她规定了严格的纪律。

1875年

蒙台梭利六岁时，因她父亲工作职位的变动，蒙台梭利全家移居罗马。这为蒙台梭利的成长发展提供了良好的教育环境。她进入圣尼克罗小学接受初等教育，在学校里的表现并不十分突出，据说她被认为是一个温柔的但并不特别聪慧的小女孩。但是，蒙台梭利在她的早期已萌发了未来关爱和照管儿童的想法。

1882年

12岁的蒙台梭利被父母送入一所男子中学学习。可能是受到担任银行会计的父亲的影响，她开始对数学产生了浓厚的兴趣，并在数学方面表现出卓越的才能。

1883—1884年

蒙台梭利转入罗马的博瓦罗蒂工业学校学习。在工业学校里，她通过自己的勤奋努力而取得了优异的学习成绩。

1886年

从工业学校毕业后，蒙台梭利进入一所高等技术学院，即瑞吉欧·达芬奇技术学院，学习数学、自然科学和现代语言等，但她最喜欢的和学得最好的是数学。她决心要像班上的男同学一样成为一位工程师。当蒙台梭利即将从高等技术学院毕业时，她父母希望她毕业后当一位教师，但是，由于对生物学的强烈兴趣，因此使她产生了学习医学的想法，打算将来成为一位医生。

1890年秋

蒙台梭利不顾家人和社会舆论的反对，进入了罗马大学医学院，成为意大利教育史上第一个学习医学的女生。入学前，她曾约见当时罗马大学临床医学教授吉多·巴克西里（Guido Baccelli）进行了一次愉快的谈话。在与教授握手告别时，她满怀激情地说："我知道我将成为一位医生。"在医学院学习期间，蒙台梭利获得了一系列奖学金，并通过竞争得到了在儿童医院当助手的职位，这使她在从医学院毕业之前就有了一些临床经验，特别是在幼儿疾病治疗方面。同时，由于受到罗马大学整个环境的影响，蒙台梭利也开始考虑社会改革问题以及怎样对社会做出贡献。

1896年

7月10日，蒙台梭利所写的一篇有关精神病例的博士学位论文获得通过，使她终于成为罗马大学医学院的第一个女毕业生，成为意大利的第一位女医学博士。

11月，蒙台梭利从罗马大学医学院毕业后，被罗马大学附属精神病诊所（圣乔万尼医院）聘为助理医生，同时还在妇女儿童医院（圣托·斯比利托医院）工作。当她看到很多不幸的弱智儿童时，不仅深表同情，而且还利用业余时间从事心智缺陷儿童的神经与心理疾病的研究。她开始阅读所有她能找到的有关心智缺陷儿童的书籍。她曾阅读了法国精神病医生塞甘的《白痴的精神医疗、卫生及教育》和法国医学家伊塔的《阿维龙野孩的初步发展》。这些著作给蒙台梭利的思考指出了一个新的方向，并安排了她整个一生工作的进程。

蒙台梭利组织了一个意大利代表团，参加在德国柏林召开的首届国际妇女权利大会（International Congress for Women's Rights），并在会上做了发言，提出社会改革，呼吁男女同工同酬。

1897—1898年

当蒙台梭利的注意力第一次转向教育研究时，她又作为一个旁听生在罗马大学学习教育学课程，并阅读了所有主要的教育理论著作，其中包括近代欧洲教育家夸美纽斯、洛克、卢梭、裴斯泰洛齐和福禄培尔的教育著作。此外，在社会思想方面，对蒙台梭利影响最大的是都灵大学犯罪人类学教授塞赛洛·隆布洛索（Cesaro Lombroso），隆布洛索教授认为通过适宜的幼儿教育可以减少社会上的犯罪现象。同时，蒙台梭利也与她的老师罗马大学人类学教授吉斯佩·塞吉（Giuseppe Sergi）保持了密切的联系，关注对儿童习惯的研究。

1897年

蒙台梭利在意大利都灵召开的全国医学大会（National Medical Congress）上，做了题为《社会的苦难和科学的新发现》的发言，提议要加强对心智缺陷儿童的研究工作。她的发言于1898年夏在政治周刊《罗马》（*Roma*）上发表，在意大利社会各界产生了一定的影响。

1898年

意大利的全国心智缺陷儿童教育协会（National League for Education of Retarded Children）成立。蒙台梭利成为该协会的一个比较活跃的成员，并于次年2月中旬赴米兰、威尼斯、帕多瓦、热那亚等城市做为期两周的巡回演讲。

在意大利都灵召开的初等学校教师大会（Congress for the Elementary School Teachers）上，蒙台梭利发表了题为《道德教育》（*Moral Education*）的讲演，明确提出心智缺陷主要是一个教育学问题，而不是一个医学问题，在意大利全国产生了广泛的影响。

全国心智缺陷儿童教育协会在罗马开办了一所医学教育机构，培训有志于心智缺陷儿童教育的教师。这个医学教育机构附设了一所实验示范学校，招收22个幼儿。蒙台梭利和她早在罗马大学附属精神病诊所就相识相恋的吉斯佩·蒙台萨纳（Giuseppe Montesano）被任命共同主持这所学校。这所学校后来以"国立特殊教育学校"（State Orthophrenic School）著称。蒙台梭利在这所学校里工作了两年时间，从早到晚地进行教学、观察和实验等，撰写观察笔记，阅读有关特殊教育的资料，拟定实验的方案。蒙台梭利后来在《科学的幼儿教育方法》（即《蒙台梭利方法》）一书中曾这样回忆道："这两年的实践实际上是我的第一个真正的教育学位。"为了办好这所学校，蒙台梭利还到英国伦敦和法国巴黎参观访问实施心智缺陷儿童教育的学校。

蒙台梭利再次代表意大利参加在英国伦敦召开的第二届国际妇女权利大会，并发表了反对剥削童工的讲演。

蒙台梭利参加在意大利都灵召开的初等学校教师大会，发表了从教育意义上对待心智缺陷儿童教育问题的讲演。

3月31日，蒙台梭利与她在国立特殊教育学校工作的同事吉斯佩·蒙台萨纳博士的儿子马里奥（Mario M. Montessori）诞生。由于蒙台萨纳博士的母亲极力反对，他俩并未正式结婚。马里奥·蒙台梭利长大后担任国际蒙台梭利协会总干事。

1899年

蒙台梭利应时任意大利公共教育部长巴切利（Guid Baccelli）的邀请，在罗马做了一系列有关心智缺陷儿童教育的报告。

1900年

瑞典教育家爱伦·凯（Elleyn Key）在《儿童的世纪》（*Child Century*）一书中提出："20世纪将是儿童的世纪。"因蒙台梭利毕生致力于"儿童之家"教育实践和著述活动，蒙台梭利传记专家斯坦丁（Edwin Mortimer Standing）在《玛丽亚·蒙台梭利：她的生平和著作》（1962）一书中把蒙台梭利誉为"儿童世纪的代表"。

意大利国王（1900—1946年在位）维克托·伊曼纽尔三世（Victor Emmanuel Ⅲ）在他的第一次演说中提道：本世纪开始了一个新时代，可称之为"儿童的世纪"。

年仅三十岁但已负盛名的蒙台梭利离开国立特殊教育学校，开始思考正常儿童的教育，并寻求把心智缺陷儿童教育的方法应用于正常儿童教育的可能性。于是，她到罗马的马吉斯特罗女子学院讲授人类学和卫生学。

1901年

蒙台梭利在马吉斯特罗女子学院任教的同时，又回到罗马大学注册听课，进一步学习哲学和实验心理学以及把人类学应用于正常儿童教育的方法。

1902年

蒙台梭利在意大利那不勒斯召开的第二届全国教育会议上，做了题为《心智缺陷儿童分类标准及其有关的特殊教育方法》的报告，概括了她在医学和教育工作中的成果。

1904年

12月，蒙台梭利通过塞吉教授的推荐，受聘在罗马大学教育学院开设大学本科课程，讲授教育人类学，一直到1916年。在此期间，她构思撰写教育人类学著作。

1906年底

接受意大利银行赞助的"罗马优良建筑协会"会长爱德华多·塔拉莫（Edouado Talamo）设想在罗马的圣洛伦佐贫民区的公寓创办学校。其具体任务是把居住在公寓中的三岁至六岁儿童集中在一个大房间里，由一位教师负责照管和教育。于是，塔拉莫会长找到了蒙台梭利，而蒙台梭利本人也正有兴趣去进行正常儿童教育的实验，因此马上就应允了下来。蒙台梭利在《科学的幼儿教育方法》一书中这样回忆道："从我最初从事心智缺陷儿童的工作起，我感到所有的那些方法并不仅仅限于弱智儿童的教学。……当我离开心智缺陷儿童教育学校之后，这种感觉成为我的主要思想。而且，我慢慢地确信，那些相似的方法能应用于正常儿童，使他们的人格以一种令人惊讶的方法得到发展或获得自由。"后来，蒙台梭利的一位友人洛迪（Olga Lodi）夫人建议把这所学校起名为"儿童之家"（Casa dei Bambini），其名称带有"家庭"的含义，意为"公寓中的学校"。

1907年

1月6日，经过蒙台梭利的积极筹备，第一所"儿童之家"在意大利罗马圣洛伦佐区的圣玛希斯大街58号公寓里创办。招收50多名三至六岁儿童，在蒙台梭利的指导下，聘请一位年轻妇女努奇泰利（Candida Nuccitelli）具体负责照管。在"儿童之家"中，蒙台梭利进行了系统的教育实验，制定了各种幼儿教育教具，提出了科学的幼儿教育方法，创立了有特色的幼儿教育体系。可以说，这是蒙台梭利幼儿教育心路历程中的一个里程碑。

4月7日，蒙台梭利在罗马开办了第二所"儿童之家"。

1908年

《教育人类学》（*Pedagogical Anthropology*）一书出版，系蒙台梭利在罗马大学任教时的讲课记录，强调教育研究应遵循科学的方法，即观察和实验的方法。

10月18日，米兰人道主义者协会在意大利米兰索拉里街的工人住宅区开办了一所"儿童之家"，由蒙台梭利在罗马大学任教时的一个学生安娜·马凯罗尼（Anna Maccheroni）进行管理。

11月4日，蒙台梭利在罗马中产阶级家庭居住的法马戈斯塔大街开办了第三所"儿童之家"。

1909年

《科学的幼儿教育方法》（*Scientific Pedagogy as Applied to Child Education in "The Children's Houses"*）一书出版。鉴于"儿童之家"实验的成功在意大利国内产生了很大的影响，蒙台梭利的一些师友，尤其是意大利出版家弗兰凯蒂（Barron L. Franchetti）鼓励她把"儿童之家"的实践及其原理写下来。于是，蒙台梭利撰写了这本书，并开始在世界上产生广泛的影响。她也收到了许多国家政府和教育团体的访问邀请。该书是蒙台梭利的第一本幼儿教育著作，也是她的成名作，系她对1907年在罗马创办的第一所"儿童之家"的教育实验的全面总结。该书以第一所"儿童之家"教育实践经验为基础，集中阐述了蒙台梭利的"儿童之家"教育实践以及所运用的幼儿教育方法。蒙台梭利本人在该书一开头就写道：她原来只是想根据第一所"儿童之家"的记录"提供一份实验结果的简要报告"。

蒙台梭利在弗兰凯蒂夫妇提供的意大利卡斯特洛市的蒙提斯卡山庄首次开办课程培训班。参加蒙台梭利课程培训班的除意大利本国的学员外，还有来自德国、瑞士等欧洲国家的学员。

1910年

蒙台梭利协会（Association Montessori）在意大利罗马成立。

1911年

美国教育学者乔治（Anne Everett George）前往意大利罗马参加蒙台梭利举办的课程培训班。12月，乔治在美国纽约的塔莱顿开办美国的第一所蒙台梭利学校。

1912年

4月，《科学的幼儿教育方法》一书的英文本出版，由美国教育学者乔治翻译，哈佛大学教育学院教授霍姆斯（Henry W. Holmes）撰写了"前言"，其书名被改为《蒙台梭利方法》（*The Montessori Method*）。与该书的意大利文本相比，蒙台梭利在英文本中新增了两章，即"第二十章 练习的顺序"和"第二十一章 对纪律的一般评论"。据出版商记载，乔治翻译的英文本《蒙台梭利方法》1912年4月在美国出版后，截至1913年2月1日就出售了17410本。该书是蒙台梭利幼儿教育著作在世界上流传最广的，到1978年为止共重印22次。

美国蒙台梭利委员会（The Montessori American Committee）成立。

1913年

1月，第一期国际蒙台梭利培训课程班在意大利罗马开办。蒙台梭利在培训课程班上讲课。

《高级蒙台梭利方法》（*The Advanced Montessori Method*）一书出版，系《蒙台梭利方法》的续集。其中包括：第一卷《教育中的自发活动》（*Spontaneous Activity in Education*），第二卷《蒙台梭利初等教具》（*The Montessori Elementary Material*），主要论述将蒙台梭利的教育原理和方法应用于更高年级的学生（七岁至十一岁）。

4月，我国近代著名学者和翻译家樊炳清（署名志厚）的《蒙台梭利女史之新教育法》一文在《教育杂志》第五卷第一号上刊登，系我国最早介绍蒙台梭利幼儿教育方法的文章。

以原先的美国蒙台梭利委员会为基础，在美国的华盛顿成立美国蒙台梭利教育协会（The American Montessori Educational Association）。蒙台梭利被推选为首位荣誉委员。在美国，已开办了一百多所蒙台梭利学校。

年底，蒙台梭利访问了美国，介绍自己的幼儿教育体系，传播自己的幼儿教育思想。在美国访问期间，她受到了极其热烈的欢迎，纽约的报刊专门介绍了她的生平、教育活动和教育思想。蒙台梭利访问了纽约、华盛顿、费城、波士顿、芝加哥等城市。在她访问纽约时，美国教育家杜威（John Dewey）出席了欢迎仪式并致词，主持欢迎会议的出版家塞谬尔·麦克卢尔（Samuel McClure）在介绍蒙台梭利时称她为"历史上最伟大的女教育家"。蒙台梭利在她的演讲中说："我的目的在于所有儿童的发展。我更大的目的在于人类的最终完善。"（《纽约时报》1913年12月9日）

12月16日，蒙台梭利应邀在纽约曼哈顿的卡耐基大厅做了题为《给予儿童自由》（*Give Child Liberty*）的演讲。

西班牙的第一所蒙台梭利学校开办。

《科学的幼儿教育方法》在德国翻译出版，其书名为《幼儿期的自我教育》。

1914年

《蒙台梭利手册》（*Montessori's Own Handbook*）一书出版，系蒙台梭利有关幼儿发展的教具指南。

第二期国际蒙台梭利培训课程班在意大利罗马开办。

美国教育家克伯屈（William Heard Kilpatrick）所著的《蒙台梭利体系之检验》（*The Montessori System Examined*）一书出版，他曾在罗马用一年时间研究蒙台梭利教育方法。在该书中，他批评道："我们不得不说，蒙台梭利学说的内容基本上是属于19世纪中期的，它落后现代教育理论的发展五十多年。"应该说，这是蒙台梭利教育学说从20世纪20年代起在美国沉寂约三十年的主要原因之一。

我国江苏省教育会成立了"蒙台梭利教育法研究会"。

我国近代学者顾树森翻译的《蒙台梭利女史新教育法》一书由中华书局出版。

《科学的幼儿教育方法》在日本翻译出版，其书名为《蒙台梭利教育法及其应用》，译者是河野清丸。

1915年

5月，蒙台梭利在她的儿子马里奥·蒙台梭利的陪同下再次访问美国。开办第三期国际蒙台梭利培训课程班。同时，应邀在美国旧金山举办的国际博览会上对"儿童之家"教育方法进行了公开展示，并获得了该博览会仅有的两个教育金奖。

12月，蒙台梭利父亲去世，她从美国返回意大利罗马。

1916年

得到意大利教育部的许可，蒙台梭利的教育方法可以在罗马的学校中进行实验。

蒙台梭利应西班牙巴塞罗那市政府的邀请，前往巴塞罗那居住，指导实验教育研究会，并开办了培训课程班，即第四期国际蒙台梭利培训课程班。蒙台梭利在巴塞罗那一直居住到1936年西班牙内战爆发。

《高级蒙台梭利方法》一书的英文本出版。

1917年

蒙台梭利在荷兰讲学。

1919年

9月，蒙台梭利首次访问英国，在伦敦开办了培训课程班。培训课程班计划招生250人，但有2000多人提出申请。此后，从1919至1937年，蒙台梭利每隔一年就在伦敦开设一期培训课程班，每期六个月。1925年7月25日，蒙台梭利在培训课程班的讲课中强调指出："每一所蒙台梭利学校都应该是一个科学实验室，教师准备了实验的条件。"

1920—1930年

为了进一步传播自己的幼儿教育思想和介绍自己的幼儿教育体系，蒙台梭利还在法国、德国、奥地利、锡兰（今斯里兰卡）、巴基斯坦和印度等国开设国际培训课程班，培养蒙台梭利学校教师。

1920年

蒙台梭利访问荷兰，在阿姆斯特丹开设课程系列讲座。

西班牙政府因为蒙台梭利拒绝服从政府的某些规定，停止对蒙台梭利培训学院的支持。

1921年

欧洲新教育联谊会（New Education Fellowship）成立。蒙台梭利成为该联谊会一个活跃的成员。

蒙台梭利在意大利米兰和英国伦敦开办课程培训班。

蒙台梭利应邀对特罗姆普（C. W. Tromp）小姐1916年在荷兰的阿姆斯特丹开办的蒙台梭利学校进行指导。

1922年

蒙台梭利被意大利政府教育部任命为学校视导员。

奥地利的第一所"儿童之家"由蒙台梭利的伦敦培训课程班的一个学生鲁比策克（Lili Roubiczek）与其他人一起在维也纳市康福特路10号开办。

1923年

蒙台梭利第一次到奥地利维也纳讲学。

12月11日，蒙台梭利被英国达勒姆大学授予荣誉博士学位。

1924年

1922年上台的意大利墨索里尼政府再次同意支持蒙台梭利学校。在政府的正式认可下，蒙台梭利学校在意大利各地开办起来。

蒙台梭利在荷兰阿姆斯特丹开办为期四个月的课程培训班。

1925年

蒙台梭利的儿子马里奥·蒙台梭利参加在英国伦敦开办的课程培训班学习，并获得"蒙台梭利课程培训班文凭"。

1926年

蒙台梭利在瑞士日内瓦的国际联盟（League of Nations）做题为《教育与和平》（*Education and Peace*）的讲演。

在南美国家兴起大规模的蒙台梭利运动的背景下，蒙台梭利访问阿根廷，并在布宜诺斯艾利斯、拉普拉塔、科多巴等地进行系列讲演。蒙台梭利在阿根廷的访问和讲演活动延续到1927年。

1927年

10月31日，阿根廷蒙台梭利学会（The Montessori Society of Argentina）成立。

我国近现代幼儿教育家张雪门编著、周作人撰序的《蒙台梭利与其教育》一书出版，书中指出蒙台梭利是"幼儿园改革家"。

1928年

《家庭中的儿童》一书的德文本出版，系蒙台梭利在奥地利的维也纳所做的讲演稿修订而成。该书的英文本（*The Child in the Family*）于1936年出版。

1929年

8月，以新教育为主题的第一届国际蒙台梭利大会在芬兰赫尔辛基召开。

会议期间，蒙台梭利在她儿子马里奥·蒙台梭利的协助下，在德国柏林成立国际蒙台梭利协会（Association Montessori Internationale，AMI），并在一些国家里成立了分会。蒙台梭利亲自担任了该协会主席。

1930年

2月3日，蒙台梭利被美国《时代周刊》（*Time Magazine*）评选为年度人物，其头像登载在该杂志的封面。

蒙台梭利再次到奥地利维也纳讲学。

1931年

第二届国际蒙台梭利大会在法国尼斯召开。

10月9日，蒙台梭利在英国伦敦与印度民族主义运动领袖、印度的国父甘地（M. K. Gandhi）会面。

10月28日，甘地在伦敦的蒙台梭利培训学院发表演讲。

蒙台梭利受邀在德国柏林大学发表演讲。

1933年

第三届国际蒙台梭利大会在荷兰阿姆斯特丹召开。

蒙台梭利培训课程班在英国伦敦和都柏林以及西班牙巴塞罗那开办。

1934年

第四届国际蒙台梭利大会在意大利罗马召开。时任瑞士蒙台梭利学会（Swiss Montessori Society）主席的瑞士心理学家皮亚杰（Jean Piaget）参加了这届大会。

当法西斯政党统治意大利时，墨索里尼政府下令关闭在意大利全国开办的所有蒙台梭利学校。

蒙台梭利被迫离开意大利去西班牙巴塞罗那居住和活动。

1935年

国际蒙台梭利协会总部由德国柏林迁往荷兰阿姆斯特丹。

1936年

西班牙内战爆发，蒙台梭利又移居到荷兰阿姆斯特丹居住和活动。

7月，第五届国际蒙台梭利大会在英国牛津召开。蒙台梭利在大会上做了题为《教育的阶梯》的演讲，提出了蒙台梭利教育方法向小学和初中延伸的思想。

《童年的秘密》（*The Secret of Childhood*）一书在英国牛津召开第五届国际蒙台梭利会议之际出版。该书出版后，很快就有20多种文字的翻译本在其他国家出版。因此，《童年的秘密》也成为蒙台梭利幼儿教育著作中被人们广泛阅读的一本著作。

1937年

第六届国际蒙台梭利大会在丹麦哥本哈根召开。

1938年

第七届国际蒙台梭利大会在英国爱丁堡召开。

蒙台梭利在荷兰拉伦设立蒙台梭利教师培训中心。

1939年

受到印度灵智学会（Theosophical Society）主席阿伦戴尔（George Sidney Arundale)的邀请，蒙台梭利和他的儿子马里奥·蒙台梭利一起赴印度马德拉斯，进行为期三个月的学术演讲和教师培训。但后来因第二次世界大战爆发的原因，他们因是意大利公民而被羁押在印度近七年时间，一直至二战结束。其中，1940年6—8月蒙台梭利曾被在印度的英国殖民政府逮捕,短期关押在阿麦德纳加尔的战俘集中营里。在印度灵智学会的帮助下，被释放的蒙台梭利在此后期间有机会在印度各地访问和讲演，并开办蒙台梭利幼儿园以及培训课程班。

1940年

1月6日，印度诗人、哲学家和教育家泰戈尔（Rabindranath Tagore）给蒙台梭利写信。在信中，除对蒙台梭利在教育方面的贡献表示敬仰外，泰戈尔还希望蒙台梭利访问他创办的实验学校。

1944年

蒙台梭利在锡兰（今斯里兰卡）发表系列教育讲演。

1946年

蒙台梭利在二战结束后回到荷兰。

《为了新世界的教育》(*Education for a New World*）一书在印度出版，

系蒙台梭利在锡兰的系列讲演汇集。

蒙台梭利和马里奥·蒙台梭利一起在英国伦敦开办课程培训班。

蒙台梭利应邀在苏格兰讲学。苏格兰教育研究院授予蒙台梭利荣誉院士称号。

具有慈善性质的英国蒙台梭利教师培训学院在英国伦敦的王子门大厦成立。1954年，该机构更名为蒙台梭利圣尼可拉斯中心，在蒙台梭利去世前一直被作为在英国传播其幼儿教育理论和方法的主要机构。

1947年

应二战后意大利政府的恳请，蒙台梭利回到罗马，重组蒙台梭利协会，并重新开办蒙台梭利学校。

5月3日，意大利国会举行特别仪式接受蒙台梭利为国会议员，以表达对她的崇敬。

蒙台梭利重返印度，并计划建立马德拉斯蒙台梭利大学，但该计划最终没有实现。

蒙台梭利发表给世界各国政府的一封公开信，信中强调儿童和儿童教育问题的重要性。

1948年

重返印度的蒙台梭利在艾哈迈达巴德开办国际课程培训班。

蒙台梭利访问锡兰科伦坡的蒙台梭利中心以及附设的示范学校。

《儿童的发现》（*The Discovery of the Child*）一书出版。该书实际上是蒙台梭利的《蒙台梭利方法》一书简要的修订本。

《开发人的潜能》（*To Educate the Human Potential*）一书在印度马德拉斯出版。该书主要论述六岁以上儿童的教育。

1949年

蒙台梭利因对幼儿教育和世界和平事业的贡献，第一次被提名为"诺贝尔和平奖"的候选人。

第八届国际蒙台梭利大会在意大利的塞雷莫召开。蒙台梭利在大会上发言，号召与会代表联合起来共同促进世界的和平。

《有吸收力的心理》（*The Absorbent Mind*）一书第一次在印度卡纳塔克邦的阿迪亚尔出版。该书系根据1948年蒙台梭利在印度艾哈迈达巴德开办的国际课程培训班的讲演稿整理而成。后来，她又用意大利文重写了这本书。该书对幼儿的独特心理发展进行了精确、简洁和通俗的科学阐释。1958年，英国心理学会会员、蒙台梭利最早的英国学生克德·A. 克莱蒙特（Claude A. Claremont）翻译的《有吸收力的心理》英文本由印度马德拉斯的卡拉克谢特拉出版公司出版。

由印度蒙台梭利培训课程主任、美国明尼苏达蒙台梭利培训中心主任朱斯坦（A. M. Joosten）翻译的《人的形成》（*The Formation of Man*）一书英文本在印度出版。1974年，该书在美国由芝加哥的亨利·雷格尼瑞公司出版时，其书名改为《童年的教育》（*The Childhood Education*）。

12月7日，联合国教科文组织（UNESCO）理事会举行欢迎仪式，对蒙台梭利在幼儿教育以及世界和平事业上的终身成就表示致敬。

12月，法国政府给蒙台梭利授予军团荣誉骑士勋章。

1950年

蒙台梭利第二次被提名为"诺贝尔和平奖"的候选人。

6月，年已八十高龄的蒙台梭利出席在意大利的佛罗伦萨举行的联合国教科文组织第四次会员代表大会，受到与会代表的热烈欢迎。时任联合国教科文组织总干事贾米·托里斯·博德（Jaime Torres Bodet）在全体会议上宣布："玛丽亚·蒙台梭利已成为我们期待教育和世界和平的伟大象征。"

8月25日，蒙台梭利被聘为意大利佩鲁贾大学的教授。

12月7日，蒙台梭利的故乡安科纳省的希亚拉瓦莱市给她颁发一枚荣誉市民胸针，上面刻着"希亚拉瓦莱玛丽亚·蒙台梭利"。

荷兰阿姆斯特丹大学授予蒙台梭利荣誉博士学位。

蒙台梭利到斯堪的纳维亚国家访问和讲演。

1951年

蒙台梭利第三次被提名为"诺贝尔和平奖"的候选人。

蒙台梭利亲自授课的最后一期蒙台梭利国际课程培训班在奥地利因斯布鲁克开办。

第九届国际蒙台梭利大会在英国伦敦召开。蒙台梭利参加了大会并做了演讲，其中强调指出："对我来说，最重要的是这样的真理，即使所有人都能够在他们最精彩的早年时期得到发展的方法。如果我们播下了这样的真理，那么每个人都会获得其独特性的发展。"蒙台梭利在她的结束语中还指出："你们能够给予我的最高的荣誉和最深的感激是把你们的注意力从我身上转向我正在指出的方向——儿童。"这是蒙台梭利生前最后参加的公开活动，也是蒙台梭利生前最后一次访问英国。

1952年

5月6日，蒙台梭利在荷兰的海边小镇诺德魏克逝世，终年八十二岁。根据她自己的意愿，她的遗体就葬在诺德魏克一个天主教堂的小墓地里。后来，在罗马她父母的墓碑碑文上这样写着："玛丽亚·蒙台梭利安息的地方远离她自己所热爱的祖国以及她安葬在故土的父母，这是她自己的愿望，也表明她的工作的全人类性使她成为一个世界公民。"1952年5月7日，英国伦敦《时报》在报道蒙台梭利逝世的消息时这样写道："要对蒙台梭利教育体系做出最后的评价，也许不能根据许多学校是否完整地接受她的教育原理，而最好根据她的教育原理已被吸收到人类的普遍意识中这一事实。"